Jean Meyer

Die 25 besten Finanz-
berater Deutschlands
im Ranking
von Jean Meyer

 Springer Gabler

Jean Meyer
Lübbenau/Spreewald, Deutschland

ISBN 978-3-658-27540-2   ISBN 978-3-658-27541-9 (eBook)
https://doi.org/10.1007/978-3-658-27541-9

Die Deutsche Nationalbibliothek verzeichnet diese Publikation in der Deutschen Nationalbibliografie; detaillierte bibliografische Daten sind im Internet über http://dnb.d-nb.de abrufbar.

Springer

Planung/Lektorat: Irene Buttkus
Springer ist ein Imprint der eingetragenen Gesellschaft Springer Fachmedien Wiesbaden GmbH und ist Teil von Springer Nature
Die Anschrift der Gesellschaft ist: Abraham-Lincoln-Str. 65189 Wiesbaden, Germany

Vorwort

Der positive Ansatz, um Millionär zu werden

Dieses Vorwort entsteht zu einer Zeit, in der in Frankfurt a.M. die Buchmesse läuft. Dort schälen sich wohl zwei Arten von Büchern als Renner heraus: der Krimi und das Sachbuch.

Bei einem Untertitel wie „Die Strategie zur ersten Million und zur dauerhaften finanziellen Freiheit" könnte es sich um beides handeln. Der Autor entscheidet sich für die kriminalitätsfreie zweite Variante und doch stellt sich die Frage: Warum noch einen weiteren Ratgeber zum Thema Geld?

So war auch der erste Kontakt mit dem Buch von einer leisen Skepsis begleitet. Diese Skepsis konnte aber abgegeben werden wie der Regenmantel an der Garderobe eines Theaters, in dem ein tolles Stück gespielt wird.

Die Beleuchtung für das Stück ist hell und stimmt fröhlich. Grund dafür ist der positive Ansatz bei der Lösung der Aufgabe, Millionär zu werden. Chancen als Scheinwerfer der Szenen. Passend dazu die Handlungen der Akteure. Heraus aus den Gruben des eingeengten Blicks, der Trillerpfeife folgen, die mehr Bewegung im Denken fordert, aber den Angler nicht vergessen, dessen Leidenschaft eigentlich nur aus Geduld besteht.

Dahinter stehen deutliche Forderungen. Vor allem die nach einer positiven inneren Einstellung zum Mehren des Geldes. Irgendwo muss ein Verlangen an der Vergrößerung seiner finanziellen Spielräume entstehen. Lust eben.

Damit würde auch einem häufig zu sehenden Verhalten ein Ende gesetzt, dem Warten auf das Glück, das andere liefern müssen, seien es Transferzahlungen, Vergünstigungen, Sozialleistungen und so weiter, es käme zur Subsidiarität über die Eigenverantwortung zu der Hilfe für die, die es benötigen. So käme der Schwarze Peter VERANTWORTUNG dorthin, wo er zuerst hingehört, zu jedem selbst. Damit kommt dem Aufruf im Titel des Buches auch eine große sozialpolitische Bedeutung zu.

Zum Leben von Verantwortung bedarf es auch der Kenntnis um die Techniken, die nötig sind, um ihr gerecht zu werden. Das Buch knausert nicht damit. Vor allem: Anlegen nach dem 3-D-Prinzip. Fort von der Eindimensionalität: Sparbuch; aber auch fort von der Zweidimensionalität: noch ein Sparbuch. So wird völlig zu Recht der Aktie das Hochamt gefeiert.

Nun kann aber nicht von jedem erwartet werden, dass er alle Techniken für Kapitalanlagen beherrscht – auch nach dem Lesen des Buches nicht; und es macht daher Sinn, dass der Autor auf die Komponente der Beratung hinweist. In der Regel wird zum Erreichen des Ziels, Millionär zu werden, gerade eine qualifizierte Beratung benötigt. Die Betonung liegt auf qualifiziert, da es wie in allen Branchen auch in der Beratung alle Schattierungen der Güte gibt. Beispielsweise werden selbständige Berater der Apella AG benannt, eines Beratungshauses für Finanzdienstleistungen mit hoher Solidität. Gut, Berater beraten – aber sie sind oft auch Impulsgeber, auf dem Weg zum Wohlstand loszugehen. Seien Sie als Leser freundlich zu ihnen.

Mit dem Aufruf, Millionär zu werden, wird ein reizvolles Wort verwendet. Es reizt, es zu werden, da es üblicherweise ein Synonym für Reichtum ist und so eine Art Wohlstandsscheide darstellt. Es reizt aber auch diejenigen, die es nicht sind und das durch Neid und unfreundliche Nachrede zum Ausdruck bringen. Aber was sollte sonst das Ziel sein? Unternehmen wollen die Größten, die Ersten, die Schnellsten, die Pünktlichsten, die Ertragreichsten oder sonst etwas sein. Wir wollen Millionäre werden!

Dann zeigen wir gleich einmal, was wir gelernt haben an dem Beispiel der von der Tochter des Autors gewünschten Tasche: Es tut sich nämlich die Frage auf, ob wir uns das Buch kaufen. Denn wenn wir den Kaufpreis in Aktien investieren, dann haben wir in X Jahren Y € auf dem Konto! Wenn wir allerdings das Buch nicht erwerben und lesen, dann hätten wir ein paar hilfreiche und angenehme Stunden weniger verlebt, was sehr schade gewesen wäre.

Es stimmt dankbar, zu lesen, dass der Autor die klare Haltung einnimmt, dass Reichtum auch verpflichtet und an die zu denken ist, die die Startmöglichkeit, Millionär zu werden, nicht oder nur in geringem Umfang haben. Solidarität leben.

Prof. Dr. Hans-Wilhelm Zeidler
Unternehmensberater

Inhaltsverzeichnis

Einleitung

Fokus auf die Besten

Sie halten ein Buch in den Händen, das Ihr Leben verändern kann. Das meine ich weder vollmundig noch provokant. Ich meine es ehrlich. Mit meinem Wissen als Finanzexperte seit 25 Jahren und mit meiner Vision, Menschen zu finanzieller Freiheit zu verhelfen, verspreche ich Ihnen: Auch Sie können Millionär werden.

Das wird nicht über Nacht passieren, es sei denn, Sie gehören zu den Unglücklichen, die im Lotto gewinnen. Dann nämlich werden Sie mit einer Wahrscheinlichkeit von 90 Prozent bald ärmer sein, als Sie sich das heute denken können. Dies verrät die Statistik.

Menschen, die einen derartigen unverhofften Geldregen erfahren, begehen im Strudel aller Glückshormone folgende Fehler: Sie taumeln vor Freude. Sie handeln planlos. Sie denken, die Million sei unerschöpflich. Sie verschenken, verprassen, packen hinein in das gleißende Licht des Schicksals und landen in der Konsumsucht oder, schlimmer noch, auf dem Besucherstuhl eines von Banken und Versicherungen abhängigen Beraters.

Durchschnittlich zwei Jahre wähnen sich Lottogewinner, unverhoffte Erben, Menschen nach einem überraschenden herausragenden Deal im Rausch, genießen das Dopamin in ihren Adern und das schöne Leben im Außen. Aber sie bedenken nicht, dass kein Rausch ewig dauert.

Deshalb lautet eine meiner Lebensregeln: Nichts verflüchtigt sich so schnell wie die Zeit und das Geld. Denn ich habe manchen kurzzeitigen Millionär tief fallen sehen. Das schmerzt. Einige von ihnen haben mir gegenübergesessen und geklagt: „Ach, hätte ich doch das Geld klug angelegt", „hätte ich doch vorsichtig, weitsichtig, sparsam gehandelt", „hätte ich das Geld für mich arbeiten lassen, ach wäre ich doch noch reich". Die Zeit ist jedoch ein brutales Phänomen, Sie dürfen keine Sekunde zweimal verleben – und Sie können auch keinen Euro zweimal ausgeben. Sie sollten einen vorsichtigen Umgang mit Ihrer Zeit im Leben und mit dem Geld auf Ihrem Konto pflegen. Diese Haltung ist in Deutschland, diesem wohlhabenden, bildungshungrigen, fortschrittlichen Land, nicht weit verbreitet. Davon erzählen uns Statistiken. Lediglich 1,6 Prozent der Bevölkerung haben es bis zum Vermögensmillionär gebracht, obwohl die Bedingungen, getrieben durch die Digitalisierung und Globalisierung, durch die starke Wirtschaft, nie besser waren. Von mehr als 83 Millionen Bürgern und Bürgerinnen dürfen sich lediglich 1.365.000 Vermögensmillionär nennen (1). Eine verschwindend niedrige Zahl, wenn wir bedenken, dass Deutschland zu den 20 reichsten Ländern dieser Erde zählt, dass das Geldvermögen der Bürger in diesem Land sich auf knapp sechs Billionen beläuft. Auf den Punkt gebracht bedeutet das: Die Kaufkraft und auch die Konsumlust waren nie höher. Und im Gegensatz dazu können wir festhalten, dass nie zuvor weniger Menschen sich ernsthafte Gedanken darum gemacht haben, wie sie ihr Geld vermehren, es bis zur Million steigern, wie sie im Alter frei und unabhängig von staatlichen Zuwendungen leben können. Zwar träumt fast jeder davon, reich zu sein, aber doch fehlt manchen der letzte kleine Kick der Motivation und den meisten wohl ein berechenbarer Plan. Beides zählt zu dem Berufsbild eines Finanzberaters.

Erst der Plan, dann die Million

Ich hoffe, mit meinem Buch werde ich Sie überzeugen, dass Sie Ihr persönliches Glück nicht in den kurzfristigen Freuden finden, welche Konsum Ihnen beschert, sondern dass Sie ein freies, unabhängiges, zufriedenes Leben erst erreichen, wenn Sie Ihr Geld vermehren und sich auf die sichere Seite der Millionäre begeben. Monat für Monat können Sie mit einem Investitionsbetrag von 500 Euro Ihr Geld vermehren, und zwar wie folgt: Sie nutzen den Zinseszinseffekt, der wie ein rollender Schneeball Ihren Betrag vergrößert.

- Nach 10 Jahren blicken Sie auf ein Guthaben von 135.000 Euro.
- Nach 15 Jahren freuen Sie sich über 311.000 Euro.
- Nach 20 Jahren besitzen Sie 638.000 Euro.
- Nach genau 28,4 Jahren haben Sie die Zielgerade überschritten. Ihr Konto weist 1.227.000 Euro aus.

Das wird Ihnen gelingen, wenn Sie einen fähigen, unabhängigen Berater an Ihrer Seite wissen, der die Szene aller Investments durchdringt, der mit Ihnen in einer klugen und berechenbaren Weise die Vorteile des Finanz- und Wirtschaftsmarktes austariert. Das wird Ihnen gelingen, wenn Sie nie, wirklich niemals von Ihrem Vertrag mit sich selbst abweichen, nämlich rund zehn Prozent Ihres Einkommens zu sparen.

In meinem Buch „Glücksfaktor Geld" habe ich erstmals diesen Plan zur Million veröffentlicht. Ich habe jeden einzelnen Schritt erläutert, begründet, habe meine Leser unterstützt in ihrem Willen, reich zu werden und dieses Ziel durch nichts in Frage zu stellen. In „Glücksfaktor Geld" verstehe ich mich nicht nur als Autor, sondern ebenso als Advocatus Diaboli, indem ich Ausreden vorwegnehme, sie durchkreuze mit Daten, Fakten und mit meiner Erfahrung. Unnachgiebig verweigere ich jegliche Art von Ablenkung, und selbst kleine Schwächen, den Plan zu unterbrechen, lasse ich nicht zu. Dafür biete ich meinen Lesern ein berechenbares Versprechen: Sie werden Millionär – und werden glücklich, frei und willensstark, wenn Sie diesem Plan folgen. Es geht mir nicht darum, vom Leser geliebt zu werden, sondern es geht mir nur um eines: um die weitestgehend garantierte Vermehrung seines Vermögens. Diese unbequeme, unverblümte, ehrliche Absicht hat mir viele Anrufe und Zuschriften eingebracht und auch die Frage nach einer Finanzbegleitung. Denn Millionär zu sein scheint gerade en vogue. Nun, den Plan können Sie nachlesen, ich hoffe, viele Menschen werden das tun, denn es ist mir eine Herzensangelegenheit, dass sie den Wert des Geldes schätzen lernen.

Nach allen Glücksforschungen dieser Welt sind Gesundheit, Geld, Liebe, Freiheit und Bildung die Faktoren, die Big Five für ein gelingendes Leben. Reden wir also in diesem zweiten Buch, das ich schreibe, noch einmal über Geld und meinen Plan für Sie und auch über Ihr Glück, es bis zur Million zu vermehren – nur hat die Sache einen Haken: Ich kann nicht jeden meiner Leser persönlich begleiten, so gerne ich das von Lübbenau im Spreewald aus auch tun würde! Einen persönlichen Kontakt könnte die räumliche Distanz verhindern – oder meine zeitliche Kapazität. Da ich jedoch weiß, dass die Vermögensbildung umso besser gelingt, je erfahrener und unabhängiger ein Finanzberater an Ihrer Seite ist, habe ich für Sie ein Ranking erstellt, das Ihnen die Besten bietet.

In Deutschland gibt es zurzeit schätzungsweise 37.000 selbständige Finanzexperten plus deren Mitarbeiter (2). Sie sind teilweise exzellent, teilweise mittelmäßig, manche von ihnen verfolgen vielleicht eine Strategie, die nicht frei und unabhängig ist, sondern von Verträgen mit Banken und Versicherungen geleitet. Sie können also, wenn Sie diesen Markt nicht durchblicken, sehr schnell sehr falsch liegen und das riskieren, was Ihr Wertvollstes ist: Ihr Geld.

Deshalb habe ich Kriterien erstellt, die die Berater in der Branche bewerten. Sie finden in diesem Buch all jene, die in meinem weiten Netzwerk agieren, die die Kriterien von Unabhängigkeit, Ehrlichkeit, Transparenz, Verlässlichkeit nach Werten und Strategie sowie nachweisbaren Erfolgen erfüllen. Jeder Einzelne dieser ausgezeichneten Finanzberater sieht sich als Mentor. Er verfolgt mit Ihnen gemeinsam

Ihr Vermögensziel und ist bereit zu einer ersten Analyse und im Folgenden zu einer Partnerschaft, im besten Fall wird diese 20 Jahre und länger währen, bis Sie sagen: Ich bin ein Millionär.

Und niemand von diesen Experten wird Ihnen, da haben Sie mein Wort, falsche Hoffnungen machen, niemand wird Ihnen sagen, dass solch ein großes Lebensziel in sieben Jahren zu erreichen ist. Niemand wird Ihnen ein experimentelles Investment anbieten. Risiko wird bei all diesen genannten Beratern weitgehend minimiert, weil sie traditionelle Aktienfonds bevorzugen. Ihre Unternehmenskultur basiert auf Werten wie Glaubwürdigkeit und Vertrauen. Und wenn Sie mich nun fragen, wie Sie das feststellen können, weil schönfeile Worte schneller in deren unternehmerischen Leitsätzen formuliert werden könnten, als Taten berechenbar werden, dann rate ich Ihnen Folgendes: Fragen Sie Ihren Berater, ob er nach seiner eigenen Strategie handelt. Fragen Sie ihn nach seinem Vermögen. Fragen Sie ihn nach der Entwicklung seiner Depots und lassen Sie sich die Unterlagen zeigen.

Der guten Ordnung halber erwähne ich, dass das Ranking der Besten keinen Anspruch auf Vollständigkeit erhebt. Es mag beeindruckende Berater geben, die nicht in meinem Netzwerk wirken. Diese bitte ich, mit mir Kontakt aufzunehmen, sich testen zu lassen und den Mut zu haben, auch ihre Strategie transparent zu machen. Sie sind hierzu herzlich eingeladen.

Auch ist dieses Ranking jenseits der Zusammenarbeit mit dem Springer-Verlag entstanden, für jede Empfehlung bin ich als Autor allein verantwortlich. Umso sicherer dürfen Sie sein, dass ich sehr sorgsam gewählt habe.

Bevor ich die Porträts der Finanzexperten aufblättere, will ich die ersten Seiten dieses Buches nutzen, um Sie einzustimmen auf die erste Million, um Sie zu motivieren, reich zu werden. Ich will Ihnen zeigen, wie ein Leben jenseits des finanziellen Mangels aussehen kann und wie ein vorsichtiger Umgang mit Konsum tatsächlich Glück bereitet.

Ihr
Jean Meyer

---

(1) Quelle: https://www.welt.de/finanzen/article177790808/Vermoegen-In-Deutschland-leben-1-365-000-Millionaere.html (Zugriff am 16.2.2019).
(2) Quelle: https://www.fondsprofessionell.de/news/vertrieb/headline/grosser-grafik-ueberblick-deutschlands-finanzberater-129604/

Kapitel 1:
Lebensziel Millionär

+++ EINE BETRACHTUNG DER GEGENWART +++ DIE ZUKUNFT IM
BLICK +++ LANGFRISTIG DENKEN UND PLANEN +++ VERZICHT
SCHÜRT DIE VORFREUDE +++ EFFEKTE NUTZEN +++
BEGLEITER SUCHEN +++ ZEHN KRITERIEN FÜR DIE 25 BESTEN

Ich vermute, Sie sind ein Mensch, der gerne reflektiert. Sie wollen Ihre Karriere voranbringen, haben Ziele, auch im Privaten. Wahrscheinlich genießen Sie es sogar, abends bei einem Glas Rotwein dem Tag noch ein wenig hinterherzudenken. Daraus ziehen Sie Ihre Schlüsse, um zukünftig Fehler zu vermeiden, mehr Erfolg zu generieren. Gut so. Mit der Reflexion erhalten Sie Lösungen, die zu Ihrem Temperament passen. Sie entfernen sich von vorgefertigten Meinungen und verlassen sich auf Ihre Erfahrung, auf Ihre Kreativität. Nach der Stressforschung ist es diese Suche nach dem besten eigenen Weg, die eine gesunde Kohärenz erzeugt. Dann entsteht Gelassenheit, die Körpersysteme arbeiten im Einklang. Oftmals spüren Sie in diesen Gedankenphasen den Impuls, aufzuschreiben, was Ihnen wichtig ist, die Sätze festzuhalten, die eine Lösung bieten. Dieses Journaling wird seit den 1970er Jahren eingesetzt, um herauszufinden, was Menschen stresst, was sie erfreut, was sie sich wirklich vom Leben wünschen.

Nach allen Regeln der Forschung lassen sich Wünsche unter folgenden Lebenszielen subsumieren: Gesundheit, Geld, Karriere, Bildung und Liebe sowie ein langes Leben.

Gesundheit, Liebe und ein langes Leben haben Sie nicht gänzlich in der Hand, hier müssen Sie teilweise auf das Schicksal vertrauen. Allerdings dürfen Sie mit all Ihrer Intelligenz und Ihrer Motivation die anderen drei Faktoren voranbringen – Bildung, Karriere und vor allem die Vermehrung Ihres Geldes steuern Sie! Sie bestimmen, wie steil Ihr Berufsweg verläuft, Sie entscheiden über die Art Ihrer Weiterbildung. Sie verfügen darüber, wie Sie Ihr Geld sparen, anlegen oder ausgeben.

Aus meiner Erfahrung als ehemaliger Banker und seit 25 Jahren als selbständiger Finanzberater weiß ich, dass die meisten Menschen dem Faktor Geld zu wenig Bedeutung geben. Sie verschieben die Vermögensbildung auf unbestimmte Zeit in die Zukunft. Ich halte das für eine Vernachlässigung, die Spuren in Ihrem Leben hinterlassen wird. Denn mit jedem Jahr, in dem Sie Geld nicht zum Thema machen, schmälert sich Ihre Chance, Millionär zu werden.

Tabuthema Geld

Ich habe mich oft gefragt, warum Geld für die Mehrzahl der deutschen Bürger und Bürgerinnen ein Tabuthema ist; man spricht nicht darüber, man informiert sich zu wenig, man wählt das Sparbuch, um Geld zu parken. Das Thema Geld scheint wie ein Stoppschild für Phantasie zu sein. Zwar geht vielen der Satz „Ich wäre gerne reich" über die Lippen, nur haben sie keinen Plan, wie das gelingen kann. Wenn ich bedenke, dass ganze Branchen vom Planen der Freizeit, des Urlaubs, des Hausbaus, des Autokaufs leben und fortwährend expandieren, dann frage ich mich allen Ernstes: Warum gehen Menschen mit dem Wertvollsten, das sie besitzen, das ihnen ein freies finanzielles Leben verspricht, derart leichtfertig um? Sie kaufen gerne, sie kaufen unnütze, marketinggetriebene Produkte – oder sie tragen ihr Geld nach verstaubter Manier zur Bank und deponieren es auf Sparbüchern, wo es schwerfällig liegen bleibt, wo sich nichts bewegt und nichts vermehrt. Auch die Tatsache, dass das historische Zinstief, unter dem die Sparer leiden, sich auf viele Jahre in Europa halten wird, ändert nichts an der Tatsache: Rund zwei Billionen Euro aus deutschen Haushalten liegen ertragslos auf Sparbüchern oder Konten oder werden als Festgeld oder Anleihen gehalten. Es wird also Zeit, sinnvoll und positiv über Geld zu reden – und nicht nur davon zu träumen!

→ Deshalb bitte ich Sie: Nehmen Sie am Abend Papier und Stift zur Hand. Notieren Sie einen mindestens dreistelligen Betrag, den Sie mit leichtem Schmerz monatlich entbehren können. Und dann wählen Sie aus diesem Buch einen unabhängigen Finanzexperten aus, der mit Ihnen gemeinsam einen Vermögensplan erstellt. Dieser Plan wird viele Jahre gültig sein, denn Geld vermehrt sich anfangs langsam, dann zunehmend schneller - dank des Zinseszinseffektes.

In kaum einem anderen Land findet Vermögensbildung zaghafter statt als in Deutschland. Man denkt nach wie vor, die Renten seien sicher, man pflegt noch immer eine Wohlfahrtsstaatsmentalität. Dabei muss ich kein Prophet sein, wenn ich mit Blick auf die demographische Entwicklung behaupte, dass dieses gutgemeinte, aber nicht gut gedachte Rentensystem nicht mehr funktionieren wird, wenn die Babyboomer in rund zehn Jahren ihre Karrieren altersbedingt beenden. Dann erwarten rund 1,4 Millionen Menschen mehr eine Unterstützung aus den Rentenkassen. Wahrscheinlich wird das Rentenniveau für künftige Rentner weiter sinken.

Wem klar ist, dass die arbeitsfreien Jahre mit finanziellen Einschränkungen von rund vierzig Prozent einhergehen werden, der darf sich vielleicht zufrieden schätzen. Wer von staatlichen Zuwendungen im Alter abhängig bleiben will, der kann weiterhin sporadisch einen Betrag auf sein Sparbuch einzahlen. Wer aber heute entscheidet, im Alter unabhängig, frei, ohne Geldsorgen zu leben, der sollte so früh wie möglich einen Teil seines Geldes in Aktienfonds investieren. Für mich ist eine solche Entscheidung ein Faktor von Glück. Es ist ein verdammt weiches Ruhekissen, wenn Sie abends mit dem Gedanken ins Bett gehen, dass weder Schulden noch finanzielle Not Ihnen den Schlaf rauben können und dass sich an dieser Tatsache in Zukunft nichts ändern wird.

Wer einmal in Geldengpässen lebte, der weiß, wovon ich spreche: Erst der Mangel an Geld schmerzt. Einmal vorhanden, frisst er sich tiefer und weiter in alle Bereiche Ihres Alltags. Sie werden traurig und hilflos. Sie empfinden Stress und auf Dauer werden Sie krank. Sie verlieren Ihre Leichtigkeit und mit der Zeit verändert sich Ihre Persönlichkeit. Werte verschieben sich, Freunde ziehen sich zurück, in Ihrer Bank sind Sie kein gern gesehener Kunde mehr. – Es lebt sich nicht lustig ohne Geld und dennoch wird dieses große Lebensthema wie ein Schmuddelkind in die Ecke gestellt. Wir sollten es hervorholen, es jeden Abend pflegen und es an die erste Stelle all unserer Gedanken stellen. Geld macht glücklich! Geld macht frei! Geld ist das Wertvollste neben Ihrer Gesundheit, das Sie erfahren dürfen!

Wenig Geld ist kein Schicksal. Nicht jeder wird reich geboren. Die meisten Vermögensmillionäre, die ich begleite, haben es mit Willen und Disziplin und vor allem mit einer klugen Strategie in diese Traumsphären geschafft. Dabei ließen sie sich von Experten coachen und manchmal wagten sie sogar ein kalkulierbares Risiko.

Ich verstehe, wenn Sie auf den Finanzcrash des Jahres 2008 verweisen. Sie haben Recht. Was in den USA seinen Anfang nahm, entwickelte sich zu einer weltweiten Krise, und bis heute haben sich die Banken und auch die Politik davon nicht gänzlich erholt. Eine solche Krise hinterlässt Spuren: Vertrauen schwindet und die Angst bleibt zurück, das Ersparte zu verlieren. Aber sehen wir einmal genauer hin: Dass es zur Krise kam und damit zu Pleiten von Unternehmen und Überschuldungen von privaten Haushalten, hatte nur zwei Ursachen, und zwar die Gier der Banker und die Engstirnigkeit der Politiker.

In einer Zeit, in der man in Amerika seit dem Terrorangriff 2001 unter fallenden Aktienkursen litt, deregulierten die US-Politiker den Finanzmarkt. Man druckte mehr und mehr Geld, man senkte die Zinsen. Zunächst brach Optimismus aus. Besonders Menschen mit kleinem Einkommen sahen sich als Sieger dieser Strategie. Sie nahmen billige Kredite auf, kauften sich Eigenheime, ohne Sicherheiten bieten zu können. Wer an dieser Kreditschwemme verdiente, waren die Banken! Und die nahmen den Geldsegen, investierten in überaus riskante Geschäfte, kauften Produkte in Wertpapieren, verkauften diese weiter, erfreuten sich an hochspekulativen Optionen, schoben die Fakten zur Seite, dass mancher der Kreditnehmer seine Schulden nicht zurückzahlen könnte, würden die Zinsen steigen.

Und dann stiegen die Zinsen. Die Hypotheken verteuerten sich, die Kreditnehmer konnten die neue Finanzlast nicht stemmen. Sie mussten ihre Eigenheime – meist unter Wert – verkaufen, denn Sicherheiten gab es keine. Es entstand ein Angebotsmarkt auf dem Immobiliensektor, die Preise fielen. Im Gegensatz dazu stiegen zinsgetrieben die Kredite – und damit die Schulden der Kreditnehmer. Die Quintessenz ist schnell erzählt: Die Immobilienblase platzte. Die Kunden konnten die Kredite mit dem Ertrag des Hausverkaufs nicht ablösen. Die Banken erhielten ihr Geld nicht zurück, und das war der Zeitpunkt, als die Banken zusammenbrachen, insolvent wurden. Hinter diesem Zusammenbruch verbergen sich Einzelschicksale, von denen sich manche Kreditnehmer niemals wieder erholen werden. Abgesehen von dem kaum mehr herzustellenden Vertrauen zwischen Banken und Kunden blieben Menschen ohne ein Dach über dem Kopf zurück und mit der Last der Schulden. Privatinsolvenzen und Arbeitslosigkeit stiegen. Die Krise weitete sich aus, auch in Deutschland schrumpfte der Finanzmarkt. Ich kenne Banker, die bis zum Schluss mit der Hand durch die Luft wedelten und behaupteten, es sei alles halb so schlimm, und weiterhin mit risikoreichen Investments liebäugelten. Das ist u. a. der Grund, warum ich Ihnen in meinem Buch keine Bank als Ihren Anlageberater empfehle, denn Banken wollen nur eines: ihr Produkt verkaufen, auch wenn dieses Produkt den Kunden überfordert. Zwar sind die Banken in Deutschland seit 2008 bis heute mit rund 60 Milliarden Euro gerettet worden und wieder voll geschäftsfähig. Ihr Erspartes ist dort laut den Beteuerungen der Politik sicher. Nur dürfen wir nicht vergessen, die Systemrettung geschah mit Steuergeldern. Bislang zahlten Sie und ich und jeder erwachsene Bürger rund 1.000 Euro, um das geschehen zu lassen. Hätte der Staat, anstatt die Banken zu retten, für jeden Bürger eine Investition von 1.000 Euro in die deutsche Wirtschaft getätigt – in einen Fonds, der den Deutschen Aktienindex nachbildet –, so hätte sich das Geld bis heute durchschnittlich mit 9,4 Prozent verzinst. Jeder Bürger wäre um 2.450 Euro wohlhabender (Stand 31.12.2019).

Aber bitte bedenken Sie: Auf dem Sparbuch vermehrt sich die Einlage nicht und ein Banker berät Sie nie, wirklich niemals unabhängig und mit dem Blick auf Ihre weite, oft über 20 Jahre entfernte Zukunft. Denn die Bank will das schnelle Geld – und das läuft einem vernünftigen Plan zum Vermögensaufbau diametral entgegen.

Deshalb empfehle ich Ihnen 25 unabhängig arbeitende Finanzstrategen, denen ich in meiner langjährigen beruflichen Laufbahn begegnet bin, die ich kenne und schätze. Ich halte sie für die Besten.

Zudem möchte ich Ihnen von meinem Plan der Geldvermehrung erzählen und hoffe, Sie damit zu motivieren, sich so schnell wie möglich auf den Weg zu machen, um Millionär zu werden. Sie erfahren Anlagetipps und auch meine Haltung zu Konsum, Luxus, Überschwang. Am besten ist es, Sie verzichten gänzlich auf Verführungen dieser Art und lassen sich nicht von einer geschickt durchdachten Marketingstrategie täuschen. Das Glück, das Sie empfinden, wenn Sie für Waren Geld ausgeben, ist nachweislich nur von kurzer Dauer. Höchstens eine Minute leuchten die Glückszentren im Gehirn auf, entstehen rauschartige Gefühle. Dann verglühen diese Freuden wieder – und zurück bleibt ein Mangel an Geld. Ja, Sie ahnen es: Reichtum setzt nach meinem Plan Verzicht voraus. Dauerhaft, ohne Unterbrechung erfordert mein Plan eine Investition in Aktienfonds und andere Sachanlagen, um Vermögen aufzubauen.

Wenn Sie 60.000 Euro jährlich brutto verdienen, dann müssen Sie zehn Prozent, 500 Euro monatlich, investieren. Wenn Sie sich über eine Gehaltserhöhung freuen, dann erhöhen Sie gleichermaßen Ihren Sparbetrag. Zehn Prozent von dem, was Sie verdienen, ist das Fixum, das Sie für Ihre Zukunft planen.

Das werden Sie spüren, ich weiß. Aber denken Sie langfristig. Sie werden nach meinem Plan nach 20 Jahren ein Millionär sein und das Wort Altersarmut können Sie aus Ihrem Wortschatz streichen. Klingt gut? Ist es auch, nur steht davor eine Entscheidung und im Folgenden der unbedingte Wille, diese Entscheidung durchzuziehen.

Ihre Prophylaxe für finanzielle Sicherheit

Sollte ich Ihnen nun als Autor unbequem erscheinen, so ist genau das meine Absicht. Mir geht es nicht darum, Sie zu beruhigen, wenn Sie sich Sorgen um Ihr Geld und um Ihre Zukunft machen. Das Gegenteil ist der Fall. Die Zeit arbeitet gegen Sie! Abzuwarten ist nicht der richtige Ratschlag. Auch wenn aus philosophischer Sicht ein Verharren in der Gegenwart empfehlenswert ist, weil nur diese kurze Sequenz an Zeit fassbar und formbar ist, so ist diese Sicht auf das Leben unter Finanzaspekten falsch. Die Zukunft nicht im Blick zu haben, sich lediglich lustig durch die Gegenwart zu bewegen oder sich rein in Achtsamkeit zu üben, wie auch spirituelle Ratgeber das empfehlen, birgt die Gefahr, kostbare Zeit ungenutzt zu lassen. Zeit aber ist eine Koordinate im System der Millionäre.

Schließen Sie an dieser Stelle einmal die Augen. Stellen Sie sich vor, Sie sind 70 Jahre alt, haben eine Karriere hinter sich. Nicht alles ist optimal gelaufen. Es gab diese Phase der kurzen Arbeitslosigkeit beim Jobwechsel, auch haben Sie Geld mit dem Hausbau damals verloren. Sie verkauften es unter Preis, um den Engpass zu überwinden. Dann ging es wieder bergauf. Mit dem neuen Job kam der Erfolg, viel gearbeitet, viel verdient. Sie sind gereist um die halbe Welt. Wenn Sie daran denken, tauchen farbige Bilder in Ihrer Erinnerung auf, Sie möchten diese nicht missen, sie sind Ihr innerer Schatz. Und wenn Sie an Ihre Tochter denken, heute Anwältin, dann empfinden Sie Stolz. Sie konnten ihr keinen Wunsch abschlagen, haben Sie nach Kräften unterstützt. Das war nicht immer einfach, denn die Hobbys ihrer Tochter waren kostspielig: Das Halten des eigenen Pferdes kostete Sie 600 Euro monatlich, zehn Jahre lang, und dazu kamen der Reitunterricht und die Teilnahme an Wettbewerben. Nun reitet sie nicht mehr, der Job lässt ihr keine Zeit, und manchmal fragen Sie sich, ob auch eine Reitbeteiligung gereicht hätte, um ihre Augen strahlen zu lassen. Sie setzen sich in Ihren Lieblingsstuhl, neben Ihnen auf dem Beistelltisch liegt der Rentenbescheid. Verdienten Sie in den letzten Jahren Ihrer Berufstätigkeit als Manager der mittleren Ebene 96.000 Euro im Jahr, so leben Sie nun von 30.000 Euro Rente. Dabei sind die Kosten nicht weniger geworden. Auch die erste gesundheitliche Malaise zeigt sich, Arthrose im Knie und in den Schultern. Die Kasse zahlt nicht alle Medikamente, die der Arzt verschreibt. Sie würden gerne Massagen nutzen, eine spezielle Kur erfahren, aber Ihnen fehlt das Geld. Erst gestern haben Sie mit einem ehemaligen Kollegen darüber gesprochen, im Vertrauen. Der entgegnete Ihnen entspannt, dass er diese Sorge nicht kenne. Er habe vorgesorgt. Auf Ihre Frage, wie er das meine, antwortete er, dass er auf traditionelle, offene Aktienfonds gesetzt, über mehr als 25 Jahre monatlich 600 Euro investiert habe. Kurzfristig habe er mal Geld verloren, als die Finanzkrise 2008 auch Deutschland fest im Griff hatte. Aber er habe durchgehalten, seine Depots weiter bedient. Und heute, mit 70, sei er vermögend wie nie zuvor. Auf die Frage, was er mit dem Geld anstelle, hat der ehemalige Kollege Ihnen zugezwinkert: „Mal sehen. Erst einmal sorglos leben und dann meinen Kindern ein schönes Erbe hinterlassen. Sie sollen es leichter haben, als ich es hatte."

Verzicht auf kleine Freuden

Ich weiß, dass ein Investmentplan über einen langen Zeitraum auf junge Menschen unattraktiv wirkt. Der Horizont aller Möglichkeiten spannt sich noch weit. Unangenehmes wie Verzicht und Sparsamkeit findet darin kaum statt. Und doch möchte ich Ihnen ans Herz legen, sich täglich zehn Minuten mit Ihren Finanzen zu beschäftigen.

Checken Sie täglich Ihre Konten, um die Nähe zu Ihrem Geld nicht zu verlieren.
- Führen Sie ein Haushaltsbuch und überlegen Sie abends, ob Sie an einer Stelle verschwenderisch waren.

- Streichen Sie jede Ausgabe, und sei sie noch so klein, die keinen nachhaltigen Wert generiert, sondern nur der kurzfristigen Freude dient.

Zu den kleinen überflüssigen Freuden zählt zum Beispiel der Latte to go in der Mittagspause. Je früher Sie darauf verzichten, umso besser. Abgesehen von der Verunreinigung der Weltmeere durch die Verpackung verprassen Sie damit rund vier Euro täglich. In meinem Buch „Glücksfaktor Geld" (3) biete ich dazu folgende Rechnung an:

„Bei einem Investment von täglich 4,35 Euro in einen konservativen weltweit anlegenden Aktienfonds bedeutet der Verzicht auf den Kaffee Latte nach 20 Jahren einen Gewinn von 54.000 Euro, nach 30 Jahren von 140.000 Euro, und wenn wir eine Kaffeeteuerungsrate von 2,5 Prozent jährlich unterstellen, dann hat unser einst jugendlicher Kaffeetrinker nach 30 Jahren 178.000 Euro Vermögen geschaffen!"

Solch effektive Schritte sind ohne Begleitung möglich. Sobald die Schritte größer werden, sobald Sie einen Sparbetrag von 500 Euro und mehr investieren möchten, rate ich Ihnen, einen von Banken und Versicherungen unabhängigen Berater zu konsultieren. Er wird Ihre Finanzen prüfen, Ihre Wünsche berücksichtigen, er wird alles daran setzen, Sie zur ersten Million zu begleiten. Das ist sein Job und bestenfalls seine Leidenschaft. Und ich darf Ihnen versprechen, dass Sie mit zunehmend wachsenden Beträgen in Ihrem Depot weniger Lust auf Konsum verspüren werden. Ihr Zeitgefühl erweitert sich, der Fokus liegt auf der Zukunft. Sie denken in einem anderen Horizont als die vom Kaufrausch Geplagten. Menschen, die konsequent an ihrer finanziellen Zukunft arbeiten, sind zudem gesünder als andere. Der Stressor Geld, einer der größten Burnout-Treiber, entfällt und wird ersetzt durch das schöne Gefühl der Selbstwirksamkeit.

Die 25 besten Finanzberater werden Ihnen keine Magie verkaufen, indem sie eine Million in sieben Jahren versprechen. Denn sie alle scheuen das Risiko spekulativer Geschäfte. Sie werden keinen von ihnen hinter vorgehaltener Hand flüstern hören: „Ich habe da was für Sie …" In solchen Fällen sollten Sie auch zurückschrecken und auf das Brüllen zur Flucht hören, das Ihre Amygdala sendet, denn Finanzberater, die mit angeblich geheimen Strategien arbeiten, die bluffen. So einfach ist das!

Reich zu werden ist kein Zauberwerk, es ist schlichtweg ein Rechnen mit den Größen von Sparbetrag, Inflation, Ertrag und Zeit. Es bedeutet lediglich, dass der Berater den Markt kennt, dass er die Performance der Ihnen angebotenen Fonds und Finanzanlagen beobachtet und nach Wahrscheinlichkeit berechnet hat. Es bedeutet auch, dass er aufgrund seiner Erfahrung Ihre Karriere und Ihr Einkommen voraussehen und erfassen kann. Er selbst übrigens – und das war eines der Hauptkriterien meiner Wahl – investiert in genau dieser Weise, welche er Ihnen empfehlen wird.

Meine zehn Kriterien zum Ranking der 25 Besten

1. Ausbildung bzw. Studium im Finanz- und Wirtschaftssektor
2. Selbständigkeit seit mindestens fünf Jahren
3. Unabhängigkeit von Banken, Versicherungen und Investmentgesellschaften
4. Nachweis einer ethisch einwandfreien, nachhaltigen, wertbeständigen Unternehmensphilosophie
5. Eindeutige Leitsätze, nach denen der Finanzexperte handelt
6. Investments in offene traditionelle Fonds als Zentrum der Vermögensbildung
7. Vernetztes Arbeiten mit Anwälten, Steuerberatern, unterschiedlichen Finanzdienstleistern im In- und Ausland
8. Vorzüglicher persönlicher Leumund und Aktivitäten auch im sozialen und kulturellen Bereich
9. Vorlage eines nachvollziehbaren, probaten Finanzplans
10. Beweis, dass er nach diesem Plan bereits ein eigenes Vermögen aufgebaut hat

Literatur Kapitel 1:

(3)   Meyer, Jean: „Glücksfaktor Geld. 10 Gebote für finanzielle Freiheit". Weinheim: Wiley, 2019.

Kapitel 2:
Nicht ohne meinen Finanzberater

146.000.000 Möglichkeiten, sich über Finanzen zu informieren, sich mit Anlagestrategien auf den ersten Blick zu befassen. In einer halben Sekunde listet Google auf, was des Menschen Fluch oder Segen bedeutet. Fluch, wenn hinter den Seiten ein Verantwortlicher steht, der nur seine eigene Geldvermehrung im Sinn hat und dazu Ihr Geld benötigt. Segen, wenn ein ehrbarer Experte Ihrem Geld mit Wertschätzung begegnet und sich sagt: „Der Kunde gibt mir das Beste, was er besitzt, damit ich es sicher anlege, berechenbar mit allen Effekten des Zinseszinses." Ein solcher Experte ist fähig, die Kundenposition einzunehmen, dessen Bedürfnisse und Wünsche zu erkennen und auch dessen Willen zum Sparen. Er tritt selbst zurück, stellt seinen Unternehmenserfolg für die Dauer der Beratung in den Hintergrund. Nur der Kunde zählt. Ihm jene Produkte anzubieten, die zu seinem persönlichen langfristigen Sparziel passen, das ist sein kategorischer Imperativ. Ein ehrbarer Berater denkt in diesem Moment nicht an seinen schnellen Profit. Er berät mit seiner Menschen- und Fachkenntnis, erläutert seine Analysen, weist auf Hürden hin und macht Mut, den ersten Schritt auf dem Weg in die finanzielle Freiheit zu setzen und jeden weiteren nie wieder in Frage zu stellen. Jedoch denken manche Berater anders! Sie betrachten den Kunden als Erfolgsbooster für das eigene Unternehmen. Sie gieren nach dessen Geld, um sich selbst bald zu bereichern, überreden sogar zu risikoreichen und aussichtslosen Spekulationen und schieben ihr Gewissen zur Seite. Das klingt dann wie folgt: „Mal sehen, wie ich als Berater daraus den besten Profit, die höchsten Boni rausschlagen kann. Der Kunde vor mir ist willens, aber verfügt nicht über ein hohes Maß an finanzieller Bildung. Er ist weder kritisch noch informiert, ihm kann ich Teures, Risikoreiches und Sinnfreies verkaufen." Auch wenn es sich ein wenig nach Opfermythus anhört, die Realität zeigt, viele Berater handeln nach diesem Muster, leider!

Geld, glauben Sie mir, verführt zu solchen Gedanken. Denn Geld ist eine Ressource, die wertvoll ist wie die Zeit – und sich ebenso schnell erschöpft. Es gibt keinen ungehinderten Zugang, es sei denn, der Mensch ist superreich geboren oder zählt zu den 2.208 Milliardären dieser Welt. Alle anderen rund 7,7 Milliarden Menschen sorgen sich mehr oder weniger um ihre Finanzen und vor allem darum, wie es ihnen gelingen kann, im Alter finanziell unabhängig zu leben. Diese Sorge ist berechtigt. Sie ist für mich der Antreiber, dieses Buch zu schreiben und Ihnen Fehler, die Sie begehen können, deutlich zu markieren. Ich will auf den nächsten Seiten keine weichgespülten Zeilen schreiben, sondern Ihnen als Insider erzählen, wie die Finanzberaterwelt tickt. Ich will Ihnen nicht verschweigen, dass manche nicht unbedingt Ihr Wohl im Blick haben, sondern den eigenen finanziellen Vorteil suchen. Wie in jeder Branche gibt es auch unter den Finanzberatern schwarze Schafe. Dazu später mehr. Zunächst möchte ich Sie ermutigen, darüber nachzudenken, ob Ihre Bank die beste Wahl ist, um einen Finanzplan zu erarbeiten. Ich selbst halte es für keine gute Idee.

Die Abhängigkeit der Bankberater

Auch wenn Banken die Weltfinanzkrise 2008 aus Gier und einem Übermaß an Phantasie verursachten, so haben sie aus dem Dilemma gelernt und die Politik hat deren Handlungsspielraum versucht zu beschränken. Und doch finden Sie dort jede Form der Geldanlage: vom Null-Zins-Sparbuch bis zu hochspekulativen Anlagen in Derivaten, Zertifikaten bis hin zu Produkten des sogenannten grauen Kapitalmarktes. Vieles wurde nur kreiert, um dem Kunden sein Geld aus der Tasche zu ziehen. Ein Teil dieser Bankprodukte wird mit enormen Marketingkosten vertrieben. Sie dienen dem Vorteil der Bank – und nicht dem Vorteil der Kunden. Es geht der Bank darum, mit Ihrem Geld zu arbeiten, es dem eigenen Kapitalstock hinzuzufügen oder üppige Provisionen zu generieren.

Die in Banken und Versicherungen angestellten Berater wollen Karriere machen. Das gelingt ihnen nur, wenn der Umsatz stimmt, wenn sie die Produkte verkaufen, die ihr Arbeitgeber vorsieht. Ob diese Produkte für Sie passend sind, ist oft nachrangig. Sie wollen und müssen die Zielvorgaben der Geschäftsführung erfüllen. Individuelle Kundenbedürfnisse rangieren weit hinten. Und so spielen die Banker mit Ihrem Vertrauen, offerieren Ihnen nicht das für Sie beste Produkt, sondern verkaufen, was die Bank per se für gut erachtet, und streichen dafür Bonifikationen und Lob ein.

Das aber passt nicht zu Ihren Absichten! Sie wollen finanziell frei werden, Sie wollen im Alter unabhängig und frei sein, und zwar auf einer soliden, berechenbaren Grundlage.

Warum also wenden sich Menschen, die finanziell unabhängig werden wollen, nach wie vor an ihre Bank? Nun, die Antworten sind naheliegend: Meist besteht eine lange Beziehung zwischen Bank und Kunden. Vom ersten Gehalt vor vielen Jahren an ließ man das monatliche Salär auf das Konto überweisen und einen Teil weiter auf das Sparbuch.

Seit aber die Minuszinsen und Inflation dort das Geld monatlich zu schmälern drohen, seit bekannt ist, dass die Bank das Wohl des Kunden nicht in jeder Hinsicht verfolgt, spüre ich eine allgemeine Verunsicherung. Es spricht sich herum, dass ein Bankangestellter nicht frei agieren kann, wenn er Ihnen Produkte präsentiert. Er hat sich aufgrund seines Arbeitsvertrages verpflichtet, im Sinne der Bankenstrategie zu wirken, hat die Werte und Richtlinien dieser Bank anerkannt. Um sein monatliches Gehalt zu sichern, hält er die Blende nur auf einen kleinen Ausschnitt aller Möglichkeiten. Man könnte sagen, er hält seine Kamera auf einem Stativ und in der Nahaufnahme, statt beweglich und mit Neugierde ein Panoramabild der Chancen zu erzeugen.

Auch wenn ich mir bewusst bin, dass ich mir an dieser Stelle den Ärger von rund 340.000 angestellten Finanzberatern zuziehe, so denke ich doch, dass mit Blick auf Ihr Geld diese Tatsache ausgesprochen werden sollte. Ihr Geld haben Sie sich verdient durch Ihre Bildung, Ihren Einsatz, Ihre Zeit. Und nichts sollte Sie davon abhalten, es zu Ihrem Vorteil anzulegen und zu vermehren. Den Ärger der Banker – ich selbst war einmal einer – halte ich gerne aus, wenn er meinen Lesern zum Vorteil gereicht.

Ich bin damals aus der Bankenkarriere ausgestiegen, weil ich erkannt habe: Mit den Sparbüchern und anderen Sparprodukten einer Bank erreicht kein Kunde den Millionärsgipfel aus eigener Kraft. Zu viele Nebenkosten belasten den Sparplan, zu wenig berechenbare Fortschritte erzeugen die Lust, mehr zu sparen, weiterzugehen, vermögend zu werden. Und zudem hat die Bank schlichtweg kein Interesse daran, dass Sie im Alter finanziell frei sein werden. Vielmehr will man an Ihnen im Hier und Jetzt verdienen. Diverse Studien haben untersucht, ob Kunden nach Bankberatungen und mit Hilfe von Banksparplänen reich werden können; das Ergebnis zeigt: Nein, sie können es nicht. Das Geldvermögen bleibt, was es von Anfang an war, nämlich unteres Mittelmaß.

→ Der Fehler Nummer eins eines Sparwilligen besteht in der mangelnden Übersicht über den Finanzberatermarkt, und der zweite Fehler besteht darin, der Bank ein unkritisches Vertrauen zu schenken. Beides lässt Ihr Geld zum Fluch werden, weil Sie ein hohes Risiko eingehen, nach einem Investment ärmer zu sein als zuvor

oder über eine schleichende Enteignung durch Inflation und Steuer ihre Kaufkraft
Ihres Vermögens verlieren.

Warnung vor sogenannten schwarzen Schafen

Und wenn Sie nun denken, Sie handelten klug, wenn Sie in Geldanlagefragen Banken und Versicherungen meiden, sich stattdessen an einen unabhängigen Berater wenden, dann sei Ihnen an dieser Stelle gesagt: Das Wörtchen *unabhängig* vor der Berufsbezeichnung ist allein für sich noch kein Qualitätsmerkmal. Einige dieser Berater versprechen Ihnen das schnelle Geld. Sie raten Ihnen, in dubiose Geschäftsmodelle zu investieren. Sie versprechen Ihnen hohe Renditen und Zinsen, vielleicht sogar eine Million Euro in kurzer Zeit. Zu verlockend klingen die Angebote, die Spekulanten und Schieber kreieren und die jenseits eines gesetzlichen Schutzes rangieren, denken Sie und sehen sich im Geiste schon als reichen Mann, als reiche Frau.

Oder man offeriert Ihnen einen Investitionsplan mit nahezu phantastischen Gewinnaussichten, wenn Sie bereit sind, eine beachtliche Summe von Ihrem Ersparten zu investieren. Vielleicht senkt der Berater die Stimme, denn was er Ihnen anvertraut, das ist nur für seine besten Kunden gedacht, so verrät er Ihnen, und dann erzählt er von Schiffen und Containern in Südafrika, von der Wiederaufforstung des Regenwaldes am Amazonas. Solche Investments hätten Zukunft, sagt er, sie spielten am Nerv der Zeit, würden Ihnen 20 Prozent Rendite und mehr bringen. Und Sie rechnen und Ihre Augen beginnen zu glänzen.

Rhetorisch geschickt fängt der Berater den Sparer ein, bringt Argumente, die seine Emotionen triggern, seinen Wunsch nach Vermögen groß und größer werden lassen. Diese Art der Argumentation beherrscht der Finanzberater perfekt, er trainiert sie täglich. Er verspricht die Vermehrung des Geldes, verschweigt das Risiko oder die langfristige unabänderliche Bindung des Geldes an solche Verträge. Er redet nicht über die versteckten Gebühren für den Kauf der Papiere, nicht über die fehlende Haftung für einen eventuellen Totalverlust. Er sagt Ihnen nicht, dass Sie alleine das Emittentenrisiko tragen, das bei vielen Arten von Schuldverschreibungen (Genussscheinen, Derivaten, Optionsscheinen, Aktienanleihen oder Zertifikaten) besteht, wenn der Herausgeber Pleite geht. Dann wäre auch Ihr Kapital bis auf den letzten Cent verloren. Mit Ihrer Unterschrift akzeptieren Sie jegliches Geschäftsgebaren – und bleiben schutzlos auf einem brisanten Markt zurück.

Bis Sie dieses Drama, von dem ich Ihnen seitenweise Geschichten erzählen könnte, durchschauen, ist Ihr Berater längst an einem anderen Platz im Unternehmen oder er sonnt sich auf den Cayman-Inseln. Sie finden keinen Ansprechpartner mehr, erhalten keine Auskunft. Ein anderer sitzt nun hinter dem Schreibtisch, hat die

Geschäfte übernommen, und der wird mit den Schultern zucken, wenn Sie ihm Ihr Leid erzählen. „Sorry, aber ich habe Sie nicht beraten, ich kann dazu keine Stellung nehmen."

Schulden als Stressor

Bleibt die Frage: Wohin mit dem Geld, wenn nicht auf die Bank? Wem vertrauen, wenn es unter den unabhängigen Beratern schwarze Schafe gibt? Die naheliegende Antwort lautet, sich im Bekanntenkreis umhören. Und sollte niemand in Ihrem Umkreis offen über Geldanlagen reden, dann könnten Sie sich einige Websites der 37.000 freien Finanzberater ansehen. Damit hätten Sie den ersten mühsamen Schritt in einen schier undurchdringlichen Dschungel von 37.000 freien Beratern getan. Aber wie können Sie wissen, ob Ehrlichkeit, Wertschätzung, Authentizität und ein gewissenhafter Charakter sich dahinter verbergen? Meine Antwort lautet: Sie können das nicht erkennen, weil Sie den Finanzmarkt nicht im Detail durchdringen, weil Sie die hohe Kunst der Geldanlage nicht gelernt haben, denn finanzielle Bildung sieht der Rahmenplan aller Schulen und Universitäten nicht vor. Ich halte das für eine unverantwortliche Lücke. Denn das Wissen um Geld kann das Glück eines Menschen im Leben erhöhen – ein Mangel an finanziellem Wissen kann Leid verursachen.

Wenn Geld nicht ausreichend vorhanden ist, dann schränkt das Ihr Wohlgefühl ein. Sie stressen sich, Sie werden traurig, schlaflos, depressiv – und wenn sich an diesem Zustand nichts ändert, landen Sie in einem Burnout, weil Ihre mentalen und physischen Kräfte nachlassen. Geldmangel ist einer der größten Antreiber für Erschöpfung und Unglück im Leben! Der Stressforscher Gert Kaluza untersucht in seinem Buch „Gelassen und sicher im Stress" (4) jene Faktoren, die Menschen ausbrennen lassen. Er beruft sich auf eine Stressskala, die die Psychiater Thomas Holmes und Richard Rahe im Jahre 1967 erstellten und die ständig erneuert wird. Demnach sind u. a. folgende Einschnitte im Leben gesundheitsgefährdend:

- Tod des Ehepartners
- Scheidung
- Trennung der Ehepartner
- Tod eines nahen Verwandten
- Schwere körperliche Verletzung oder Krankheit
- Heirat
- Kündigung durch den Arbeitgeber
- Pension
- … und nach Holmes und Rahe: Schulden!

Diese Tabelle ist nützlich und richtig. Jeder dieser Lebenseinschnitte erzeugt Veränderung und einen ungesunden Stress, wenn diese Veränderung nicht angenommen, bewältigt und überwunden wird.

Wer Geldsorgen hat, wer Geld verliert, wer in diesem Bereich Mangel leidet, der gerät in einen Stress, der sich bis zur Lebensmüdigkeit steigern kann. Geldmangel kann einem Leben die Farbe nehmen, die Freude am Sein. Er kann Menschen hindern, ihr Potenzial zu entfalten. Geld ist ein Faktor von Glück – oder Unglück. Und ich hoffe, meine Bücher tragen zu einer Sensibilisierung für dieses Thema bei. Die Zeiten, in denen man nicht über Geld sprach, sollten jetzt vorbei sein. Zu viele Menschen bleiben aus Unwissen, aus fehlender finanzieller Bildung unter ihren Möglichkeiten im Leben. Sie erfahren nie, was es bedeutet, finanziell frei zu sein und dem Leben gelassen, nicht gestresst gegenüberzustehen.

Reden wir über Geld

In Deutschland hält sich bis heute die Vollkaskomentalität, die sich mit dem Aphorismus „Der Staat wird sich schon kümmern" umschreiben lässt. Dieser Aphorismus entstand in den satten 1970er Jahren – und ist heute nicht mehr wahr.

Der Staat kann keine absolute Sicherheit, keine Geborgenheit garantieren. Denn der Staat ist verschuldet, ihm fehlt schon heute das Geld für Ihre finanzielle Versorgung im Alter. Mit einem Blick auf die demographische Entwicklung droht ihm in den sozialen Kassen in wenigen Jahren der Kollaps. Fakt ist: Die Rente ist nicht sicher, das staatliche Versorgungssystem wird nicht mehr funktionieren. Es wird einen großen, für den Bürger einschneidenden Umbruch erfahren müssen. Diese Botschaft ist unbequem, denn sie suggeriert eines: Sorgen Sie selbst für Ihr Alter vor.

Wer das heute versteht, der verlässt sich nicht auf Parteiprogramme, Regierungsaufträge, nicht auf den Staat. Der entwirft in jüngeren und mittleren Jahren eine Finanzstrategie, um im Alter finanziell unabhängig zu sein. Vor allem meidet er das Sparbuch, weil dieses Instrument so altmodisch ist wie ein Serviettenhalter auf dem Esstisch. Kaum nachzuvollziehen bleibt, dass der Bundesfinanzminister Olaf Scholz in einem Interview mit der „Bild am Sonntag" die Frage nach seiner persönlichen Finanzstrategie wie folgt beantwortete: „Damit beschäftige ich mich kaum, es liegt einfach auf dem Sparbuch – trotz der niedrigen Zinsen." Dann möchte ich dem Finanzminister dieses Buch in die Hand geben und ihm vorschlagen, sich daraus einen der 25 besten Finanzexperten auszuwählen, um sich eine grundlegende Beratung zum Thema Geld zu leisten. Bei 15.000 Euro Monatsverdienst ließe sich mit einer transparenten Strategie in weniger als zehn Jahren eine Million Euro jenseits des Sparbuchs erreichen. Gleichzeitig könnte Herr Scholz von seinen Erfahrungen berichten und so einen wichtigen Beitrag zur Aufklärung eines ganzen Landes beitragen.

Nach meiner Analyse halten Menschen aus zwei Gründen dennoch am Sparbuch fest:

1. Sie glauben, es sei ein sicherer Aufbewahrungsort für ihr Geld und befürchten, anderes sei mit einem Verlustrisiko behaftet.
2. Sie denken, sie verdienen nicht genug, um durch einen monatlichen Sparvertrag Millionär zu werden. Ihnen allen empfehle ich mein Buch „Glücksfaktor Geld". Es enthält einen Plan, wie das bei 60.000 Euro Bruttojahresverdienst gelingen kann.

Wenden wir uns der ersten Gruppe zu, die ein Verlustrisiko scheut. Diese Vorsicht ist gesund! Und sie ist sogar berechtigt, denn selbst gute Geldanlagen können über kurze bis mittelfristige Zeiträume keine Erträge abwerfen und sogar an Wert verlieren.

Anders sieht es jedoch bei Anlageformen aus, die weder staatlich überwacht noch breit gestreut bzw. diversifiziert sind.

Hier sei das Beispiel des Hotelbesitzers und Fondsherausgebers Anno August Jagdfeld genannt. Er legte mit seinem Fundus-Fonds zum Grand Hotel Heiligendamm eine Pleite hin, durch die Investoren ca. 130 Millionen Euro verloren. Zur Erinnerung: Es handelte sich um einen geschlossenen Immobilienfonds, der ein baufälliges Häuserensemble im Seebad Heiligendamm erwarb und an dem sich rund 1.900 Anleger beteiligten. Auch öffentliche Gelder wurden beigesteuert. Banken sollen sich zudem mit rund 50 Millionen beteiligt haben. Insgesamt bezifferte der Fundus die Investitionen auf 220 Millionen Euro. Als die Pleite kam, blieb Herr Jagdfeld reich, die Investoren aber erlitten den Totalverlust.

Solche Beispiele lassen Sie verständlicherweise zögern, Ihr Geld zu investieren. Dennoch bieten Fonds eine langfristig berechenbare, sichere Anlageform, wenn sie offen und transparent sind. In diesem Falle gibt es in der gesamten Geschichte der deutschen Börse keinen einzigen Fall von Totalverlust. Denn in offene Fonds darf der Anteil eines Unternehmens gemessen an der Gesamtheit aller Unternehmen nicht mehr als zehn Prozent einnehmen. Sollte also tatsächlich ein Unternehmen Pleite gehen, so würden Sie in diesem Modell weniger als zehn Prozent Verlust erleiden. Und dieser Verlust ließe sich mit einer kleinen Änderung im Plan und etwas Geduld wieder auffangen.

Die Merkmale eines ehrbaren, unabhängigen Finanzberaters

Und doch bleibt die Frage, welcher Fonds zu Ihnen passt. Es gibt im deutschsprachigen Raum mehr als 22.000 öffentlich registrierte Investmentfonds, nahezu 12.800 Banken und über 500 Versicherungsgesellschaften mit eigenen Produkten. Dazu summieren sich Bausparkassen, Immobilienunternehmen und ein grauer Kapitalmarkt. Selbst einem Profi fällt es schwer, den Überblick zu behalten, in Gänze wird das nicht möglich sein. Und doch verfügen die Experten, die ich Ihnen in diesem Buch nenne, über eine profunde Marktkenntnis. Sie meiden das unkalkulierbare Risiko, sie berechnen die Ertragserwartungen und gewichten und minimieren das jeweilige kalkulierbare Risiko. Sie sind Begleiter, Mutmacher, animieren Sie, durchzuhalten. Sie nehmen Ihnen die Angst, wenn die Börse schwankt, und ermuntern Sie, genau dann Geld zu investieren, um auf lange Sicht Ihren Gewinn zu steigern. Zudem ist Geld für jeden Experten in meinem Ranking eine emotionale Angelegenheit: Geld verursacht Hoffnung, Angst, Zuversicht, Überraschung, Wut, Freude, Glück. Hier gilt es, wie auch im Sport, die für Sie passende Technik im Umgang mit diesen Emotionen zu finden.

Ein ehrbarer, unabhängiger Finanzberater versteht sich deshalb auch als Coach, der Sie in einer empathischen Weise begleitet. In Summe will er verstehen, wo Sie im Leben stehen, wo Sie hingelangen möchten, welche Wünsche und Ziele sich mit Ihrem Sparkonzept realisieren lassen.

- Er wählt für Sie den passenden Geld- und Kapitalanlagen.
- Er schätzt aufgrund seiner Erfahrung die Performance ein.
- Er entwirft den Zeit- und Sparplan.
- Er errechnet die Zinseszinseffekte.
- Er weiß, welche staatlichen Zuschüsse Ihnen zustehen.
- Er lässt sich von Marktschwankungen nicht verunsichern, weil er weiß, dass nach einem Tief immer ein Hoch kommt, dass beharrliches Aussitzen die einzig richtige Entscheidung darstellt.
- Er kennt die reale inflationsbereinigte Entwicklung aller Anlageklassen wie Anleihen, Geldmarkt, Geld, Wohneigentum und weiß: Von 1900 bis heute schlugen Aktien diese Anlageklassen mit einem durchschnittlichen Wachstum von 6,9 Prozent im Jahr. (6)
- Er begegnet Ihnen, wenn Sie zweifeln, sich den Konsumverführungen hingeben möchten, wenn Sie spontan und unreflektiert auf Ihr Vermögen zurückgreifen möchten, wie ein Mentalcoach. Konkret: Er stärkt auch in schwierigen Lebenszeiten Ihren Wunsch, reich zu werden, und erinnert Sie an die Konsequenzen Ihres Handelns.

- Er steht an Ihrer Seite, sollten Sie ein moralisches Tief empfinden und müde werden, weil andere von Reisen, Möbeln, Autos und Haus auf Pump erzählen. Er wird Sie erinnern, dass wahres Glück nicht in kurzfristiger Dopaminausschüttung besteht, sondern in der langfristigen Zufriedenheit, schuldenfrei, sogar vermögend zu sein. Und wenn alles nach Plan läuft, wenn Sie jene seelische Widerstandskraft gegen die täglichen Verführungen des Kommerzes entwickelt haben, dann ist ein Berater einmal jährlich für Sie da, um den finanziellen Check-up zu erstellen und sich zu fragen: Können wir an der finanziellen Erfolgsschraube noch etwas drehen, um Ihren Ertrag zu steigern?

Mein Investitionstipp

Grundsätzlich gilt: Sobald Sie eine Gier auf Geld verspüren, halten Sie inne. Gier ist der schlechteste Ratgeber, er triggert das Risiko und damit den Geldverlust! Verändern Sie die Perspektive. Nicht das kurzfristige Geld bringt Ihnen Glück; das Investieren in Unternehmen, die gerade einen Hype erleben, halte ich für risikoreich. Uns allen ist die Internetblase an der Börse in Erinnerung geblieben.

Manche meiner Kunden haben damals von dem gemeinsam erarbeiteten Investmentplan losgelassen und sind dem Trommelwirbel der Start-ups hinterhergerannt – und haben dabei viel Geld verloren. Mein Tipp lautet deshalb: Setzen Sie auf Bewährtes.

Der Templeton Growth Fund zum Beispiel hat sich seit seiner Gründung im Jahr 1954 mit durchschnittlich 11,1 Prozent jährlich entwickelt. Hier ist es nur ein Rechenexempel, um wie viel Sie Ihr Geld gemessen an der Laufzeit Ihres Sparplans von 20 Jahren vermehren werden.

Oder:

Der Deutsche Aktienindex ist seit seiner Gründung im Jahr 1988 im Durchschnitt um jährlich acht Prozent gestiegen. Das sollte ein Kriterium für Ihren Sparplan sein.

Oder:

Die Börse ist seit Beginn der Aufzeichnungen im Jahr 1801 an sieben von zehn Tagen gestiegen und an drei von zehn Tagen gefallen. Ein Effekt, den Sie in Ihrem Sparplan berücksichtigen sollten.

Der Erfolg in Ihrer Hand

Nur ist ein kluger, individueller Plan noch keine Garantie für den Erfolg. Eine solche Garantie können nur Sie selbst geben, indem Sie wirklich an Ihrem Plan festhalten, indem Sie ihn nicht bei Widrigkeiten im Leben aufgeben. Statistisch gesehen passiert ein solcher Abbruch nach rund drei Jahren. In dieser Zeit gelingt Ihnen häufig der nächste Karriereschritt, entstehen Krisen in der Partnerschaft, erfolgen weitreichende Entscheidungen wie Familienplanung, Umzug, Ausbau etc. So lautet der Dreiklang für das Scheitern einer Vermögensbildung: Unstetigkeit, Selbstüberschätzung, Zweifel. Das sind die Feinde Ihrer finanziellen Freiheit. Begegnen Sie ihnen mit einem Expertengespräch und mit stoischer Ruhe. Ein erfahrener Finanzberater erkennt das, was man Lebensentwürfe nennt. Er versucht zu erahnen, was Ihre nächsten Schritte sein werden und ob diese Schritte kompatibel sind mit Ihrer Absicht, finanziell unabhängig zu werden. Er wird sich nicht scheuen, offen seine Bedenken auszusprechen. Er wird Impulse setzen, die Sie zum Nachdenken anregen, damit Sie keine schnellen und unüberlegten Schritte gehen.

Wenn Sie mich nun nach dem Preis für diese finanzielle Lebenshilfe fragen, dann sehen Sie mich zögern. Es gibt unterschiedliche Modelle in der Beraterbranche. Manche berechnen ihr Honorar nach Depot, nach Spareinsatz, nach Gewinnhöhe des Geldes pro Jahr. Andere setzen eine konstante Courtage fest, wieder andere beraten Kleinanleger kostenfrei und stellen erst eine Rechnung, wenn eine Gewinnmarke überschritten wird. Wieder andere kalkulieren in einer Mischrechnung aus Berater- und Depot- sowie Jahreskosten. Am Ende aber sollte der Betrag in Gänze nicht ein Prozent Ihres Vermögens überschreiten. Auch hier gilt wie in allen Dienstleistungen rund ums Geld: Je größer Ihr Erfolg wird, desto mehr wird der Berater verdienen. Und das ist auch gut so!

Literatur Kapitel 2
(4)   Kaluza, Gert: „Gelassen und sicher im Stress". 7. Auflage. Berlin und Heidelberg: Springer, 2018.
(5)   Quelle: https://www.olafscholz.de/main/pages/index/p/5/3292/page/6/year/2018 (Zugriff am 8.8.2019).
(6)   Quelle: https://www.dasinvestment.com/credit-suisse-studie-welche-rendite-aktien-seit-1900-gebracht-haben/

Kapitel 3:
In den besten Jahren zum Millionär

3

+++ VOM ALTPAPIERSAMMLER ZUM MILLIONÄR +++ DIE LEICHTIGKEIT
DES KONSUMS +++ SCHULDEN UND TRAURIGKEIT +++ DAS ACHTE
WELTWUNDER +++ CHAOS VERMEIDEN +++ UNSEXY, ABER HILFREICH:
DAS AUSGABENBUCH +++ FINANZBERATER ALS MENTALCOACH

Ich staune über den 45. amerikanischen Präsidenten. Man scheint sich einig zu sein, die Staatengemeinschaft und die Welt lebte besser ohne seine Macht. Er engt Freiheiten ein, durchkreuzt historisch gewachsene internationale Verträge mit einem Federstrich, er provoziert und streichelt sein Ego mit Vorliebe, trampelt durch sein Amt ohne Zukunftsblick. Und doch schafft er eines nicht: den Amerikanern jenen Traum zu nehmen, der weltweit bewundert und imitiert wird. Dieser Traum beruht auf einem freiheitlichen, eigenverantwortlichen Denken, er stellt das Potenzial eines jeden Menschen ins Zentrum und damit die Haltung: Ich schaffe das, wenn ich wirklich, wirklich will und an meine Stärken glaube.

Mich berühren Geschichten, die den alten Traum „Vom Tellerwäscher zum Millionär" in die Wirklichkeit heben. Denn es sind Geschichten aus dem Leben. Sie erzählen vom Scheitern und Aufstehen, vom Schweiß vor dem Erfolg. Sie zeigen uns, dass auch Sieger einst den inneren Schweinehund zu überwinden hatten, um dorthin zu gelangen, wo sie heute stehen. In diesen Geschichten gibt es Helden wie Sie und mich. Normale Menschen, die nicht mitten ins Glück hineingeboren wurden, sondern es sich erträumten, erarbeiteten und dann fähig waren, dieses Glück festzuhalten. Solche Geschichten entstammen nicht einer Vita in Filmstudios entworfen, um Aufmerksamkeit und Spannung zu erheischen. Solche Geschichten, die ich meine, sind leise und ihre Helden sind unauffällige, sympathische Menschen. Sie wollen keine Macht, sie sind nicht gierig. In Hollywood-Filmen würden sie höchstens eine kleine Nebenrolle erhalten, in der Politik fänden sie leider kein Gehör. Zu wenig Glanz und Autorität umgibt sie. Die Typen, die ich meine, könnten Ihr netter

Nachbar sein, Ihr Freund im Angler- oder Kegelverein, der Imker im Ort, der Unternehmer, dem Sie vertrauen. Sie sind fleißig, diszipliniert, glaubwürdig in Beruflichem und Privatem. Keine Skandale prägen ihr Leben, sondern eine tiefe Zufriedenheit. Von solch einem Menschen möchte ich Ihnen eine Geschichte erzählen.

Ein amerikanischer Traum im Osten Deutschlands

Es war einmal ein kleiner Junge, nennen wir ihn J. An einem sonnigen Tag im Mai des Jahres 1972 tat er seinen ersten Schrei in einem kleinen Ort im Spreewald. Eltern, Großeltern, Bruder waren entzückt – nur sollte dieses Entzücken bald leiser werden, denn die Familie brach kurz nach seiner Geburt auseinander. Da erhielt seine idyllische, naturgrüne und klimaintakte Welt kleine Risse, denn fortan war die Mutter alleinerziehend, was auch zu Zeiten der DDR ein Leben an der Armutsgrenze bedeutete. Das allerdings war nicht gleichzusetzen mit Unglück, denn J. erfuhr Geborgenheit und Liebe. Die Sparsamkeit der Mutter bot ihm ein Vorbild. Er lernte früh, was es hieß, nachhaltig zu leben. Strümpfe wurden gestopft. Aus der Wolle alter Pullover wurden neue gestrickt. Das selbstgepflanzte Gemüse wurde eingelegt und für den Winter gelagert. Greta Thunberg hätte sich in dieser Umgebung wohlgefühlt. Aber Greta gab es noch nicht, und hätte sie damals bereits ihre Botschaften mit der Welt teilen können, man hätte sie in J.'s Familie nicht verstanden. Man hätte sich kaum vorstellen können, dass es eine Gesellschaft auf dieser Erde gab, die Raubbau durch Verschwendung betrieb.

Um Geld zu sparen, drehte J.'s Mutter am Abend das Licht aus, zündete eine Kerze an. Die Familie saß zusammen und die Kinder hörten den Geschichten der Großeltern zu und ahnten: Die Großeltern hatten es als ehrbare und selbstständige Kaufleute in der DDR nicht leicht – leichter jedoch als eine alleinerziehende Mutter mit zwei kleinen Kindern. Vielleicht entdeckte J. in diesen Geschichten seinen Wunsch, es zu Wohlstand im Leben zu bringen. Ja, er wollte vermögend werden wie einst die Großeltern in früheren Zeiten. Das erklärte er stolz und der Großvater nickte zufrieden, sagte ihm, dann müsse er sofort damit beginnen. Außerdem werde es ein Abenteuer der besonderen Art, wie ein steiler Aufstieg auf einen sehr hohen Berg. Abenteuer! das klang verlockend in J.'s Ohren. Lange lag er wach in dieser Nacht und überlegte, was er als neunjähriger Junge unternehmen könnte, um sich sofort auf den Weg zum Reichtum zu machen. Mehrmals stand er aus seinem Bett auf, schritt die drei Meter Länge seines Zimmers ab – und dann kam der Geistesblitz: Altstoffe sammeln.

Wog er in der dritten Klasse, als sein Geschäft bereits florierte, nicht einmal 20 Kilogramm, so schob er Handwagen voller Altstoffe durch seine Stadt, um sie an der

Sammelstelle zu verkaufen. Hätte man ihn nach seinem größten Wunsch gefragt, so hätte er gesagt: „Eine Anhängerkupplung für mein Fahrrad, damit ich den Leiterwagen nicht mehr schieben muss." Dass es die nicht gab, hielt ihn nicht davon ab, weiter zu sammeln, zu verdienen, eine ganze Schulzeit lang.

Rückblickend lächelt er, wenn er an die selbstgestrickten Pullover der Mutter denkt, an die genähten Hosen, die nicht immer in die damals herrschende Modelinie passten. Er erinnert sich auch an das Staunen, als der Nachbar sein neues Auto präsentierte – einen Lada 1600. Da hatte er als kleiner Junge gerechnet: Um sich einen solchen Wagen leisten zu können, müsste er 90 Tonnen Altpapier sammeln, denn für ein Kilo Pappe erhielt er 30 Pfennig. 500 Mark lagen bereits auf dem Sparbuch und ihm wurde klar: Mit eigener Arbeit wäre das nicht zu bewerkstelligen, und das war der Moment, indem er eine Ahnung vom Zinseszins erhielt, von der wundersamen Methode, die er aus Büchern erfahren hatte.

Heute sind fast 40 Jahre seit dem Sparstart vergangen. Heute ist J. vermögend, er ist finanziell frei.

Sie ahnen es, es ist meine Geschichte. Sie bleibt verbunden mit der Einsicht, dass amerikanische Träume überall, auch hier bei uns, im Spreewald, in Erfüllung gehen, wenn Sie daran glauben und daran arbeiten! Sie benötigen Zeit und auch Willenskraft. Bei mir dauerte es bis zur heutigen finanziellen Unabhängigkeit fast 40 Jahre. Zum einfachen Millionär benötigen Sie die Hälfte der Zeit! Das ist übrigens kein Traum, sondern eine Rechenaufgabe:

1. Sie benötigen ein Bruttojahresgehalt von 60.000 Euro und mehr. Damit zählen Sie zu den Besserverdienern und nach den Statistiken sind Sie mit diesem Gehalt zwischen 40 und 50 Jahre alt. Denn nur wenige schaffen als Studienabsolvent den Sprung von null in diese Kategorie. Vielmehr sind zunächst Erfahrung und auch Lebenszeit vonnöten, bei Handwerkern mehr, bei Führungskräften weniger. Festzuhalten aber bleibt: Erst als Führungskraft, Mitarbeiter, Selbständiger in den besten Jahren macht das Sparen Spaß: Sobald Ihr Gehalt steigt, steigt nach meinem Sparplan auch Ihr Vermögen. Das funktioniert wie folgt:

2. Zehn Prozent Ihres Bruttojahresgehaltes zahlen Sie in traditionelle, offene, diversifizierte Aktienfonds.

3. Von Gehaltserhöhungen, Urlaubs- und Weihnachtsgeld, Gratifikationen, Boni zahlen Sie 20 Prozent zusätzlich ein.

4. Sie rühren dieses Geld nie, wirklich niemals an, um in den Genuss des Zinseszinseffektes zu kommen und um später, nach Ihren besten Jahren, wirkliche Freiheit zu genießen.

Schwer vorstellbar, trotzdem exponentiell vorhanden

Dass ich meine eigene Geschichte aufgeblättert habe, hat nur einen Grund: Ich will Ihnen an einem Beispiel aufzeigen, wie Sie aus einem anfangs geringen Sparbetrag ein Vermögen generieren können.

Die Bedingungen lauten: Zeit, Disziplin und das Wissen um den Zinseszins. Letzteres scheint eher ein Terminus technicus für Banker zu sein, dabei übt er bei näherer Betrachtung einen durchaus emotionalen Reiz für jedermann aus.

Wenn Sie einen langen Atem haben, also viel Zeit zum Sparen, dann mutet der Zinseszins gar als Wundereffekt der Geldwirtschaft an. Auch Philosophen haben sich seiner bereits angenommen, als sie Geschichten um den Josephspfennig webten und uns Sparer damit zurückführten bis zur Geburt Christi. Dieses Gedankenexperiment erfand der britische Moralphilosoph Richard Price gegen Ende des 18. Jahrhunderts, um das Wachsen eines Vermögens gemessen an einer langen Zeitstrecke unter Einbeziehung des Zinseszinseffekts zu erklären. Früher staunte man nicht schlecht über diese Rechnung, heute weiß man, dass Price einen Denkfehler beging – war doch ein Pfennig vor 2019 Jahren ein schier unschätzbares Vermögen wert, was heute eben nur ein Pfennig ist, war früher ein extrem hoher Betrag. Aber nehmen wir den Pfennig als Metapher für ein kleines Stück Geld, früher wie heute. Folgen wir diesem Gedankenspiel, das eine Parabel darstellt, und stellen uns vor: Der biblische Josef war ein armer, ein bettelarmer Mann, ein Handwerker mit großem Herz. Stellen wir uns weiter vor, er hätte zu Jesu Geburt wie ein sorgender Vater ein Sparbuch in Bethlehem angelegt und er hätte einen Pfennig mit einer jährlichen Verzinsung von 5,0 Prozent eingezahlt. Geduldig und genügsam, wie Josef war, hätte er dieses Geld nie wieder angefasst, hätte Startkapital und jährliche Zinsen auf dieser kleinen Bankfiliale im gelobten Land arbeiten lassen, und zwar 2019 Jahre lang. Sein Vermögen wäre heute geschätzte 150 Milliarden Goldkugeln in der Größe unserer Erde wert. (7) Unvorstellbar, aber wahr, lassen wir den Wertvergleich des Pfennigs, jegliche Inflation, Krisen und Kriege außer Acht.

Albert Einstein bezeichnete dieses exponentielle Wachstum von Vermögen als das achte Weltwunder. Und es drängt sich die Frage auf, warum wir es heute so wenig beachten, denn der Effekt ist moderner denn je, er ist nach wie vor die Grundlage für eine unverwüstliche Sparstrategie.

Sie kennen Coca-Cola? Dieser Weltkonzern ging 1919 an die Börse, und hätten Sie nur 40 US-Dollar in eine einzige Aktie dieses Unternehmens investiert, so wäre diese Aktie heute, 100 Jahre später, 400.000 US-Dollar wert. Und das ist nur die halbe Wahrheit: Wer zudem die Dividendenausschüttungen von Coca-Cola reinvestiert hätte, der würde heute über einen Aktienwert von 10 Millionen US-Dollar (rund 8,95 Millionen Euro) im Depot verfügen!

Solche wunderbaren Finanzstrategien entstehen, wenn Sie Ihr Vermögen langfristig an gute Unternehmen binden, wenn Sie Unternehmen vertrauen, für die Wertschöpfung und Wohlstand eine Leitlinie bilden. Diese Aktie können auch Sie kaufen. Auch Sie können Teilhaber eines Unternehmens werden, das jährlich 6,5 Milliarden Euro erwirtschaftet, das seine Aktionäre an der Gewinnausschüttung beteiligt und das seine Dividende bereits zum 57. Mal in Folge erhöht hat. Ich vermute, Sie trinken täglich Produkte dieses Konzerns, sei es Cola, Bionade, Mineralwasser. Aber die wenigsten denken darüber nach, ihr Geld in diese Marken zu investieren und sich zu fragen: Wie kann ich von dem Image des Unternehmens und von dessen Wertschöpfung profitieren? Eine solche Frage spiegelt den Stand der finanziellen Bildung.

Geld ist nicht Mittel zum Zweck

Der Umgang mit Geld wird in Schulen nicht vermittelt. Es gibt kein Fach, das finanzielle Bildung heißt und sich mit den Konsequenzen von Konsum und Sucht auseinandersetzt. Dass Bildungspolitiker diese Lücke im Rahmenplan nicht erkennen, fällt mir schwer zu akzeptieren. Und ich werde nicht müde, meine Kontakte in den Medien zu nutzen, mein Netzwerk zu mobilisieren, um die Botschaft zu senden: Liebe Eltern, bringt den Kindern bei, was Schule und Politik versäumen, nämlich den vernünftigen Umgang mit Geld.

Geld zu besitzen, es zu wahren, zu ehren, zählt zu den Glücksfaktoren im Leben! Wir schenken gemeinhin unserer Gesundheit und Körperpflege, unserer Ausbildung und dem guten Umfeld, in dem wir leben, viel Aufmerksamkeit. Gut so. Es sind die Grundlagen für ein gelingendes Leben. Aber den Aspekt eines monetären Vermögens, den schieben wir in den Bereich der Träume. Wie wäre es, würden wir ihn mit Fakten belegen? Wie wäre es, würden wir aus dem Traum ein Ziel machen und dieses Ziel mit Meilensteinen versehen? Wie wäre es, würden wir das Geld nicht wie ein begehrenswertes, aber irgendwie auch schmutziges und mit Bakterien behaftetes Etwas ansehen und mit spitzen Fingern anfassen? Wie wäre es, würden wir lernen, die Wirksamkeit des Geldes in allen Facetten zu verstehen, und würden anfangen, das Geld zu lieben? Dann nähmen wir eine gänzlich andere Haltung ein: Wir behielten das Geld bei uns, wollten es nicht hergeben, nicht anderen überlassen. Wir wollten uns mit Besitzerstolz am Gedeihen des Vermögens erfreuen und irgendwann die Ernte einfahren.

Geld ist für viele Menschen nur ein Mittel zum Zweck und der Zweck lautet, irgendwie über die Runden zu kommen, bestenfalls sich kurzfristige Freuden zu gönnen. Im Effekt dieses Verhaltens aber geben Sie Geld aus. Sie schieben es so schnell wie möglich von sich, streben einen Tausch an, der oft nicht zu Ihrem Besten ist.

Fast jeder zweite Deutsche ist aus diesen Gründen nicht in der Lage, auch nur einen einzigen Cent zurückzulegen. Diese Menschen leben auf einem durchaus mittelmäßigen bis hohen Niveau von der Hand in den Mund, ohne finanziellen Rückhalt. Das ist fatal, weil damit die Schuldenfalle und die Unfreiheit wie ein Damoklesschwert über ihnen schweben. Wenn wir diesen Zustand im Alltag etablieren, geht den Kindern, die diesen nachlässigen Umgang mit Geld täglich erleben, Folgendes verloren: Offenheit, Neugierde, Weitblick, Moral, Standfestigkeit und die Reflexion vor einer Entscheidung. Diese Merkmale nämlich stellen Soziologen bei vermögenden Menschen fest. Das deckt sich auch mit meinen Beobachtungen: Vermögende Menschen sind psychisch stabiler als Menschen, denen Geld Sorgen bereitet.

Dabei hält sich im Volksmund kaum ein Satz hartnäckiger als der, dass Geld den Charakter verderbe. Er wird wie ein Mantra von Generation zu Generation weitergegeben – und hält Generationen arm oder bestenfalls finanziell mittelmäßig. Nein, nein, nein. „Geld stärkt den Charakter!", muss der Satz lauten.

- So will ich einen Appell an Großeltern, Eltern, an Lehrer richten: Nehmen Sie die finanzielle Bildung der Kinder ernst. Setzen Sie alles daran, Ihrem Kind darin ein Vorbild zu sein. Wie das funktioniert? Reden Sie über Geld. Geld ist kein Geheimnis, es zählt zu den schönsten Themen zwischen Menschen.
- Heben Sie Geld aus der Gegenwart heraus. Es geht nicht um das, was Sie sich jetzt kaufen können, es geht darum, wie Ihr Geld Ihre Zukunft erhellt.
- Besprechen Sie Ihren Sparplan und zeigen Sie dabei positive Emotionen wie Zuversicht, Dankbarkeit und Freude.
- Lesen Sie Bücher zum Thema Geld.
- Vermitteln Sie Ihre tiefe Liebe zum Geld.

Als ich mich 1995 selbständig machte, fuhr ich einen alten Trabant und parkte ihn zwei Straßen von der Kundenadresse entfernt. Nach heutigen Maßstäben war ich arm. Und doch verfügte ich über einen Sparbetrag, erfüllte meinen Sparplan. Hätte mich ein Kunde damals danach gefragt, ob ich selbst erfülle, was ich empfehle, ich hätte es beweisen können. So denke ich, dass diese Glaubwürdigkeit mehr zählt als der äußere Glanz einer Beratung. Auch wenn es sich verdammt gut anfühlt, einen modischen und hochwertigen Anzug zu tragen und ein Auto zu fahren, an dem mein Herz hängt. Es ist übrigens kein Porsche, sondern ein zehn Jahre alter Audi, mit dem ich nach Kilometerstand bereits sechs Mal um die Welt gefahren bin. Heute, rund 25 Jahre später, darf ich gelassener mit Geld umgehen, denn es arbeitet in einer exponentiellen Weise für mich. Ich bin dort angekommen, wo meine Kollegen in diesem Buch und ich Sie sehen wollen: in der finanziellen Freiheit. Ich mag Champagner lieber als Sekt, gönne mir auf Bahnfahrten ein Ticket erster Klasse, aber ich habe nie vergessen, wie schmerzhaft Armut ist und wie die Vorstellung, vermögend zu sein, diesen Schmerz besänftigen kann. Und dieses Glück beginnt oftmals mit einem guten Buch über Finanzen, mit nutzwertigen Seiten, die Ihnen Einsicht und Anleitung bieten, die zudem Ihre emotionale Bereitschaft triggern, den ersten Schritt zur finanziellen Freiheit zu setzen. Was folgt, sind ein Expertengespräch und eine Willenskraft über Jahrzehnte. Das mag anfangs abschrecken, weil wir lieber in der Gegenwart denken als die Zukunft zu gestalten. Aber ich kann Ihnen versichern, selten strahlen Gesichter meiner Kunden mehr als beim Blick auf ihren Depotauszug, wenn sich dort nach 20 Jahren die folgende Zahl schwarz auf weiß abbildet: 1.000.000 Euro Haben.

Disziplin, die Tugend der Vermögenden

Ob Sie offen, gewissenhaft, extravertiert, verlässlich oder verträglich sind, das ist eine Sache der Persönlichkeit. Es liegt Ihnen in den Genen. Und sollten Sie zu den Glücklichen gehören, die in einem fördernden Umfeld aufwachsen durften, dann werden Sie Ihr Potenzial entfaltet haben und es für Ihren Erfolg nutzen. Sie werden stärkenorientiert durchs Leben gehen, und kaum etwas kann erfüllender für eine Karriere sein. Was Sie allerdings benötigen, um Ihre Stärken in finanzieller Hinsicht zu nutzen, ist Disziplin. Ohne diese Tugend können Sie Ihre volle Leistung nicht zeigen. Sie blieben bequem, desinteressiert an Ihrem Fortkommen, Sie wären ein Mensch, der sich von Verführungen leiten ließe. Und doch schwingt mit dem Wort Disziplin etwas Unangenehmes mit, etwas wie Zucht und Ordnung, Strafe und Schmähung. Das ist historisch bedingt, denn verfolgen wir das Wort bis zu Kaisers Zeiten, dann setzte es Prügel mit dem Rohrstock, wenn ein Schüler seine Aufgaben nicht erfüllte. Zum Glück ändern Zeiten sich – und auch die Sprache und die Semantik lehnen sich an moderne Vorstellungen an. Auch die Disziplin hat einen Wandel erfahren. Wenn wir heute von Disziplin sprechen, dann meinen wir Selbstregulierung und auch, dem Leben eine Struktur zu geben.

Sich selbst eine finanzielle Verantwortung aufzuerlegen bedeutet, Struktur im Alltag zu halten. Es bedeutet, ein Chaos zu beherrschen, besonders in Krisenzeiten. Mit Krisenzeiten meine ich nicht nur die Schicksalsschläge, die nahezu jedes Leben mit sich bringt.

Krankheit, Jobverlust, Trennungen lassen sich besser bewältigen, wenn Sie nicht in finanzielle Tiefen gerissen werden. Diese Einsicht Kindern und Jugendlichen zu vermitteln sollte zum Pflichtprogramm in der Pädagogik werden. Allerdings erkenne ich im Moment leider einen anderen Trend. Es mag an der digitalen Beschleunigung liegen, dass alles sofort verfügbar sein muss, dass Wünsche sich nicht mehr aufschieben lassen und die unmittelbare Bedürfnisbefriedigung nur einen Klick im Netz entfernt ist. Wir trainieren aktuell unser Gehirn auf einen schnellen Zeittakt, auf unreflektiertes Handeln. Nur sollten wir bedenken: Die Konsequenzen des Handelns verschwinden nicht mit diesem Klick, im Gegenteil. Das Abbuchen von Kreditkarten und Konten erfolgt in dem Augenblick, in dem wir Apps herunterladen, Musik bestellen, in dem wir über Amazon Echo auf Zuruf unsere Wünsche erfüllen. Wer ohne Reflexion sein Geld ausgibt, wer weder eine Übersicht anfertigt noch Buch führt, der landet über kurz oder lang im Chaos.

Geld zu verwalten, zu verplanen, es zu investieren und das Wachsen des Vermögens für die Zukunft zu berechnen ist für mich die einzig mögliche Abwehr, den täglichen Versuchungen pfiffiger Marketiers zu widerstehen. Seien Sie hier ein Vorbild! Rechnen Sie Ihren Kindern vor, was es bedeutet, 100 Euro monatlich ohne Reflexion auszugeben oder mit Sinn und Verstand diese 100 Euro zu vermehren. Erläutern Sie Ihrem 15jährigen Kind:

Wenn Ihr Kind, statt in iTunes Musik und Videos zu kaufen, statt bei Amazon den neuesten Fön zu bestellen, statt von H & M die nächste Tüte Klamotten mit nach Hause zu bringen, deren Herstellung vielleicht sogar unter unsäglichen Umständen stattfand, wenn es statt all dieser überflüssigen Käufe monatlich 100 Euro beispielsweise in einen langjährig bewährten, weltweit anlegenden Aktienfonds investiert und diesen Betrag im Sinne des Zinseszinseffektes für sich bis zur Rente arbeiten lässt, dann darf es in 50 Jahren einen stolzen Betrag von 718.000 Euro sein eigen nennen. Die Alternative wäre, 50 Jahre lang diese 100 Euro für Überflüssiges, nicht Nachhaltiges zu verschleudern. Welches Kind würde da zur zweiten Alternative tendieren? Ich schätze, keines. Und sollte ein Kind sich doch für den Tand in der Tüte entscheiden, dann wäre etwas in der finanziellen Bildung schiefgelaufen, und auch im Training zur Disziplin.

Das tägliche Addieren der Ausgaben ist eine ungeliebte Methode zur Stärkung der Selbstdisziplin. Aber es ist auch eine der wirksamsten, die ich kenne. Besonders Menschen, die damit kokettieren, sie seien spontan und kreativ, sie würden ihr Geld gerne ausgeben, denn wer wisse schon, wie lange sie gesund und in der Lage dazu seien, möchte ich zu bedenken geben, dass Spontaneität und Kreativität wunderbare Merkmale im Charakter darstellen. Die Welt braucht genau diese Menschen, um nicht in Depression unterzugehen. Aber ich habe zu oft diese Charaktermerkmale sterben sehen. Mit Geldsorgen und Armut werden selbst die fröhlichsten Gemüter traurig. Anfangs mag noch die Idee walten, ein Lebenskünstler zu sein. Man denkt, das finanzielle Tief werde man irgendwie durchschreiten und danach eröffne sich wieder das Chancenfeld im Leben. Das aber sind Ausnahmen. Die

Regel bleibt, dass sich die Schulden häufen, dass die Armut im Alter jede Freude erstickt.

Armut verhindert, dass Menschen ihr Potenzial entfalten, sie hält jeden unterhalb seiner Talente fest. Das ist der Grund, warum wir jungen Menschen diese Werte wie Disziplin und Zukunftsdenken mit auf den Weg geben müssen, dass wir ihnen Zahlenbeispiele ins Lebensheft schreiben, die vom Steigern eines Vermögens handeln. Natürlich mutet diese Aufgabe nicht leicht an. Aber Schweiß gehört zu jedem Erfolg und das Besteigen eines Gipfels bis zur Million erfordert Training und auch Verzicht. Ein Trainer, ein Coach kann Sie dabei unterstützen, er kann Sie aufbauen, wenn der Zweifel groß wird, er kann Sie begleiten, wenn Sie das nächste Level anstreben. Auch in diesem Sinne verstehe ich die Aufgaben eines Finanzberaters.

Meine Empfehlung, um Struktur in Ihre Finanzen zu bringen:

1. Sehen Sie einmal täglich auf Ihre Konten.
2. Führen Sie ein Haushaltsbuch, in dem Sie Ihre Ausgaben festhalten.
3. Reden Sie über Geld. Es ist kein Tabuthema in Ihrer Familie, sondern der Dreh- und Angelpunkt, um langfristig gesund, glücklich, frei zu leben.
4. Vereinbaren Sie einen Vertrag mit sich selbst: Sie sparen zehn Prozent Ihres Gehaltes und 20 Prozent einer jeden Gehaltserhöhung.
5. Sie suchen sich einen Finanzberater aus dem Expertenpool in diesem Buch und vereinbaren einen ersten Beratungstermin.
6. Sie entwerfen gemeinsam mit Ihrem Finanzberater einen Plan zur Vermögensbildung.
7. Sie investieren Ihren monatlichen Sparbetrag in rentable Anlagen, die Ihnen ihr Berater empfiehlt.
8. Sie halten an diesem Plan fest, was immer in Ihrem Leben geschieht, Sie stellen diesen Plan nicht zur Disposition.
9. Sie achten und wertschätzen Ihr wachsendes Vermögen und Sie schulen Ihre Willenskraft, dieses Vermögen während der nächsten 20 Jahre zu vermehren.
10. Sie schwören sich, nie, wirklich nie in einem finanziellen Chaos durch Konsum, Schulden und kreativen Leichtsinn zu landen.
11. Sie bilden sich durch Bücher und Expertengespräche in finanziellen Themen weiter, eine Liste finden Sie im Anhang des Buches.
12. Sie stellen sich täglich für wenige Minuten vor, wie es sich anfühlt, wenn Sie den Weg zur finanziellen Freiheit bewältigt haben. Sie stellen sich vor, Sie sind ein Millionär, Sie sind finanziell frei.

Literatur Kapitel 3

(7) Quelle: https://de.wikipedia.org/wiki/Josephspfennig#cite_note-1

Kapitel 4:
Persönlichkeit trifft Strategie

4

+++ REICH UND BESCHEIDEN +++ DER MANN VON NEBENAN +++

ENTSCHLUSSKRAFT SPÜREN +++ CHARAKTERLICHER DREIKLANG

FÜR DIE VERMÖGENSBILDUNG +++ DIE RENTENFORMEL +++

KEINE GIER! +++ EMOTIONEN IM BAUCH +++ 1 AUS 25

Wenn Sie mich fragen, wie ein typischer Millionär aussieht, dann zögere ich, antworte Ihnen, dass es äußerlich keine Merkmale gibt und schon gar keine Stereotype. Weder trägt ein Millionär per se teure Kleidung, noch golft er im besten Country Club der Gegend. Er bevorzugt für seine Kinder nicht unbedingt Privatschulen, auch jettet er nicht zweimal jährlich in eines der letzten Steuerparadiese dieser Erde, um seine Kontoauszüge in geheimer Mission zu überprüfen. Um es vorwegzunehmen: Von den mehr als 1.365.000 Millionären, die in Deutschland leben, genießt die Mehrzahl ihr Glück sehr leise. Der typische Millionär könnte Ihr Nachbar sein – ein höflicher und bescheidener Mann, er grüßt Sie, hält Distanz, über Persönliches spricht er selten. Auch sind Ihnen keinerlei Allüren an ihm aufgefallen, keine Ungereimtheiten in seinem Tagesablauf. Er verlässt von Montag bis Freitag um 8.00 Uhr sein zu Hause, um seinen Job zu erfüllen und den Monatsverdienst zu sichern. Soweit Sie wissen, arbeitet er als Abteilungsleiter in einem mittelständischen Unternehmen in der Nachbarstadt. Seine Frau erzählte einmal, dass er gerne rechnet und es in der Familie üblich sei, ein Haushaltsbuch zu führen. Sie haben nach innen gelächelt, haben sich vorgestellt, wie kleinlich er die Quittungen addiert und mit den Einnahmen vergleicht. Bei einem der Nachbarschaftsabende haben sie ihn darauf angesprochen. Er hat es bestätigt und ist in einen schwärmerischen Ton gefallen, als er sagte, diese 15 Minuten Schreiben ins Haushaltsbuch seien für ihn pure Entspannung. Wie eine Abwehr gegen Stress wirke es, wenn die Habenseite die Ausgabenseite bei Weitem übersteige. Und als er bemerkte, dass Sie die Stirn in Falten zogen, da hat er gelächelt und gesagt: Verschwendung mache ihn nervös, weil er tief im

Herzen eine Liebe für sein Geld empfinde. Und gestern haben Sie in einer netten Runde von ihm erfahren: Er ist längst einer der vermögenden, bescheidenen Männer von nebenan, dem Sie zwar Konsequenz zugetraut haben, aber nicht ein Depot in Millionenhöhe.

Menschen, die aus eigener Kraft vermögend wurden, die rechnen! Da gibt es keine unreflektierte Ausgabe, keine Verschwendungssucht. Denn zu sehr haben sie erfahren, wie mühsam der Weg zum Vermögen war und sie wollen unter keinen Umständen zurückpurzeln an den Anfang, als sie mit einer enormen Willenskraft aufbrachen, um finanziell frei zu werden. Sie haben Angst, das Geld durch Unvorsichtigkeiten zu verlieren. Das Geld zu vermehren ist für sie wie ein roter Faden im Leben geworden, und würde er auseinanderfallen, sie würden einen enormen Stress empfinden. Damit erkläre ich mir die Bedachtsamkeit vieler Millionäre im Umgang mit Geld. Die meisten Millionäre sind strebsam, bescheiden. Sie pflegen ihren Rhythmus in immer gleicher Weise. Der Tag ist geprägt durch den Job, der hoffentlich Erfüllung schenkt. Er endet mit Sport, geselligem Beisammensein, der Beschäftigung mit einem Hobby, der Zuwendung zur Familie. Das sind Menschen wie Ihr Nachbar. Seine Wohnung unterscheidet sich vermutlich nicht von Ihrer eigenen, die Urlaube sind unspektakulär, werden an der Nord- und Ostsee, in den Bergen Österreichs oder in Städten Europas verbracht. Er grüßt Sie freundlich, ist zu kleinen Gefälligkeiten als Nachbarschaftshilfe bereit, auch gibt es durchaus einen gemeinsamen Grillabend im Jahr. Ansonsten lebt er zufrieden und eher zurückgezogen. Über Geld spricht er kaum freiwillig, keinesfalls prahlt er damit. Wenn er allerdings spürt, dass Sie ernsthaftes Interesse an der Geldvermehrung zeigen, dann ist er bereit, sein Wissen zu teilen, und während er spricht, werden seine Augen leuchten. Denn Geld ist für ihn ein Faktor von Glück. Die Vorstellung, jeden Morgen ein bisschen reicher aufzuwachen als am Tage zuvor lässt ihn seinen Plan vom Vermögen erfüllen.

Solche Menschen suchen ihr Glück nicht im Lottospielen, fallen nicht auf das allgemeine Träumen vom Reichtum herein. Sie halten diesen Strang des Schicksals lieber selbst in der Hand, indem sie sich einen Berater suchen, um die für sie passende Strategie zu erarbeiten.

Worauf es wirklich ankommt

Ich habe in den letzten 25 Jahren versucht, jene Merkmale zu dechiffrieren, die Menschen befähigen, aus eigener Kraft vermögend zu werden. Es begeistert mich, wenn Menschen Versuchungen widerstehen, fokussiert bleiben, das Ziel nie aus dem Blick verlieren. Sie werden glücklicher sein als andere, die ihre Freude nicht auf dem Kontoauszug finden, sondern in den Regalen der Warenhäuser. Und gerne gebe ich

Ihnen meine Einschätzung weiter. Mir liegt daran, dass Sie ein gelingendes Leben führen, dass Sie glücklich sind. Die Wahrheit ist: Ohne Geld kann das kaum geschehen. Und so ist für mich das dominante Charaktermerkmal die Entschlusskraft. Je intensiver Sie bereit sind, diese zu stärken, desto wahrscheinlich wird es sein, dass Sie meinen Plan zur Million umsetzen. Dabei ist es nicht wichtig, ob Sie introvertiert, extravertiert, kreativ, gewissenhaft, verträglich sind. All die Eigenschaften, die diese Kategorisierungen mit sich bringen, bleiben letztendlich ohne Relevanz für den Sparplan, wenn die Entschlusskraft fehlt. Sie können nicht verschwenderisch sein und doch ein Vermögen aufbauen. Sie können nicht unzuverlässig sein und doch Ihren Sparplan einhalten. Sie können nicht emotional schwanken, sich für neue kreative Ansätze interessieren und munter die Strategien wechseln. Sie müssen Ihre Stärken und Schwächen, wo immer diese liegen, in den Ausschlägen nach oben und unten bremsen. Sie brauchen ein Gleichmaß, um den Fokus in verlässlicher Weise auf Ihr Ziel zu richten, auf die erste Million. Diese Entschlusskraft ist die Essenz in jedem Charakter, sie eint die Menschen, die aus eigener Kraft vermögend wurden. Die weiteren Merkmale lauten:

Disziplin: Darunter verstehe ich die Fähigkeit, sich unumkehrbar für folgenden Sparplan zu entscheiden: Zehn Prozent des Einkommens zu investieren und von jeder weiteren Einkommenserhöhung weitere 20 Prozent. Ziehen Sie das durch!

Geduld: Ihr Geld wird für Sie arbeiten. Es wird eine exponentielle Kurve entwickeln, aber das geschieht nicht über Nacht. Am Anfang werden Sie kaum einen Anstieg Ihres Vermögens feststellen, die ersten Monate und Jahre mögen deshalb von Enttäuschung geprägt sein, denn zu langsam steigt das Sparvolumen. Bleiben Sie zuversichtlich, nutzen Sie den Gewöhnungseffekt und sparen Sie weiter, immer weiter! Dann wird der Durchbruch geschehen. Ihr Geld vermehrt sich durch den Zinseszins, erst langsam, kaum sichtbar. Nach den ersten zehn Jahren steigt die Kurve steil an und ab diesem Zeitpunkt geschieht das, was Albert Einstein das achte Weltwunder nannte: Obwohl Sie den Einsatz nicht erhöhen, steigt der Wert Ihres Depots gewinnbringend an.

Widerstandskraft: Die kleinen Glücksmomente im Alltag locken in Form von Konsum. Hier zu widerstehen, das ist zuweilen anstrengend, denn wahrscheinlich hat man Ihnen, wie den meisten Menschen in reichen Ländern, eher gezeigt, wo Sie gut shoppen, wie Sie Ihre Wohnungseinrichtung präsentabel gestalten können, wie Sie Eindruck mit Kleidern machen – statt sich in Verzicht zu üben. Man hat es versäumt, Ihnen fundamentale finanzielle Bildung zu vermitteln. In diese Bildungslücke springen freudig die Marketiers der großen Konzerne und versuchen, in den Besitz Ihres

Geldes zu kommen. Wehren Sie dieses fadenscheinige Glück ab, es verglüht mit der Halbwertszeit von wenigen Minuten! Bleiben Sie auf Ihren Sparplan fokussiert, wahres Glück baut sich langfristig auf!

→ Diese Eigenschaften – Disziplin, Geduld und Widerstandskraft –ermöglichen es Ihnen, reich zu werden. Übrigens sind diese Eigenschaften trainierbar! Je mehr Sie den charakterlichen Dreiklang stärken, desto erfolgreicher werden Sie den Sparplan erfüllen und autark bleiben, wenn es um kurzfristige Verführungen am Markt geht.

Ein Drittel Rente, und dann?

Vermögende Menschen strahlen eine Gelassenheit aus, die sich in Gesten und Worten findet. Auch das ist ein Grund, warum ich meinen Beruf liebe. Meine Kunden wertschätzen das Geld. Sie wollen, dass es sich zu einem Vermögen entwickelt, weil sie wissen: Mit Geld auf dem Konto lässt sich eine Krise leichter überwinden – und das Alter wird lustiger!

Besonders diesen letzten Aspekt vergessen wir häufig in jungen Jahren. „Was soll's?", höre ich oft von Menschen in den besten Jahren, „ich lebe jetzt. Was später ist, kann ich nicht beeinflussen." Doch, können Sie! Durch nachhaltiges Wirtschaften und durch ein bedächtiges Umgehen mit der erschöpfbaren Ressource Geld. Sehen wir einmal in die Zukunft, in Ihre finanzielle Zukunft, und stellen uns vor, Sie haben ein ganzes Arbeitsleben hinter sich, blicken auf eine ansehnliche Karriere zurück. Nun freuen Sie sich auf die verdienten ruhigen Jahre. Rechnen wir einmal! Schieben wir der Einfachheit halber die für Sie ungünstigen demografischen Entwicklungen beiseite: Wenn Sie zu den Besserverdienenden in Deutschland gehörten, dann erhielten Sie ein Jahresgehalt von 60.000 Euro brutto, also 5.000 Euro monatlich. Sie durften sich je nach Familienstand und je nach Wohnsitz in Ost- oder Westdeutschland auf rund 3.500 Euro netto monatlich freuen. 27 Jahre sind seither vergangen. Als Sie Ihren Job antraten, als Projektleiter in der Industrie, waren Sie 40 Jahre alt. Heute denken Sie, wie schnell diese Zeit vergangen ist, nicht mehr als ein Wimpernschlag. Aber Sie sind kein Mann der traurigen Gedanken und deshalb drehen Sie sich wieder um, blicken nach vorne, in eine schöne Zeit. Gesund fühlen Sie sich und jung genug, um noch einmal durchzustarten, ohne Pflicht und Sorgen. Frei sein wollen Sie, nachholen, was Sie in der Vergangenheit aus Zeitmangel versäumten. Und Sie fragen sich, wie viel Rente Ihnen zur Verfügung steht.

Rentenformel für die Serviette

Gehen wir davon aus, dass Sie 40 Jahre alt sind und die nächsten 27 Jahre ohne Unterbrechung Ihr Gehaltsniveau halten. Dann können Sie Ihre wahrscheinliche Rente auf der Rückseite Ihrer Visitenkarte errechnen. Die Formel lautet:

(Brutto-Monatseinkommen : 100) x Beitragsjahre

In Ihrem Fall also:

(5.000 Euro : 100) x 27 Jahre = 1.350 Euro. *

* überschlägige Rechnung

Es lohnt sich, diese kleine Formel genauer zu betrachten, ihr genau jene Emotionen hinzuzufügen, die entstehen, wenn Sie sich vorstellen, später Ihren Lebensstil aufzugeben, in Angst vor Krankheit und Ruin zu leben. Stellen Sie sich zusätzlich den Stress vor, den Sie ertragen müssen, wenn Sie nicht mehr die Kraft besitzen werden, durch Mehrarbeit diese Einkünfte zu erhöhen. Fragen Sie sich an dieser Stelle bitte: Wie viel Aufmerksamkeit widmen Sie Ihrer nächsten Urlaubsplanung, dem Kauf eines neuen Autos oder auch nur eines neuen Fernsehers? Sie vergleichen und rechnen, Sie lassen Ihre Vorfreude groß werden. Gut so. Aber die Frage sei erlaubt: Warum planen Sie Ihr Vermögen im Alter nicht mit gleicher Hingabe? Ich will es Ihnen verraten: Sie denken zum Beispiel, der nächste Urlaub sei näher als die Rente. Zeitrechnerisch ist das richtig. Faktenrechnerisch aber verzögert diese Entscheidung den Zinseszinseffekt und damit den exponentiellen Anstieg Ihres Sparbetrages. Sie schmälern damit Ihr nachhaltiges Glück.

Gleichmaß der Emotionen

Der Plan zum Vermögen, den ich Ihnen empfehle, lässt sich nicht mit Ungeduld, Neugierde, Kreativität, Spontaneität erfüllen. Diese Merkmale mögen für Karrieristen günstig sein, für Sparer sind sie hinderlich. Denn bei Geld sollte jegliche Übertreibung ein Ende haben, die Sache ist zu ernst, um sie Launen anheimzustellen. Deshalb erwähne ich in einem Erstgespräch mit meinen Kunden auch die Notwendigkeit, Emotionen zu dämpfen. Ich erinnere an den Dreiklang von Geduld, Disziplin und Widerstandskraft.

Das Investieren in Fonds geht immer mit kleinen und manchmal sogar großen Ups and Downs einher. Es gibt an der Börse keine stramm gezogene, zuverlässige Linie. Zu vielschichtig sind die Abhängigkeiten des Finanzmarktes von Politik,

Wirtschaft und Gesellschaft, und so liegt es an einem kompetenten Finanzberater, auch auf diese Entwicklungen einen weiten Blick zu werfen.

Finanzielle Bildung setzt ein hohes Level an Allgemeinwissen voraus und besonders die Fähigkeit, verschiedene Stränge des Weltgeschehens gedanklich miteinander zu verknüpfen. Die Coca-Cola-Aktie zum Beispiel kann unter Umständen steigen, wenn Schwellenländer sich weiter öffnen, wenn zum Beispiel der asiatische Markt diese Brause ebenfalls als Kultgetränk einstuft und die Produktion vorantreibt. Sie kann allerdings auch einbrechen, wenn Handelsschranken wieder gezogen werden, wenn Verträge von unberechenbaren Politikern gekündigt werden. Dann kann es sein, dass diese Einflüsse auf Ihre Investments wirken und dass deren Wert kurzfristig fällt: Sie als Sparer erleiden einen zeitlich begrenzten Verlust. Und nun komme ich zurück auf das erforderliche Gleichmaß der Emotionen. In diesen Situationen reagieren Sparer unterschiedlich, ich bin versucht zu sagen: Die wahren Merkmale des Charakters zeigen sich dann, wenn die Werte Ihrer Anlagen fallen und das Vermögen an Wert verliert. Aus einer anfangs freudigen Erwartungshaltung des Sparers wird dann Ungeduld, Aggression, Traurigkeit, Panik. Es folgt der Zwang, augenblicklich das Depot zu kündigen, zu retten, was vermeintlich noch zu retten ist. Nach einem Vorwurf, gerichtet an den Finanzexperten, lautet die Ansage: „Verkaufen, und zwar sofort!"

Ein erfahrener Finanzexperte wird Sie dann bitten, sich an Ihre Disziplin, Geduld und Widerstandskraft zu erinnern. Er wird Ihnen erklären, dass der Weg zum Vermögen steil ist. Der Wind kann Ihnen hart ins Gesicht wehen. Das kann schmerzen. Manchmal gilt es, den Gegenwind auszuhalten, die nächste Steigung zu nehmen, trotz Brennens in der Lunge, weil der Atem sich überschlägt.

Wenn der Weg zur ersten Million ein Spazierpfad wäre, würde ihn jeder gehen, würde es nur reiche Menschen auf diesem Planeten Erde geben. Niemand müsste Geschick und Einsatz zeigen, Verzicht und Niederlagen ertragen. Nur sind die Spielregeln an der Börse andere! Ihr Finanzberater kennt die Regeln. Er kann Sie trösten, ermutigen, kann Ihnen den Glauben an das Gelingen Ihres Sparplans erhalten – und er wird sogar abwägen, ob er Ihnen einen Vorschlag zumuten kann: „Kaufen! Kaufen Sie mehr vom Gleichen, der Zeitpunkt war nie günstiger."

Wo sich Märkte und die gewählten Anlagen über einen gewissen Zeitraum schlechter entwickeln als der kalkulierte Durchschnitt, dort liegt die Chance, dass Ihr Vermögen wächst. Während ein Anleger ohne Finanzberater eiligst aussteigen wird, kann ein eingespieltes Duo eine Strategie entwerfen, die auf Dauer mehr Ertrag bringt als zuvor angenommen. Denn Kursausschläge gehören zu Börse. Sie sind wie die kleinen Krisen im Leben. Der Verhaltenskodex lautet: Ruhe bewahren – und klug handeln. Als Erstes sollten Sie daran denken, dass Ihr Investmentfonds, offen und traditionell, sicher ist. Hier hilft ein Gespräch mit Ihrem Finanzberater, der

Ihnen bestätigen wird, dass Ihre Panik im ersten Zug normal ist, dass jedoch im zweiten Zug die Vernunft folgende Argumente begründet: Ihr Fonds besteht aus einem Anteilspaket von rund 100 Unternehmen. Diese Unternehmen wirken oft seit vielen Jahrzehnten, sind etabliert und krisenerprobt. Deren Strategie ist auf Nachhaltigkeit und Wertschöpfung ausgerichtet. Wie wahrscheinlich wird es sein, dass all diese Unternehmen an einem einzigen Tag zum selben Zeitpunkt Pleite gehen? Die Wahrscheinlichkeit geht gen Null. Es mag sogar bei näherer Betrachtung sein, dass ein Sturz an der Börse Ihr Aktienpaket kaum berührt. Auch gibt es an der Börse keinen Sturz ins Bodenlose. Die Börse erholt sich immer. Selbst nach dem großen Crash 2008 folgte die Gesundung, folgten Rekordhöhen. Ihr Finanzberater wird in solchen Fällen den Blick auf die langfristige Performance richten. Wie war die Entwicklung der Aktien in den vergangenen zehn Jahren? Wie wird sie sich vermutlich aufgrund dieser Faktoren weiterentwickeln? Atmen Sie durch. Sie haben sich für den sicheren langfristigen Vermögensaufbau entschieden. Kleine Einbrüche sollten Sie deshalb nicht irritieren. Und sollte Ihr Berater feststellen, dass Sie zu den sehr ängstlichen Anlegern zählen, dann wird er Ihnen Sicherungsmechanismen in Ihrer Strategie anbieten. Zwar werden Sie dadurch nicht in den Genuss eines vollständigen Kursaufschwungs kommen, Sie werden jedoch einer Panik entgegenwirken, sollte Ihr Fonds fallen.

Fest steht: Das Investieren in Aktien ist die ertragreichste Geldanlage weltweit! Und es bleibt für mich ein Mysterium, warum in Deutschland, in einem der bildungshöchsten Länder der Welt, die Mehrzahl der Bürger und Bürgerinnen diesen Weg zum Vermögen scheut.

Dass zunehmend mehr Menschen in Deutschland an der Börse investieren, bleibt bislang nur eine Hoffnung. Die Wirklichkeit nämlich zeichnet ein trauriges Bild. 5.000 Milliarden Euro liegen nach Angabe der Zeitung „Die Welt" (8) auf den Sparbüchern, nahezu zinslos und zukunftslos. Das Geld vermehrt sich nicht. „Laut ‚Deutsches Aktieninstitut' besitzt nur etwas jeder siebte Bundesbürger Aktien oder Aktienfonds. Dagegen glauben exakt 42 Prozent aller Erwachsenen, dass ‚eine Geldanlage an der Börse hochinteressant ist"', so das Resümee einer Umfrage des Axa-Konzerns. (9) „Mythen statt Fakten dominieren die Vorstellung von der Börse, weshalb sich die Deutschen viele Chancen verbauen", heißt es weiter. Dennoch empfinden die meisten Befragten die Börse nicht als „unseriös". Vielmehr hemmt das Gefühl, dass „Geldanlage an der Börse nur etwas für Experten ist". Ja, das finde ich auch. Und genau deshalb schreibe ich dieses Buch.

Wollen Sie sich alleine in diesen Dschungel aller geldwerten Möglichkeiten begeben, werden Sie mit Informationen überhäuft. Verstehen Sie mich hier nicht falsch: Es ist phantastisch und herausfordernd zugleich, in Echtzeit Nachrichten und Fakten zu konsumieren. Nur benötigen Sie in Geldangelegenheiten die Analysen hinter den Fakten! Ansonsten fehlen Ihnen die Argumente, um Entscheidungen gründlich zu durchdenken und Fehler zu vermeiden. Zu den Aufgaben eines Finanzberaters gehört es, eine Vielzahl von Quellen zu sichten und für Sie die beste Entscheidung herauszufiltern. Dabei beachtet er Ihre persönliche Situation und Ihre Definition vom Ziel. Außerdem wird er Sie davon abhalten, an der Börse gierig zu werden. Das sind die Momente, in denen Ihr Berater die Rolle eines Advocatus Diaboli einnehmen wird.

Schutz vor Gier

Gier gefährdet ebenso wie die Verschwendungssucht Ihren Sparplan. Denn Gier ist der Gegenpart zur Geduld. Wo anfangs Entschlusskraft war, in klug gesetzten, wohlüberlegten Schritten vorwärts zu gehen, will man plötzlich losstürmen, koste es, was es wolle, und wenn es das Risiko des Totalverlustes sein sollte.

Ich habe manchen Kunden an dieser Haltung scheitern sehen. Der Plan verlor seine Leichtigkeit, der Sparer seine Langmut. Die Vernunft leitete nicht mehr, sondern archaische Emotionen wie Kampf, Aggression, Flucht oder Angriff flackerten auf. Das bedeutet Stress! Nicht nur Börsianer können trotz Ausbildung und Fachkompetenz davon befallen werden, auch der Investor selbst kann darunter leiden. Wenn Michael Douglas alias Gordon Gekko in dem Filmklassiker „Wallstreet" sagte: „Gier schafft Klarheit", dann halte ich dagegen. Nein, Gier schafft Leid, Verlust und führt in die Armut. Denn Gier fordert Sie dazu auf, eine Anlagestrategie zu zerstören, die auf Zeit, Geduld und Zuversicht baut.

Ein guter Finanzberater wird Sie an Ihren Leitsatz erinnern: „Ich spare monatlich zehn Prozent von meinem Gehalt, von jeder Gehaltserhöhung weitere 20 Prozent, und ich halte mich an diesen Vertrag mit mir selbst 20 Jahre lang." Langfristige Verträge mit sich selbst sind ein Schutz vor Gier, und einen verlässlichen Menschen an der Seite zu wissen, der Sie in Gefahrenmomenten daran erinnert, ist wie ein Bollwerk gegen Versuchungen.

Ein starkes Team

Bevor ich Ihnen im nächsten Kapitel die Finanzberater meiner Wahl präsentiere, will ich betonen: Es gibt jenseits dieser Empfehlung weitere sehr kompetente Experten. Vielleicht werden Sie sich, angeregt durch dieses Buch, in Ihrem Bekanntenkreis umhören. Vielleicht werden Sie dem Kontakt eines Freundes folgen. Tun Sie das. Machen Sie Geld zum Thema. Geld ist zu wichtig, um es wie ein Tabu zu behandeln, ihm eine Außenseiterrolle im Alltag zu geben. Geld ist ein Faktor von Glück und Sie sollten alles daransetzen, ihm in Ihrem Leben einen Raum zu geben. Sie entscheiden, ob Sie heute sparsam sind, um morgen unabhängig und frei zu leben. Sie entscheiden ebenso, welchem Plan Sie folgen, ob Sie einen Experten als Trainer und Begleiter wählen oder den Alleingang wagen. Von Letzterem rate ich Ihnen ab, zu undurchsichtig ist der Markt, zu verführerisch der Gedanke, mit risikoreichen Geschäften das schnelle Geld zu generieren.

Ich kenne Menschen, die aus Unachtsamkeit und Verschwendungsbereitschaft in der Schuldenfalle gelandet sind und die in ihrer Hilflosigkeit mit geliehenem Geld an der Börse gezockt – und alles verloren haben. Sie sind derartig unter Stress geraten, dass sie ihre Werte aufgegeben, ihre innere Stimme missachtet haben. Geldnot ist ein gesundheitsschädigender Stressor und oftmals ein Antreiber zur Unvernunft mit schwerwiegenden Folgen. Deshalb lautet mein Rat: Informieren Sie sich, suchen Sie das Gespräch mit Experten.

Allerdings ist ein Berater nicht der Glückseligkeit letzter Schluss! Er ist keine Garantie für Ihren Gelderfolg, wenn Sie nicht über eine lange Zeitstrecke einen Sparplan erfüllen möchten. Ein kompetenter Berater würde eine solche Diskrepanz zwischen seinem Angebot und Ihrem Wunsch nach dem schnellen Geld bemerken und würde Ihnen mit seinen besten Wünschen für Ihre Zukunft die Zusammenarbeit verweigern. Ein gieriger Berater hingegen sieht über diese wichtigen Weichenstellungen am Anfang hinweg, er will jeden Kunden, koste es, was es wolle. Halten Sie von diesen Beratern Abstand. Sie sind zu gierig auf Kunden, auf Aufträge. Und Sie dürfen sicher sein, dass die Berater meiner Wahl wirklich nur Ihr Bestes wollen. Sie alle weisen eine hohe Qualität in ihrer Arbeit auf. Ihnen steht Vertrauen und Ehrenhaftigkeit an erster Stelle. Es spricht übrigens nichts dagegen, mehrere Gespräche zu führen. Das ist im Berufsleben üblich und selbst in Liebesbeziehungen gibt es zunächst eine stillschweigend vereinbarte Testphase, um sich kennenzulernen. Binden Sie sich nicht sofort, wählen Sie aus, prüfen Sie Argumente und vor allem: Achten Sie auf das gute Gefühl. Ihr Bauchgefühl wird Ihnen neben allen rationalen Überlegungen ein Zeichen geben. Hören Sie darauf! Nicht umsonst sprechen wir vom „Bauchgehirn". Hundert Millionen Nervenzellen befinden sich in der Darmwand, sie sind zwischen Muskelschichten eingebettet – und sie sind baugleich mit den Zellen in Ihrem Kopfgehirn.

Der Darm ist nicht nur das größte Immunorgan im Körper, nicht nur der Hauptsitz aller Abwehrzellen, nein, Ihr Bauch ist in der Lage, Stimmungen und Zustände zu registrieren und darauf zu reagieren. In reger Kommunikation tauschen Bauch und Kopf sich aus. 90 Prozent dieser Kommunikation beginnt im Bauch! Das geschieht für Sie unbewusst. Erst im Gehirn werden diese Botschaften des Bauches zu Impulsen verarbeitet, die zum Handeln anregen. Diese Richtung ihrer inneren

Kommunikation ist also eindeutig emotional geprägt, die Vernunft kommt später hinzu, wenn der Kopf die Botschaften dechiffriert und abgeglichen hat, ihnen Wissen und Logik hinzugefügt hat.

→ Neben den zehn fachlichen Kriterien aus Kapitel eins, die Ihr zukünftiger Finanzberater erfüllen sollte, bleibt auch Ihr Bauchgefühl entscheidend! Wenn beides stimmt, dann sollten Sie sich vertrauensvoll in diese Partnerschaft begeben.

Sie könnten in Deutschland, Österreich und der Schweiz aus mehr als 22.000 Investmentfonds wählen. Neben Fachwissen und Erfahrung verfügt Ihr zukünftiger Finanzberater in der Regel über Listen von bewährten Investitionen, die er selbst sorgfältig geprüft hat. Theoretisch könnten Sie sich dazu entscheiden, selbst diese Fakten zu analysieren, Sie könnten sich in die Unternehmensdaten eines Fonds einarbeiten, könnten versuchen vorherzusehen, wie sich finanzpolitische Entscheidungen auf bestimmte Produkte auswirken. Nur: Haben Sie dazu Zeit? Würden Sie Ihre Freizeit und Familienzeit durch diese Recherche ersetzen?

Ein Experte verfügt über ein Spezialwissen, das er sich in langen Jahren der Ausbildung und in ebenso langen Jahren späterer Praxis acht bis zehn Stunden am Tag erarbeitet hat. Es gibt Gründe dafür, Spezialisten aufzusuchen. Wenn Sie undefinierbare Krämpfe in der Bauchgegend haben, wird ein Hausarzt nicht zögern, Sie zu einem Fachkollegen, einem Gastroenterologen zu überweisen. Gleiches gilt übrigens auf dem Finanzmarkt. Auch hier gibt es Nischen, die ein besonderes Fachwissen erfordern, zum Beispiel im Bereich der staatlichen Rentenversicherung und ihrer Auswirkungen auf die soziale Absicherung. Besonders die Generation der Babyboomer tut gut daran, sich einen solchen Experten zu suchen, um die Rentenplanung auf den letzten Metern voranzubringen.

Suchen wir gemeinsam Ihren Experten, einen aus 25.

Literatur Kapitel 4
(8) Quelle: https://www.welt.de/finanzen/article171202107/So-irrational-sind-die-Deutschen-beim-Geldanlegen.html (Zugriff am 6.9.2019)
(9) Quelle: https://www.axa.de/presse/jeder-zweite-wuerde-gern-an-boerse-anlegen (Zugriff am 6.9.2019)

Kapitel 5:
Im Porträt: die 25 besten Finanzberater Deutschlands[1]

Wissen Sie, welches Datum als Sehnsucht für Reichtum gilt? Wissen Sie, wann ein wahrer Wahn um ein Leben als Millionär ausbrach? Seit dem ersten Goldfund 1849 im Sacramento River in Kalifornien ist das Hoffen auf schnellen Reichtum in Mode gekommen.

Damals fanden Bauarbeiter mehr zufällig als absichtlich ein paar Goldstücke im Flussbettsand. Angetrieben durch Freude und später durch Gier, suchten die Männer mehr von dem begehrten Edelmetall, das ein Leben in Unabhängigkeit versprach. Als sie weiterhin erfolgreich waren, dicke Brocken Gold in dem Morast entdeckten, drang der Jubel weiter über die Landesgrenzen hinweg. Bis Mexiko, Chile, China, Europa drang der Ruf der Goldgräber. Mehr als 80.000 Menschen machten sich daraufhin auf, ihr Glück am Sacramento River zu suchen. Sie zogen mit dem Nötigsten aus und hofften, bald schon reich in ihre Heimat zurückzukehren. Dafür schufteten sie schwer, spülten Sand in Eisenpfannen, hofften, das Edelmetall bliebe in der Mitte dieses Goldgräberwerkzeugs liegen. Anfangs mochte der Freudentaumel ansteckend gewesen sein, aber bald schon wurde den Männern klar: Je mehr Menschen kamen, desto geringer war die persönliche Chance, Gold zu finden. Unzufriedenheit machte sich breit, die Frustration stieg an, und die versuchte man in den Saloons der neu entstandenen Siedlungen herunterzuspülen. Zudem boten pfiffige Geschäftsleute, nicht immer mit bestem Leumund, ihre völlig überteuerten Waren an. Jeder roch das schnelle Geld! Es dauerte nicht lange, da kamen die Wucherer in die Siedlung, um mit der Hoffnung der Männer zu spielen, und so mancher bislang erfolglose Goldgräber ließ sich zum Kredit verführen. Er suchte

---

[1] Ohne Anspruch auf Vollständigkeit. Näheres zu meinen Kriterien für dieses Ranking finden Sie in der Einleitung.

das Gold im Flussbett quasi auf Pump. Die Zinsen wurden fällig, bevor das Glück des Goldes sich einstellte.

Gier nach Geld, ein Leben mit Schulden, die Zusammenarbeit mit unehrenhaften Partnern brachten noch nie ein Vermögen, sie führten schon immer direkt in den finanziellen Schlamassel. – Das mag die Moral dieser Geschichte von 1849 sein.

Ziehen wir die Blende an dieser Stelle weiter auf und betrachten die Entwicklungen der vergangenen amerikanischen Zeit aus einer distanzierten Perspektive, dann können wir heute, 170 Jahre später, sagen: Mit dem Jahr 1849 blühte Amerika auf. Aus dem Landstreifen Kaliforniens wurde eine Region der Hoffnung. In nur einem Jahr wuchs die Einwohnerzahl um das 16fache an und wurde Kalifornien als 31. Staat in die USA aufgenommen. Selten glaubten Menschen unverfälschter an den amerikanischen Traum. Vielen gelang es sogar, diesen Traum in die Wirklichkeit zu zerren. Wer von Glücksspiel, Schulden und Alkohol abließ, für den fügte sich ein gutes Leben. Zahlreiche Millionäre leben in Kalifornien in siebter Generation. Und wenn die Forty Niners, die American-Football-Mannschaft, die fünfmal den Super Bowl gewann, über den Platz laufen und die Cheerleaders Goldrush dieses Dreamteam anfeuern, dann erinnern Name und Spirit an genau diese Anfänge, an die Anfänge des Goldsuchens und der nie endenden Sehnsucht der Menschen weltweit – finanziell frei zu werden.

Die folgenden 25 Porträts der Finanzexperten nehmen diese Sehnsucht ernst! Sie haben sich jenen Pioniergeist im besten Sinne erhalten, denn jeder Kunde, der ihnen gegenübersitzt, ist für sie ein moderner Goldsucher, einer, der es schaffen will, in Zukunft frei und finanziell unabhängig zu leben.

Cornelia Wenzl, Grimma

Foto: privat

Versicherungs- und Finanzanlagenfachfrau

Leipziger Platz 3
04668 Grimma

Telefon   03437 9 99 73 6
Mobil   0171 23 40 555
E-Mail   service@wirtschaftskanzlei-wenzl.de
Internet www.wirtschaftskanzlei-wenzl.de

„Respekt, Vertrauen, Fairness - meine Werte bilden die Grundlage für jegliches Handeln."

Eines vorab: In der Branche, in der ich tätig bin, erwirtschaften Frauen 0,8 Prozent mehr Rendite – und sind dennoch als Unternehmerinnen unterrepräsentiert. Das war früher so und ist es heute, und das war einer der Gründe, warum ich mich als Versicherungskauffrau selbständig machte. Ich wollte keinem Vorgesetzten verpflichtet sein, nicht nach fremden Unternehmensleitlinien agieren. Ich wollte meine Werte leben und einzig meinen Mandanten verpflichtet sein. Meine Werte – bilden die Grundlage für jegliches Handeln. Der Kunde steht für mich und meine Mitarbeiter im Fokus. Um den Mandanten ein individuelles Konzept zu bieten, bilden wir uns stetig weiter und sehen Veränderungen mit Flexibilität entgegen. Unsere Angebotspalette reicht heute von Ratenkrediten bis Baufinanzierungen, von Versicherungen bis Investmentanlagen im privaten Bereich und auch für Firmen. Ein Zeichen dafür, dass wir unser Handwerk verstehen, mögen die erfolgreichen Verhandlungen über Tarifverträge mit dem damaligen sächsischen Staatsminister der Finanzen Georg Milbrath sein. Es ging um betriebliche Altersvorsorge und wir stellten unsere Kompetenz erfolgreich unter Beweis.

Mein Team und ich sind stolz auf das Vertrauen der Mandanten. Dieses Vertrauen ist zum Teil über Jahrzehnte gewachsen und wird inzwischen an deren Kinder weitergegeben. Hier greift mein Unternehmenskonzept. Denn Tradition bedeutet für mich in erster Linie, meinem Mandanten treu zu bleiben, nach bestem Wissen und Gewissen den Markt zu prüfen, um optimale Konzepte für seine Wünsche und Ziele auszuarbeiten. Moderne heißt für mich, die aktuellen Medien anzubieten und zu nutzen, wie Videochats oder Apps oder digitale Verwaltungen. Denn Kommunikation hat einen hohen Stellenwert, und zwar on- und offline! Ich pflege Kontakte persönlich, telefonisch, per Chat oder Mail – ganz nach den Wünschen meiner Mandanten, zu denen ich ein freundschaftliches Verhältnis anstrebe. Harmonie mit meinen Mandanten ist mir wichtig. Ich unterscheide mich von vielen meiner Mitbewerber deswegen, weil ich auch bei der Schadensabwicklung an der Seite meiner Mandanten stehe. Ich rücke nicht ab, auch wenn es um komplizierte, herausfordernde Sachverhalte geht. Gefragt nach der Vision wird es bei mir persönlich: Ich hoffe, unsere Tochter steigt später einmal ins Unternehmen ein, folgt unseren Werten und empfindet täglich die gleiche Freude, wie ich sie heute empfinde, wenn ich im Büro oder vor Ort bei Mandanten arbeite.

***

Wie lange arbeiten Sie bereits in der Finanzbranche und wie haben Sie sich spezialisiert?
Zunächst habe ich Bauingenieurwesen studiert und war als Bauleiterin tätig. Ich hatte also schon immer ein Faible für die Männerdomäne im Beruf. Seit fast 30 Jahren arbeite ich in der Finanzbranche. Als ungebundene Maklerin biete ich meinen Mandanten eine lückenlose Vermögensberatung: vom Girokonto über Baufinanzierung, private oder gewerbliche Versicherungen, Ruhestandsplanung, Regelung von Erbschaft und Schenkungen bis hin zu Investmentanlagen. Alles aus einer Hand. Das bedeutet für mich natürlich permanente Weiterbildung und hohes Engagement in meinem Job. Für die Auswahl von Finanzprodukten bediene ich mich diverser Vergleichssoftware, verlasse mich auf meine langjährige Erfahrung und die Urteile renommierter Ratinggesellschaften.

Welches war die beste Entscheidung in Ihrer beruflichen Laufbahn?
Mich als freie Maklerin niederzulassen und mich dadurch neu zu orientieren. Es ist ein gutes Gefühl, von niemandem abhängig zu sein oder gar fremden Zielen wie Umsatzvorgaben zu folgen. So konzentriere ich mich ganz auf das Wesentliche: auf meine Mandanten. Es macht mir Spaß, Finanzkonzepte für meine Mandanten auszuarbeiten und diese gemeinsam umzusetzen. Das fordert mich, das macht meinen Beruf abwechslungsreich. Ich bin mir meiner hohen Verantwortung bewusst – Geld ist ein wertvolles Gut!

Was motiviert Sie, Ihr Wissen und Ihre Erfahrung mit anderen Menschen zu teilen?
Leider wird unseren Kindern in der Schule weder beigebracht, mit Geld sinnvoll umzugehen oder es gewinnbringend anzulegen, noch erfahren sie im Unterricht, welche Versicherungen sie später dringend benötigen. Niemand macht ihnen die Lücken in unserem gesetzlichen System klar. Darüber verständlich aufzuklären macht Sinn! Meine Erfahrung ist: Nach anfänglicher Skepsis sind junge Leute dankbar dafür. Ich teile mein Wissen, um hier meine gesellschaftliche Verantwortung wahrzunehmen.

Können Sie uns spontan eine Finanzweisheit nennen?
Keine Finanzweisheit, aber eine Lebensweisheit. Über zwei Dinge im Leben sollst du dich nicht ärgern: Über das, was du ändern kannst – das ändere. Und über das, was du nicht ändern kannst – das akzeptiere.

Wofür ist es nie zu spät?
Es ist nie zu spät, neu anzufangen, ob beruflich oder privat. Es ist nie zu spät, ein Haus zu bauen oder neue Freunde zu finden. Es ist auch nie zu spät, sich zu entschuldigen.

Ihr Motto?
Ich arbeite mit Herz und mit Verstand. Und zwischendurch trinke ich Kaffee, am liebsten ganz viel davon.

Eckhard Lentzner, Rostock

Foto: privat

Dipl.-Betriebswirt Eckhard Lentzner
staatlich geprüfter Anlage- und Vermögensberater

LENTZNER GmbH & Co. KG
Gerhart-Hauptmann-Straße 23
18055 Rostock

Telefon   0381 4 96 89 89
Fax   0381 4 96 89 90
E-Mail   kontakt@lentzner-fonds.de
Internet   www.lentzner-fonds.de

„Investieren ist sexy"

Nicht das schnelle Geld, sondern optimale Lösungen im Kundeninteresse, das war seit je meine Maxime. Mittlerweile sind 30 Jahre seit der Unternehmensgründung vergangen, darauf bin ich stolz, das treibt mich an, weiterhin im Dienste der Kunden tätig zu sein.

Meine Unternehmensphilosophie lautet: Es ist die Sparform, die die Chancen auf gute Renditen mit einem hohen Maß an Sicherheit verbindet.

Bevor ich meinen Kunden zu einer längerfristigen Kapitalanlage in Aktieninvestmentfonds rate, achte ich auf deren soziale Absicherung. Ich schließe existenzbedrohende Risiken weitgehend aus. Eine Berufsunfähigkeitsversicherung zum Beispiel kann ein zweites Gehalt bei Krankheit bieten, so dass der Kunde seine Aktien nicht antastet, auch nicht in schwierigen Zeiten. Ist diese Voraussetzung erfüllt, zähle ich die Vorteile auf, die das Investieren in Aktienfonds mit sich bringt: Inflationsschutz, tägliche Verfügbarkeit des Vermögens, Transparenz und langfristig attraktive Renditen.

Die Fonds, die ich empfehle, bestechen durch eine breite Streuung. Bis zu 250 weltweit agierende Unternehmen aus unterschiedlichen Branchen vereinen sich in diesen Fonds und lassen Sie als Kapitalanleger an den Weltwirtschaftsprozessen teilnehmen. Staatliche Kontrolle schützt Ihren Sparbetrag vor Verlusten, wenn Wirtschaftskrisen sich abzeichnen.

Wer mit mir ins Gespräch kommt, wird meine langjährige Erfahrung, Kompetenz und meine Begeisterung für gut gemanagte Aktienfonds spüren. Mehr noch. Ich lege Wert auf Transparenz: Sie erhalten Einsicht in meine persönlichen Investitionen – und mit den folgenden Fragen auch ein Gefühl dafür, dass für mich in Geldthemen der Verstand und die Logik, die Berechenbarkeit an erster Stelle stehen.

***

Mit wem würden Sie sich gerne über Geld unterhalten?
Für einen Finanzexperten gibt es aus meiner Sicht nur zwei Antworten: mit dem Kapital-Kolumnisten André Kostolany und mit Warren Buffett. Ich hatte tatsächlich das Glück, Herrn Kostolany zweimal zu begegnen. Er war ein beeindruckender Mensch, ein Vorausdenker, Querdenker, einer, der perfekt die feinen Linien im Markt erkannte und verknüpfte. Und er hatte Humor. Er sagte: „Ein Bonmot des Investors André Kostolany lautete: ‚Wer viel Geld hat, kann spekulieren; wer wenig Geld hat, darf nicht spekulieren; wer kein Geld hat, muss spekulieren.'"

Warren Buffett ist ein Finanzgenie. Ihm einen Tag über die Schulter zu schauen und mit ihm am Abend bei einem Glas Wein über Strategie zu philosophieren, das wäre sicherlich ein Highlight …

Was würden Sie tun, wären Sie reich wie Warren Buffett?
Nichts anderes als heute! Ich würde meinen Kunden aufzeigen, wie sie durch ein Investment in Aktienfonds ein Vermögen erreichen.

Was hat Sie rückblickend am meisten geprägt?
Beruflich waren das inspirierende Fachgespräche mit Kollegen. Beeindruckend war der Besuch mit dem Fernsehjournalisten Markus Koch an der New Yorker Börse oder die Begegnung mit Heiko Thieme, der als Portfoliomanager und Anlageberater in den USA tätig ist und in Reden auf großer Bühne sein Verständnis vom Sinn der Geldanlage referiert. Seine Ideen schwangen damals nach. Und sollten Sie nun noch meine berufliche Maxime wissen wollen? Sie lautet, wichtige Entscheidungen innerhalb von 72 Stunden zu treffen.

Was glauben Sie, unterscheidet Sie von anderen Finanzberatern im Buch?
Das kann ich nicht genau sagen, dazu müsste ich die Arbeitsweise eines jeden Beraters testen. Wenn Sie mich nach meinen Stärken fragten, würde ich folgende nennen: die Gabe, mich zu konzentrieren. Die Aufgabe im Moment, die ist mir wichtig. Darauf fokussiere ich mein Denken und Fühlen. Und ich liebe meinen Beruf! Ich spüre eine Begeisterung, ich will Leistung. Die fordere ich von mir und von anderen. Komfortzonen liegen mir nicht, die sollten im Finanzgeschäft keine Bedeutung haben.

Was würden Sie sich von der Politik für die deutschen Sparer wünschen?
Deutschland ist ein Exportland, das gute Produkte herstellt. Und die Menschen, die diese Qualität und Wertschöpfung schaffen, sollten am Gewinn beteiligt werden! Das sollte die Politik fördern.

Beschreiben Sie sich mit drei Worten!
Ich nehme vier: ehrlich, authentisch, zuverlässig, schnell.

Dipl.-Oec. Hans-Joachim Gliemann, Rieseby

Foto: privat

Ries.ES.M.B. GmbH
Dorfstraße 31
24354 Rieseby

Telefon   04355 98 99 51
Fax   04355 98 99 52
E-Mail   kontakt@riesesmb.de
Internet   www.riesesmb.de

„Der vernünftige Umgang mit finanziellen Mitteln ist das A und O."

Ich habe Wirtschaftswissenschaften studiert und zehn Jahre als Manager eines mittelständischen Unternehmens für betriebliche Altersversorgung und Vermögensentwicklung gearbeitet. So gerüstet machte ich mich selbstständig. Ich wurde Unternehmer in der Finanzbranche, bin selbst finanziell unabhängig und gebe mein Wissen weiter. Mein Unternehmen richtet sich an all jene, die ein Vermögen bilden und finanziell frei werden wollen. Ihnen stehe ich als Experte zur Seite.

Der vernünftige Umgang mit Geld ist für mich die Voraussetzung für den Erfolg. Bescheiden leben, erst investieren, dann konsumieren hat sich als lebenskluges Konzept erwiesen. Eine solche Einstellung bildet den Kern des Fortschritts. Sie ist das Gegenteil von Verschwendung und Konsumidiotie.

Wer finanziell frei werden will, folgt der seit jeher gültigen Kultur der frühzeitigen Daseinsvorsorge und des weitsichtigen Umgangs mit finanziellen Risiken und Chancen. Diese traditionelle Kultur braucht die Moderne. Was Mode, modern oder angesagt ist, führt oft zu unreflektiertem Handeln und hat mit Moderne im Sinne eines aufgeklärten, zukunftsorientierten Herangehens wenig zu tun. Ein vernünftiger Finanzplan hält die globalen Entwicklungen im Blick und passt sich den Gegebenheiten des Lebens an.

In meinem Beruf bin ich Kosmopolit mit Bodenhaftung, der für seine Kunden auf der langen Strecke als Finanzarchitekt unterwegs ist. Das mag der Grund sein, warum meine Kunden mir ihr Vertrauen schenken und oftmals generationsübergreifend meine Dienste in Anspruch nehmen.

Meine Mission und der Leitsatz meines Unternehmens lauten:

Keine Freiheit ohne finanzielle Unabhängigkeit.

***

Im Lukas-Evangelium, Kapitel 18, heißt es: „Denn es ist leichter, dass ein Kamel durch ein Nadelöhr gehe, als dass ein Reicher in das Reich Gottes komme." Was halten Sie davon?
Ein eindrucksvolles Bild. Ich bin sicher, dass es sich nicht gegen die Kamele und nicht gegen die Reichen richtet. Vielleicht der Hinweis, sich von überflüssigem Ballast zu befreien. Es gibt gewiss theologische Interpretationen, die den Weg weisen, dass Kamele durchs Nadelöhr gehen können und Reiche in den Himmel finden. Ich halte mich im Lukas-Evangelium an Kapitel 19, Vers 12-27, wonach die Talente zu mehren sind und wer hat, dem solle gegeben werden. Das stärkt moralisch die Position des Leistenden.

Wann ist man nach Ihrer Meinung finanziell unabhängig?
Man sagt immer „man", wenn man nicht weiß, wer „man" ist. Im Idealfall ist finanziell unabhängig, wer von seinem Vermögen leben kann. Das Leben ist konkret. Zwei Beispiele: Vor Jahren traf ich einen namhaften Architekten, der mir auch diese Frage stellte. Ich sagte ihm, es komme darauf an, wie er lebe. Nachdem er es mir geschildert hatte, konnte ich ihm antworten, er brauche wohl vier bis fünf Millionen Euro. Ein ganz anderes Beispiel: Ein Handwerksgeselle, Ende 40, der in seiner Firma eine betriebliche Altersversorgung hat und einen Riester-Vertrag bespart, besitzt ein Investmentdepot von 70.000 Euro. Wenn Sonne und Mond nicht ihre Position tauschen und er bis 67 arbeitet, wird er eine auskömmliche Altersversorgung haben und ihm wird ein Depotwert von etwa 200.000 Euro zur Verfügung stehen. Der Mann ist finanziell unabhängig.

Hieße das: Jeder kann finanziell unabhängig werden?
In einem Gemeinwesen, in der es für jeden so vieles gratis gibt, ist es erst recht niemandem verwehrt, sich anzustrengen. Die meisten meiner wohlhabenden Kunden stammen übrigens aus den sogenannten einfachen Verhältnissen, viele haben nicht studiert, einige sehr erfolgreiche haben kein Abitur vorzuweisen. Bei denen hat niemand an der Wiege gesungen, dass sie einmal Millionäre werden würden. Das zeigt, es ist möglich.

Wo ist denn mein Geld sicher?
Nirgends. Am sichersten bin ich, wenn ich es schaffe, weltweit in guten Unternehmen investiert zu sein. In dem Teil der Gesellschaft, in dem die Wertschöpfung stattfindet, von der letztlich alle leben. Weltweit investierte Investments erwirtschaften diese Sicherheit. Der Kauf von Realwerten wie Aktien, Immobilien und Beteiligungen war schon vernünftiger, als es noch sechs Prozent Zinsen gab.

Und das Risiko?
Wer kein Risiko eingehen will, hat auch keine Chance verdient. Die statische Vorstellung von Sicherheit ist lebensfremd. Alles im Leben kann schiefgehen: beruflich, in Partnerschaften, der Kindererziehung, und, und, und – aber das Geld soll immer sicher sein?! Da lachen ja die Hühner. Sicherheit ist dynamisch, sie entsteht, wird in Frage gestellt, muss sich behaupten, entwickeln, die Unsicherheit weicht nie von ihrer Seite. Das bringt uns voran, und mit einem gut sortierten Vermögen wächst die finanzielle Sicherheit.

Für welche drei Dinge in Ihrem Leben sind Sie am dankbarsten?
Familie, Gesundheit, Beruf.

Lutz Abromeit, Hannover

Foto: Ronald Mundzeck

Lutz Abromeit, Finanzanlagenvermittler

VermögensConsult Abromeit
Ellernstraße 30
30175 Hannover

Telefon   0511 37 49 76 0
Fax   0511 37 49 76 1
E-Mail   info@vcabromeit.de
Internet www.vcabromeit.de

„35 Prozent des privaten Geldvermögens sollten in Aktienfonds angelegt werden."

Während meine Freunde damals die Sportberichte in der Zeitung lasen, vertiefte ich mich in den Wirtschaftsteil. Hier wurde die Welt erklärt, wurden die Mechanismen erklärt, die das Leben in Balance halten – und zwischen diesen Zeilen fand ich meine Idee, die erworbenen Finanzkenntnisse zum Beruf zu machen. Ich ahnte damals noch nicht, wie nachhaltig sich mein Leben verändern sollte, wie sich die Idee mehr und mehr zu meinem beruflichen Glück formen würde. Was 1989 mit einem Nebenjob in der Finanzbranche begann, wurde zu einer Berufung, der Berufung, Menschen zu einem Vermögen zu verhelfen.

Am 1.1.1993 gründete ich nach lehrreichen Ausbildungsjahren mein Unternehmen, die VermögensConsult Abromeit. Seither bin ich als unabhängiger Finanz- und Vermögensberater tätig – und es erfüllt mich bis heute mit Ehrfurcht, wenn meine Kunden mir ihr Wertvollstes anvertrauen – ihr Geld. Mit meiner gesamten Erfahrung, meinem Überblick und meiner Kenntnis darüber, was für meine Kunden der beste individuelle Weg zum Vermögen sein wird, erfülle ich dieses Vertrauen. Ich sehe mich als Experte und gleichsam als Begleiter auf einem Weg in die Freiheit.

Für mich ist nach der Gesundheit das Geld das wichtigste Gut. Ein Vermögen zu erarbeiten und zu erhalten stellt im Leben eine Herausforderung dar und das Verhindern von Verlusten zählt wohl bei jedem Menschen zu den Prioritäten.

Nur leider geben sich viele Menschen mit einem Halbwissen zufrieden. Sie folgen aus Ahnungslosigkeit einem Bauchgefühl, statt der Vermögensbildung Berechenbarkeit zu geben. Ein Fehler! Besser ist es, sich in einem Erstkontakt von einem unabhängigen Berater über Finanzmöglichkeiten aufklären zu lassen und im Weiteren gemeinsam die Fakten zu betrachten und einen Plan zum Investment zu initiieren.

Mir persönlich ist der Kontakt von Mensch zu Mensch wichtig. Ich will die Emotionen meiner Kunden erfassen, will den bestmöglichen Weg zum Vermögensziel finden. Meine Aufgabe ist es, Fragen und Wünsche zur Zukunft zu erkennen, Unsicherheiten ernst zu nehmen und aufzuschlüsseln. Ich würde gerne im Laufe meiner weiteren Karriere erleben, dass eine solche kundennutzenorientierte Beratung zum Ethos der Finanzbranche wird, auch dafür arbeite ich.

***

Wie sah Ihr beruflicher Start als Finanzexperte aus?
Es begann 1989: Ich habe als nebenberuflicher Handelsvertreter begonnen, wie viele tausend andere Personen in jener Zeit auch. Aber wie wenige andere Starter in diesen Jahren habe ich durchgehalten und meine Berufung gefunden. Seit 1993 bin ich Inhaber des Beratungshauses „VermögensConsult Abromeit".

Beschreiben Sie Ihr Beratungsgebiet, was ist Ihre Leitlinie als Finanzexperte?
Für mich sind offene registrierte Investmentfonds die ideale Vermögensanlageklasse für jedermann. Die Grundidee ist über 250 Jahre alt und hat immer funktioniert: Große und kleine Geldbeträge der Anleger werden gebündelt und professionell nach strengen Kriterien angelegt und verwaltet. Am Ergebnis partizipieren alle Anleger gleichermaßen. Sehr wichtig dabei ist, dass das Fondsmanagement und die Depotstelle des Fondsvermögens streng voneinander getrennt sind. Niemals dürfen Fondsmanager den Zugriff auf Kundengelder haben! Geld klug und ertragreich anzulegen kann so einfach sein, und es macht mir Sorgen, wie wenige Deutsche davon Gebrauch machen. Für mich beginnt jeder finanzielle Erfolg mit einer unabhängigen Beratung. Daher stehen für mich Finanzanlagen mit Schwerpunkt Investmentfonds im Zentrum meiner Beratung. Der Bereich der nötigen privaten Absicherungen sowie gewerblichen Versicherungen flankiert den Beratungsschwerpunkt, je nach Bedarf.

Wie erfolgt Ihre Bezahlung als unabhängiger Finanzexperte?
Eine gute Frage, denn im Finanzbereich gibt es zu diesem Thema durchaus Irritationen. Jahrzehntelang haben Banken und Versicherungen den Kunden in dem Glauben gelassen, er würde Versicherungen und Geldanlagen plus Beratung und Betreuung kostenlos erhalten. Das ist ein Trugschluss, dazu ein Beispiel aus früheren Zeiten: Der Kunde hat der Bank für mehrere Jahre sein Erspartes für, sagen wir, drei Prozent Zinsen pro Jahr als Festgeld gegeben. Die Bank ihrerseits hat dieses Geld dann für sechs Prozent als Kredit verliehen. Damit hat die Bank 100 Prozent Gewinn gemacht. Meine Kunden und ich sprechen auf Augenhöhe über die Kosten und den Nutzen.

Was sind Ihre Kriterien und Hilfsmittel bei der Auswahl von Finanzprodukten: Ratings, Vergleichssoftware, Erfahrung, Vorgaben – und wie frei sind Sie bei dieser Auswahl?
Über allen Kriterien bei der Auswahl von Finanzprodukten steht als Maxime: „Keine Experimente!" Erfahrungen und Datenbanken sind die Grundpfeiler für die Produktauswahl. Dann ist mir der direkte Zugang zu den Gesellschaften sehr wichtig. Ich muss einen Eindruck davon haben, wie die Gesellschaft, die Analysten und

das Management arbeiten. Manchmal nutze ich auch die Erfahrungen von Kollegen aus meinem Netzwerk, vor allem, wenn diese bereits Erfahrungen mit Produkten oder Produktgebern haben, für die ich mich gerade interessiere. Ich wähle für meine Kunden ausschließlich Produkte und Produktgeber aus, die in der Vergangenheit konkret bewiesen haben, dass es funktioniert. Nur, wenn alles plausibel ist und auch mein Bauchgefühl stimmt, empfehle ich meinen Mandanten ein Produkt. Falls nicht, gibt es immer Alternativen.

Frank Jermis, Berlin

Foto: Ines John

Frank Jermis
unabhängiger Finanzberater auf Honorarbasis, Finanzfachwirt

Frank Jermis
Finanz- und Absicherungsstrategien
Koenigsallee 72
14193 Berlin

Telefon   030 82 40 74 54
Fax   030 82 40 74 53
E-Mail   info@frank-jermis.de
Internet www.frank-jermis.de

„Unsere Klienten schätzen die Sorgfalt in unserer Aufklärungsarbeit"

Ich gründete mein Unternehmen 1990. Damals etablierten sich die Investmentfonds auf breiter Front auch in Deutschland. Was in den USA bereits eine über 150jährige Geschichte hatte, kam endlich hierzulande an: Investment in Fonds und das Erzielen von Erträgen. Und genau das war meine Idee als Unternehmer. Ich wollte die Werte meiner Klienten vermehren. Ich wollte eine bessere Alternative zu den kostenintensiven Lebensversicherungen anbieten.

Heute bin ich als Finanzberater auf Honorarbasis mit absoluter Kostentransparenz tätig, erziele hohe Wirkungsgrade für meine Klienten. Sie schätzen, dass wir das Finanzthema verständlich darlegen, dass wir fair und offen agieren. Denn Anlageentscheidungen bedürfen einer Atmosphäre des Vertrauens und sollten Raum lassen, um eigene Vermögensstrategien zu beleuchten, Chancen und Risiken zu erkennen. Sorgfalt in unserer Aufklärungsarbeit ist ein wesentliches Merkmal, das ich in meinen Gesprächen verfolge. Ein informierter, geschulter Klient ist ein besserer Klient! Mit unseren Vorträgen „Geld verstehen" sowie „Die Wissenschaft des Investierens" trage ich meinen Teil zu einer Finanzbildung bei, denn diese in der Gesellschaft zu etablieren, das liegt mir am Herzen.

Investment bedeutet für mich, eine langfristige Vermögensbildung zu verfolgen, also traditionell in Aktien und Immobilien zu investieren. Wenn sich dieser Weg mit der Moderne verbindet, entsteht eine große internationale Anlagevielfalt, eine Geschwindigkeit im Handeln. Schon mit 25 Euro monatlich kann man in einen Aktienfonds investieren und dadurch an 12.600 Unternehmen weltweit beteiligt sein. Unsere Aufgabe sehen wir darin, die richtigen Anlageoptionen für unsere Klienten zu finden, ihnen die komplexen Finanzthemen verständlich zu erklären. Deshalb trennen wir Beratung und Produkt. Wir wollen kein Verkaufsgespräch führen, sondern stellen die persönliche Begegnung, die Aufklärung in den Mittelpunkt unseres Handelns. Dann erst erfolgt die langfristige Begleitung.

Unsere Vision ist es, das Finanzwissen in Deutschland über alle Generationen zu verbreiten, damit Menschen ein gesundes Verhältnis zu Geld entwickeln und bessere Entscheidungen treffen können. Dafür wollen wir in Berlin/Brandenburg die erste Referenz für Honorarberatung sein. Wir geben unser Wissen an unsere Klienten und besonders auch an die nächste Beratergeneration weiter und schaffen damit die Grundlage für eine unabhängige, honorarbasierte Finanzberatung in Deutschland mit einem vertrauenswürdigen Image.

***

Für welche drei Dinge in Ihrem Leben sind Sie am dankbarsten?
Im Grunde genommen gibt es vier Dinge. Die größte Dankbarkeit verspüre ich dafür, dass ich ein liebender Vater sein darf, der das Glück hat, sein eigenes Kind zu einer richtigen Persönlichkeit heranwachsen zu sehen. Dankbar bin ich für die Freiheit, die wir hier in Deutschland leben dürfen. Wir alle leben in einem freien, wohlhabenden Land und können jeden Tag unserer Zukunft selbst gestalten, selbst erschaffen, und dazu kommt, dass wir dort hingehen können, wo wir hingehen wollen. Gesundheit und Vitalität gehören für mich ebenfalls zu den Dingen, für die ich sehr dankbar bin. Beides ist nicht selbstverständlich. Der Planet, auf dem wir leben, Mutter Erde, die uns alle trägt und die uns jeden Tag versorgt mit allem, was wir brauchen, um gut hier zu sein, auch dafür bin ich dankbar.

Welches war die beste Entscheidung in Ihrer beruflichen Laufbahn?
Neben der Entscheidung, prinzipiell selbstständiger Unternehmer zu werden, liegt eine der wichtigsten Entscheidungen nur einige Jahre zurück. 2015 beschlossen ich und mein Team, unser Unternehmen auf die Honorarberatung umzustellen, Honorarberater zu sein. Klar und wahr zu sein, Transparenz aller Kosten darzustellen und einen hohen Mehrwert für meine Klienten zu schaffen, war für mich ein wesentlicher Schritt. Ich möchte bei dem, was ich tue, jeden Tag in den Spiegel schauen können …

Eine Kölner Schülerin twitterte: „Ich bin fast 18 und habe keine Ahnung von Steuern, Miete und Versicherung. Aber ich kann eine Gedichtanalyse schreiben in vier Sprachen." Sollte an Schulen das Unterrichtsfach „Geldlehre" eingeführt werden?
Ja, unbedingt! Finanzwissen fehlt in unserem Land und deshalb sind wir europaweit auch das Schlusslicht, wenn es um die Vermehrung von Geldsparanlagen geht. Wir Deutschen können sparen und hart arbeiten, doch wir wissen in der Regel nicht, wie wir unser Geld für uns arbeiten lassen können. Das ist auch der Grund, weshalb ich seit 2018 monatlich Fachvorträge halte.

Welche Werte sind Ihnen so wichtig, dass Sie sie Ihren Kindern mitgeben würden?
Ehrlichkeit und Integrität. Aus meiner Sicht ist es wichtig, zu dem zu stehen, was man tut, und dass die Überzeugung dazu aus dem Tiefsten des Herzens entsteht. Es ist wichtig, zu sich selbst zu stehen, egal, welchen Weg man dafür gehen muss. Albert Schweitzer hat einmal gesagt: „Ich bin Leben, das leben will, inmitten von Leben, das leben will." Das Zitat bringt für mich vieles auf den Punkt.

Was sind Ihre Hobbys?
Ich liebe es draußen zu sein in der Natur. Spurenfinden und Fährtenlesen waren schon immer meine Leidenschaft.

Wie lautet das wichtigste Gebot auf dem Weg in die finanzielle Freiheit?
Beständigkeit! Für die meisten Menschen fällt der Reichtum nicht vom Himmel. Durch Beständigkeit, eine gute persönliche Strategie und eine klare Zieldefinition ist alles möglich, und zwar für jeden.

Viele meiner Klienten betreue und berate ich schon seit Jahrzehnten. Die besten Erfolge erzielen eindeutig diejenigen, die dieser Tugend folgen. Aus diesem Grund kann auch jeder Mensch vermögend werden, vorausgesetzt die Anlageform ist rentabel und fair in der Kostenstruktur.

Eugen Trubilov, Nienburg

Foto: privat

Eugen Trubilov
Versicherungsmakler

VAS-Organisation
Celler Straße 7
31582 Nienburg/Weser

Büro   05021 8 89 19 8
Fax   05021 8 89 08 4
Mobil   0173-6201396
E-Mail   vas-trubilov@gmx.de

„Persönliche Beratung steht an erster Stelle"

Ich gebe als Versicherungsmakler ein Versprechen für meine Kunden, und dieses Versprechen halte ich seit 1994 ein: Persönliche Beratung steht für mich an erster Stelle. Und damit meine ich nicht nur das Kundengespräch in unseren Büros, vielmehr geht es mir um eine ständige Erreichbarkeit, auch jenseits digitaler Kanäle, auch jenseits allgemeiner Geschäftsöffnungszeiten.

Geld ist zu bedeutsam für den schnellen Takt. Drängende Fragen um das Kundenvermögen sollten nie verschoben werden. Denn Geld ist ein Wert, der ständige Aufmerksamkeit braucht. Uns ist es deshalb wichtig, den Kunden zu schulen, weiterzubilden, ihm jenes Handwerkszeug zur Geldvermehrung an die Hand zu geben. Wir bieten regelmäßige Kundenseminare an, um Methoden, Trends und vor allem die Tradition der Vermögensbildung zu vermitteln.

Als ich das Unternehmen von meinem Vater übernahm, war meine Vision, eine Rundumvermögensversorgung zu garantieren. Heute, 25 Jahre später, darf ich sagen: Es ist mir und meinen acht Mitarbeitern gelungen. Von der Bankenwahl über die Immobilienfinanzierung bis zum Vermögensplan, der durch ein ganzes Berufsleben begleitet, bieten wir an, was unsere Kunden ruhig schlafen lässt. Ich will sogar weiter gehen und sagen: Zufriedenheit in Geldangelegenheiten wächst mit der Kompetenz und dem Weitblick des Beraters. Seine Sicherheit, sich durch diesen weiten Markt der Möglichkeiten zu bewegen, seine Entscheidungskraft erst geben dem Kunden eine Sicherheit. Dafür arbeiten wir. Dafür recherchieren, beraten, analysieren wir vom Vermögensaufbau bis zur Absicherung im Alter. Gefragt nach dem Alleinstellungsmerkmal unserer Versicherungsagentur, will ich sagen: Jeder Kunde kommt mit seinen persönlichen Geschichten und Zielen. Diese zu erkennen, mit Empathie darauf zu reagieren, das spornt uns täglich an. Wir haben den Anspruch, jenen Plan zu entwerfen, der zum Kunden passt wie ein Maßanzug. Dann macht Investieren Spaß. Ich freue mich auf das Erstgespräch!

***

Wo werden Sie als Versicherungsmakler in sechs Jahren stehen?
Eine hypothetische Frage, weil das Leben ein Wörtchen mitredet. Aber sollte alles glatt laufen, dann werde ich mich in sechs Jahren ausschließlich der Kundenbetreuung zuwenden. Neukundenanfragen werde ich an Kollegen meines Vertrauens weiterleiten. Ich werde mich ausschließlich um das Vermögenswachstum jener Kunden kümmern, die ich in dieser Zeit kennen und schätzen gelernt habe, und werde nicht müde, den individuellen Investmentplänen weitere Finessen hinzuzufügen. Wie es aussieht, bin ich übrigens auf dem direkten Weg dorthin …

Es heißt allgemein: Reichtum lähme die Kräfte, Armut mobilisiere sie. Hatten Sie das Glück, einmal arm gewesen zu sein?
Meine Heimat ist die Sowjetunion. Dort sind nahezu alle Menschen arm im Vergleich zu den westlichen Ländern. Rückblickend kann ich sagen: Wir wussten damals nicht, dass wir arm waren, wir kannten es nicht anders. Und wir waren glücklich. Wir haben den Mangel nicht als Mangel empfunden. Ich denke, es ist wichtig, nicht zu hadern, immer nach vorne zu sehen und mit einem hellen Herzen auf dem Lebensweg weiterzugehen. Sobald Ängste, Kummer, Jammern den Alltag begleiten, geht der Blick für Chancen verloren.

Zurück zu Ihrem Beruf: Vermindern große finanzielle Erfolge die Fähigkeit zur Empathie?
Ich denke nicht. Entweder man ist aufmerksam, kann sich in sein Gegenüber einfühlen, oder man ist es nicht. Das fällt wohl in den Bereich der persönlichen Stärkenbildung, vielleicht ist es auch ein Talent. Aber gerade in meiner Branche halte ich es für grundlegend, ein guter Zuhörer zu sein, Verständnis für Lebenslagen und Wünsche des Kunden zu entwickeln. Herauszufinden, was der Kunde will, welche Sehnsüchte sogar zwischen seinen Worten sich verbergen, das ist eine Herausforderung in meinem Beruf.

Was ist für Sie in Geldangelegenheiten eine überraschende Erkenntnis?
Streben Sie den Mangel an Mangel an! Das ist eine wunderbare Sache, um in Zukunft sein eigener Weihnachtsmann zu sein. Allein die Gewissheit, sich Wünsche selbst erfüllen zu können, beruhigt. Dabei muss es nicht der reale Konsum sein, im Gegenteil. Die Ruhe und auch die Zufriedenheit liegen in dieser Erkenntnis, Verzicht üben zu können, ihn aber nicht üben zu müssen. Das eigene Vermögen aufzubauen ist der Weg in diesen Zustand.

Welches Buch hat Sie in Ihrem Handeln und Denken beeinflusst?
Die Bibel. Dieses Buch aller Bücher verändert Menschen, weist einen Weg durch das Leben. Es liegt griffbereit in meinem Schreibtisch, ich habe als Kind darin gelesen und tue es noch heute.

Was war die beste Entscheidung Ihres Lebens?
Da ich liebe, was ich tue, fällt mir die Antwort leicht: Es war die Entscheidung, freier Makler zu werden und meine Kunden bis hin zu deren Vermögen zu begleiten.

Martin Röder, Plauen

Foto: Kenny Pool Fotografie

Martin Röder, Versicherungsfachmann (IHK)
Spezialist Entgeltumwandlung

Martin Röder
Rähnisstraße 53
08525 Plauen

Telefon   03741 28 054 96
Fax   03741 28 054 97
Mobil   0160 94 44 40 47
E-Mail   service@vision-makler.de
Internet   www.vision-makler.de

„Modern, schnell, digital – Online-Vermögensplanung für junge Mandanten"

Wenn du ein Problem hast, dann finde eine Lösung! Das ist meine Philosophie im Leben. Ich erinnere mich noch sehr gut daran, als ich im Mai 2011 in meinem damaligen Büro saß und dachte, ich sei im Hamsterrad gefangen und würde ich weiter darin laufen, meine Gesundheit würde Schaden nehmen. Das Problem war offensichtlich: Ich wollte den Neustart, wollte endlich das tun, was sich mehr und mehr zu einer großen Idee in meinem Kopf fügte – das Unternehmen neu ausrichten und den Schwerpunkt auf Vermögensbildung legen. Seit Oktober 2011 bin ich Inhaber und Geschäftsführer der Vision Makler. Wir sind junge Berater mit einer gehörigen Portion Wissen und Power, um unsere Mandanten der jungen Generation zu beraten. Finanzdienstleistungen sind unsere Leidenschaft. Uns leiten die Werte Vertrauen und Respekt und die Kultur meines Unternehmens spiegelt sich in dem Claim: *Ihr Makler der Zukunft. Mein Wissen hilft, Ihre Ideen umzusetzen.* Denn finanzielle Sicherheit und Vermögensaufbau sind nie ein starres Gerüst, sie sind so kreativ und individuell wie der Mandant, der mir gegenübersitzt.

Junge Mandanten sind noch quirlig, hungrig, sie haben noch ein weites Stück Zukunft vor sich. Es ist unsere Herausforderung, diese Zukunft zu begleiten, Schritt für Schritt die finanzielle Freiheit zu vergrößern. Um im Gespräch zu bleiben, bewegen wir uns in den sozialen Medien ebenso souverän wie im Kundenmeeting oder in einer Begegnung in den Videoportalen der Finanzwelt. Die Zukunft liegt in der Digitalisierung und wir halten mit! In der heutigen Zeit lösen sich die traditionellen Strukturen auf. Tradition erhält eine andere Färbung. Sie bedeutet, sich an den Maklereid zu halten, als unabhängiger Sachwalter zu agieren, die Sorgfalt eines ordentlichen Kaufmannes zu wahren und unbedingt die Gesetze zu kennen und zu achten – und das alles mit modernen digitalen Instrumenten aufzupeppen und die Geschwindigkeit des Seins zu genießen. Auch Geld passt sich der neuen Zeit an, es sollte nicht mehr auf Sparbüchern verstauben. Vielmehr geht es nach meinem Verständnis schon in jungen Jahren darum, mit verschiedensten Softwarelösungen die Vermögensbildung erlebbar zu machen, den Mandanten eine Möglichkeit zu bieten, an sieben Tagen in der Woche und 24 Stunden am Tag zum Tablet zu greifen und sich mit Finanzprodukten zu beschäftigen. Das treibt mich an, da werden im besten Falle Mandanten zu Fans, wenn wir via VideoCall oder WhatsApp fast in Echtzeit über Räume hinweg kommunizieren. Bei uns gibt es keine Papierberge, keine Standards, es gibt passgenaue Lösungen und schnelle, qualitativ hochwertige Vertragsabschlüsse, und zwar online. Das verspricht unser Name Vision Makler.

***

Wie lange arbeiten Sie bereits in der Finanzbranche?
Im Jahr 2004 bin ich als Quereinsteiger bei einem der größten Finanzstrukturunternehmen eingestiegen, wechselte nach einem Jahr in ein Maklerunternehmen, also in die freie Finanzwelt. Dort entstand die Idee, mein eigenes, unabhängig beratendes Unternehmen zu gründen mit dem Schwerpunkt der Beratung junger Mandanten. 2011 war es so weit.

Was macht Ihnen in Ihrem Beruf, in Ihrem Unternehmen am meisten Spaß?
Es ist in erster Linie der Umgang mit Menschen! Es ist herausfordernd, mit unterschiedlichen Lebenszielen umzugehen, verschiedene Charaktere in der Beratung zu erkennen und darauf zu reagieren. Da ist kein Tag wie der andere. Mal sind es Reisen in Städte, die ich kennenlerne, mal sind es Online-Kommunikation oder das persönliche Treffen der Mandanten in meinem Büro. Das alles kommt meinem schnellen persönlichen Zeittakt entgegen. Ich bin kein Typ für Routine, ich brauche die Abwechslung, um kreativ und beruflich stark zu sein.

Wie lautet das wichtigste Gebot auf dem Weg in die finanzielle Freiheit?
Für mich ist es die Ehrlichkeit. Ehrlichkeit sich selbst und anderen gegenüber.

Was ist Ihre Finanzweisheit, die Sie den Lesern dieses Buches weitergeben wollen?
Es ist das, was Sie als Autor ebenso empfehlen: konsequent zehn Prozent des Einkommens zur Seite zu legen, also zu investieren.

Die Dichterin Else Lasker-Schüler schrieb: „Ich war so arm, dass ich in Berlin immer unter den Balkonen der Häuser ging, damit meine Eltern im Himmel mich nicht sähen." Hatten Sie das Pech, einmal arm gewesen zu sein?
Pech würde ich es nicht nennen, eher eine familiäre Meinungsverschiedenheit, weswegen ich mit 18 zu Hause auszog. Ich musste kurze Zeit am Existenzminimum leben. Eine harte, eine lehrreiche Zeit war das! Ich weiß, wie es sich anfühlt, ganz unten zu sein – und sich von dort hochzuarbeiten. Das vergisst man nicht, und doch kann man sich auf den Satz stützen: Wo ein Wille, da ein Weg!

Welches Auto fahren Sie heute?
Ich ahne, worauf Sie hinaus wollen: Erfolgreicher Unternehmer = schnelles Auto? Fehlanzeige. Mir ist ein Auto nicht wichtig. In Kindertagen träumte ich von einem Ford Mustang – und ich habe mir diesen Traum tatsächlich 2017 verwirklicht. Fahren muss Spaß machen und Spaß ist hier individuell und keine Frage des Images. So bin ich niemand, der Klischees erfüllt, auch wenn viele meiner Kollegen in der Finanzbranche Audi, Mercedes oder Porsche fahren.

Besteht der Vorteil des Reichtums darin, sich endlich keine sogenannten guten Ratschläge mehr anhören zu müssen?
Ich hoffe, nicht. Denn Reichtum ohne Ratschläge kann in die Armut führen …

Sie erwähnten eben mit einem Lächeln, dass Sie heute finanziell erfolgreicher sind als der Klassenbeste von damals. Woran liegt das?
An meiner Willenskraft, am Sinn für Neues und Innovatives. Ich kann anderen über die Schulter schauen, will von den Besten lernen und kann die sogenannten guten Ratschläge annehmen.

Wie oft bedanken sich Kunden bei Ihnen?
Das Wort „Danke" höre ich tatsächlich täglich. Es bestätigt mich in meinem Tun und Handeln. Aber auch für mich ist Dankbarkeit ein Wert, den ich pflege. Nichts ist selbstverständlich, und Erfolg und Glück mit diesem Wort zu würdigen gehört für mich zum guten Ton im Leben.

Für welche drei Dinge in Ihrem Leben sind Sie dankbar?
Dort zu sein, wo ich im Leben jetzt gerade bin, im Hier und Jetzt; gesund zu sein. Dankbar bin ich auch für meinen Sohn Oskar – er ist mein bester Freund, Kumpel und Seelenverwandter.

Detlef Albrecht, Osnabrück

Foto: Roland Mundzeck

Detlef Albrecht, Versicherungskaufmann (BWV), Kaufmann (IHK)

ALBRECHT
Finanzen – Coaching – Unternehmensberatung GmbH & Co. KG
Kleine Schulstraße 6
49078 Osnabrück

Telefon   0541 40 65 97 01
Fax   0541 40 65 97 04
Mobil   0170 9 62 66 45
E-Mail   albrecht-fcu-albrecht@t-online.de
Internet www.albrecht-fcu.de

„Langfristigkeit und Kontinuität sind die Eckpfeiler meines Unternehmens"

Seit 1985 bin ich als Versicherungs- und Finanzberater selbständig tätig. Ich blicke also auf ein weites Erfahrungspotenzial in den Schwerpunkten Finanz- und Baufinanzberatung, Kapitalanlagen und Ruhestandsplanung.

Alles begann mit meinem frühen Wunsch nach einem Eigenheim. Ich recherchierte und sammelte Hinweise und Tipps und irgendwann merkte ich: Für diese Branche brannte ich, diese Aufgabe der Finanzierungsplanung war meine Passion. Sie ist es bis heute! Geld ist ein faszinierendes Thema und kaum jemanden lassen die eigenen Finanzen gefühlsmäßig unberührt. Und doch wissen die wenigsten Menschen, wie man Vermögen aufbauen kann.

Früher bekam man auf dem Sparbuch noch gute Renditen, mittlerweile ist dies aber keine Option mehr für den Vermögensaufbau. Der Finanzmarkt ist vielseitig und für den Laien kaum noch zu überblicken. Genau hier sehe ich meine Stärke als unabhängiger Finanzberater, der auf Grundlage der persönlichen Ziele und Wünsche sowie der Lebenssituation des Klienten ein maßgeschneidertes Finanzkonzept erstellt. Durch meine Erfahrung und mein Herzblut, das ich bei jedem meiner Klienten einbringe, konnte ich viele Finanzträume verwirklichen. Einige Familien, die es nie für möglich gehalten hätten, eine eigene Immobilie zu besitzen, haben mit meiner Begleitung diesen Wunsch verwirklicht. Genau das ist meine Motivation.

Die Eckpfeiler meines Unternehmens lauten Langfristigkeit und Kontinuität. Eine vertrauensvolle Geschäftsbeziehung mit den Klienten aufzubauen, das ist mein größtes Bestreben. Um die Expertise und Qualität meiner Beratung auf einem hohen Niveau zu halten, stehen regelmäßige Weiterbildungen auf der Agenda. Gefragt nach dem Motto meiner Arbeit folge ich Henry Ford, der einst sagte:

„Ich überprüfe jedes Angebot, es könnte die Chance meines Lebens sein."

Der Finanzmarkt hält viele attraktive und rentable Chancen bereit. Meine Aufgabe besteht darin, diese ausfindig zu machen und je nach Risikoneigung des Klienten in das Finanzkonzept einzubauen. Das Geheimnis meiner Arbeit sind gut selektierte und breit gestreute Kapitalanlagen sowie ein professionelles Kontenmanagement. Steueroptimierung und staatliche Förderungen runden das Konzept ab. Ein weiterer Tipp für Finanzen ist, so früh wie möglich mit dem Investieren zu beginnen. Denn Vermögen ist eingezahltes Kapital, multipliziert mit dem Faktor Zeit.

Um die optimale Begleitung zu bieten, arbeite ich mit Spezialisten im Team zusammen. Wir wollen für die Klienten den größtmöglichen Nutzen schaffen, gute Gefühle vermitteln und eine vertrauensvolle Kommunikation pflegen.

***

Welchen Service bieten Sie Ihren Klienten?
Zu unserem Service zählt die wirtschaftliche und persönliche Betrachtung der Person. Somit bieten wir eine ganzheitliche Beratung mit der Erstellung von Konzepten zur Erreichung der persönlichen Wünsche und Ziele. Unverzichtbar hierfür sind unserer Meinung nach ein professionelles Kontenmanagement sowie der kontinuierliche Kontakt. Mindestens einmal pro Jahr sitzen wir mit unseren Kunden zusammen, lassen die Entwicklung des letzten Jahres Revue passieren und planen die weitere Vorgehensweise.

Wie lautet das wichtigste Gebot auf dem Weg in die finanzielle Freiheit?
Sorge in guten Zeiten für schlechte Zeiten! Nur so erreicht man Beständigkeit und kann auch in schwierigen Zeiten ruhig schlafen.

Macht Geld glücklich?
Nein, aber es gibt Sicherheit. Gehen Sie deswegen behutsam mit diesem Gut um. Darüber hinaus kann man mit Geld Mitmenschen helfen und Gutes tun. Das macht mich persönlich glücklich.

Eine Kölner Schülerin twitterte: „Ich bin fast 18 und habe keine Ahnung von Steuern, Miete oder Versicherungen. Aber ich kann eine Gedichtanalyse schreiben. In vier Sprachen." Sollte an Schulen das Unterrichtsfach Geldlehre eingeführt werden?
Unbedingt, denn der Umgang mit Geld ist sehr wichtig. Gerade in der heutigen Zeit, die durch Konsumkredite gekennzeichnet ist, ist es unerlässlich, unseren Kindern den Weitblick zu geben, hinter solche Kreditfallen zu blicken. Viel wichtiger noch ist der frühzeitige Vermögensaufbau. Dabei muss die Höhe der Startinvestition nicht im Vordergrund stehen, sondern zielstrebig zu beginnen! Denn wer früher beginnt zu investieren ist auch früher vermögend und unabhängiger. Ein großes Anliegen ist uns dabei, unsere Klienten unabhängig von staatlichen Rentenbezügen zu machen, denn wer weiß, wie lange das System noch Bestand hat.

Sind Sie selbst mit Ihren Finanzen ein gutes Vorbild für Ihre Kunden oder gilt bei Ihnen der Spruch „Der Schuster hat die schlechtesten Leisten"?
Natürlich möchte ich meinen Klienten ein gutes Vorbild sein. Das Sprichwort „Do what you preach" (Tue, was du predigst) ist hier mein Leitmotiv. Glaubwürdigkeit und Authentizität sind mir nämlich sehr wichtig. So empfehle ich meinen Klienten nur Kapitalanlagen, die ich selbst besitze. Für die Finanzplanung empfehle ich ganz klar ein professionelles Kontenmanagement, d.h., die strukturierte Trennung von Investitions- und Konsumkonten.

Ich freue mich auf Sie! Ihr Detlef Albrecht

Marco Reuss, Euerdorf

Foto: privat

Marco Reuss, Finanzwirt (bbw)

zuvielbezahlt.de GmbH
Ringstraße 27
97717 Euerdorf

Telefon   09704 60 17-10
Mobil   0170 32 65 54 9
E-Mail   info@zuvielbezahlt.de
Internet www.zuvielbezahlt.de

„Wir verwalten Lebensleistungen!"

Der Grund für meine Berufswahl mag überraschend klingen – ein Buch triggerte in mir die Idee, Finanzexperte zu werden. Es war ein Buch über Kapitalanlagen, das mir ein erfolgreicher Unternehmer mit dem Hinweis schenkte: „Nimm es dir als Leitfaden". Ich habe ihn beim Wort genommen und ich hoffe, auch dieses Buch, das Sie in den Händen halten, wird derart nachhaltig bei Ihnen wirken und Sie starten in Kürze mit einer konsequenten Vermögensbildung! Ich benötigte von der Idee bis zur Gründung drei Jahre; seit April 1999 unterstütze ich Menschen auf dem Weg in die finanzielle Freiheit. Seither arbeite ich entlang der Werteskala von Ehrlichkeit, Wahrhaftigkeit und Gerechtigkeit, denn ich glaube als Unternehmer daran, dass nur diese dauerhaften Grundlagen zum Erfolg führen.

Wenn ich heute auf meine Story zurückblicke, dann begann sie in meinem regionalen Umfeld. Allein durch Kundenempfehlungen ist mein Kundenstamm gewachsen, und heute, zehn Jahre später, zähle ich nicht ohne Stolz Kunden aus dem gesamten Bundesgebiet. Meine Präsenz in den sozialen Medien und auch meine Tätigkeit als Vortragsredner haben mir in der Branche zu Bekanntheit verholfen. Und doch bleiben die Kundengespräche mit Augenkontakt wichtig. Sie würde ich niemals missen wollen, denn erst in der Begegnung kann jene Empathie entstehen, die zwischen dem Gesagten jene Wünsche vermuten lässt, die ein Kunde mit sich trägt. Die will ich wissen, will sie analysieren und in einen individuellen Plan zur finanziellen Freiheit verwandeln. Meine Mitarbeiter und ich gehen vorsichtig, unbedingt vertrauenswürdig und stets integer mit den Informationen um, die ein Kunde uns offenbart. Denn Geld, das er anlegen möchte, stellt oftmals seine Lebensleistung dar. So geht es mir in erster Linie darum, den Zweck des angestrebten Investments zu erkennen und die Ziele zu definieren. Ich denke, diese intensive und regelmäßige Arbeit mit unseren Mandanten stellt jene Meile mehr dar, die mein Unternehmen von manchen Mitbewerbern unterscheidet. Man muss für die Sache brennen, die man tut. Dann wird alles möglich. Ich selbst bin das beste Beispiel für diese These: Aus einfachen Verhältnissen kommend, habe ich heute erreicht, was meine Ziele waren. Für mich hat dieser Erfolg eine Formel:

T+D+D+E+Z=Erfolg

(Tun + Disziplin + Durchhaltevermögen + Emotionen kontrollieren + Zeitfaktor = Erfolg)

***

Wenn Sie eine berühmte Persönlichkeit – egal ob lebendig oder tot – treffen dürften, wen würden Sie wählen?
Thomas Alva Edison. Er gilt als Erfinder der ersten Kohlefaden-Glühlampe, und er schuf so das erste elektrische Licht. Das Beeindruckende an diesem Menschen ist nicht die Erfindung an sich, sondern sein Tun, seine Disziplin, sein Durchhaltevermögen, seine Fähigkeit, die eigenen Emotionen zu kontrollieren und die nötige Zeit zu finden, um Erfolg zu haben. Er brauchte über 10.000 Versuche, bis die erste Glühlampe mit elektrischem Licht brannte. Diese Geschichte lehrt uns das Gesetz von Ursache und Wirkung besser als jede andere. Thomas Alva Edison soll gesagt haben: „Genialität ist ein Prozent Eingebung und 99 Prozent Schweiß."

Für welche drei Dinge sind Sie besonders dankbar?
Ich bin für so viel mehr dankbar als für drei Dinge. Es ist die eigene Gesundheit und die meiner Familie. Es ist meine Fähigkeit, niemals aufzugeben, dranzubleiben, diszipliniert und fleißig auf dem Weg zum Ziel zu arbeiten. Dies ermöglicht mir ein Leben in finanzieller Freiheit. Tiefe Dankbarkeit empfinde ich meinen Kunden gegenüber. Sie schenken mir ihr Vertrauen. Und ich bin dankbar, auf diesem schönen Planeten Erde leben zu dürfen. Überhaupt glaube ich daran, dass Dankbarkeit ein Faktor für Erfolg ist. Das besagt das Resonanzgesetz: Sobald wir teilen, vertrauen, lieben, was wir tun, sobald wir dankbar sind, erhalten wir genau das wieder zurück.

Wie lautet das wichtigste Gebot auf dem Weg in die finanzielle Freiheit?
Es lautet: Habe immer ein klares Ziel vor Augen. Damit das gelingen kann, bedarf es eines langfristigen Denkens und Investierens. Man muss den Markt selbst als Empfehlungsgeber nutzen sowie regelmäßig die Kontrolle der Strategie üben. Aus meiner Sicht gilt die Dreispeichenrad-Strategie in der Vermögensbildung. Sie besteht aus Immobilien, Aktien und Edelmetallen. Die Preise dieser drei Asssetklassen sind messbar. Wer immer antizyklisch handelt und das Dreispeichenrad abbildet, der hat eine sichere und perfekte Geldanlage.

Welche Person kommt Ihnen auf Anhieb in den Sinn, wenn Sie das Wort erfolgreich hören?
Cristiano Ronaldo. Er befindet sich im Herbst seiner Karriere. Und doch erscheint er noch immer als Erster beim Training und verlässt als Letzter den Platz. Menschen, die so erfolgreich sind, machen alle das Gleiche – und sie machen es aus meiner Sicht richtig. Warum spielt er wohl noch Fußball? Des Geldes wegen? Das wäre keine Motivation, nicht, wenn man über 100 Millionen pro Jahr verdient und das schon seit Jahren! Er spielt Fußball, weil er diesen Sport liebt und weil er diesem Sport alles

zu verdanken hat! Sein Warum ist die Liebe zum Fußball und ihn treibt der Ehrgeiz, der Beste sein zu wollen.

Dr. Ronald Krengel, Potsdam

Foto: Sabine Schlaak

Dr. Ronald Krengel, Versicherungsmakler, Finanzanlagenberater

Finanzberatung Dr. Krengel GmbH
Hegelallee 53
14467 Potsdam

Telefon   0331 23 16 45 9
Fax   0331 27 09 50 8
Mobil   0163 15 84 06 7
E-Mail   mail@drkrengel.de
Internet   www.finanzsprechstunde.de

„Als unabhängiger Berater filtere ich individuelle und passende Lösungen heraus."

In meiner Beratung ist mir Flexibilität besonders wichtig. Ich verdichte Informationen zu einer Strategie, die Vermögen bildet, aber zugleich flexibel ist. Meine Kunden sind zu einem großen Teil Akademiker. Sie sind neugierig und erfolgsorientiert, wollen vermögend werden – und dafür planen sie ihre Karriere.

Als ich mit meinem Studium der Betriebswirtschaft begann, wurde mir schnell klar: Meine Leidenschaften sind Steuerrecht, Management und Entrepreneurship. Darauf konzentrierte ich mich und vertiefte mein Wissen in Deutschland und den USA. 2005 schloss ich meine Studien mit der Promotion an der Wirtschaftswissenschaftlichen Fakultät der Martin-Luther-Universität Halle-Wittenberg ab. Danach war ich in einer weltweit agierenden Wirtschaftsprüfungs- und Steuerberatungsgesellschaft tätig. Es folgte ein weiterer Meilenstein – der Vorsitz mehrerer Prüfungsausschüsse der IHK Potsdam. Dass ich zusätzlich zu meiner Beratungstätigkeit diese Aufgaben bis heute wahrnehme, gibt mir das gute Gefühl, Einfluss nehmen zu können – indem ich mein Wissen weitergebe, diskutiere und überzeuge, indem ich meinen Beitrag zu einer finanziell freiheitlichen Gesellschaft leiste.

Man fragt mich häufig, warum hauptsächlich junge Akademiker meine Kunden sind. Die Antwort lautet: Ich habe festgestellt, dass Akademiker im Finanzbereich aufgeschlossen und fokussiert agieren. Sie definieren Ziele und erarbeiten einen Plan, um diese Ziele zu erreichen. Dabei suchen sie oftmals einen Sparringpartner auf Augenhöhe, wollen flexible Konzepte, die je nach Lebensphasen änderbar sind. Aufgrund meiner langjährigen Ausbildung und Erfahrung bin ich in der Lage, auch globale Anlageformen zu erarbeiten und komplizierte Sachverhalte darzulegen. Es macht mir Freude, junge Menschen am Anfang ihres Studiums und ihrer Karriere zu begleiten, denn der Grundstein für ein späteres Vermögen wird bekanntlich früh, sehr früh gelegt.

***

Wann haben Sie in Ihrem Leben gelernt, Verantwortung für sich selbst zu übernehmen?
In der Kindheit und Jugend. Ich war Leistungssportler, und das verlangt ein hohes Maß an Disziplin und Fleiß.

Welches sind Ihre drei Lieblingsinvestmentgesellschaften?
Ich will zwei nennen: Dimensional und Vanguard.

Ihnen werden zwei Jobs angeboten. Der erste ist interessant. Der zweite ist langweilig, bringt aber 50 Prozent mehr Gehalt. Welchen wählen Sie?
Unbedingt den ersten. Ich bin fest davon überzeugt, dass man sich bei Aufgaben, die man mag und bei denen man sich frei entfalten kann, auch bald finanziell verbessert.

Würden Sie sich einstellen?
Auf jeden Fall! Allerdings mit hohen Freiheitsgraden und erfolgsbasiertem Einkommen, das bringt bei mir gute Ergebnisse.

War Finanzberater schon immer Ihr Berufswunsch?
Nein, nicht direkt. In der Jugend habe ich erstmals einen persönlichen Plan schriftlich fixiert und habe damals folgende Kriterien definiert:
- mit Menschen arbeiten,
- reisen,
- in angenehmen Beziehungen arbeiten,
- etwas organisieren.

Wenn ich heute zurückblicke, dann haben sich diese Kriterien in meinem Beruf als Finanzexperte erfüllt: Beruflich reise ich zwar wenig, aber privat reise ich viel. Ich arbeite in angenehmen Beziehungen, in solchen, in denen die Chemie stimmt, das ist immer ein Mehrwert. Die Organisationsaufgaben bilden einen großen Teil meines Berufsalltages. Sie sehen, ich bin dort, wo ich früh hinwollte …

Sind Sie sparsam?
Ja und nein. Es gibt Dinge, für die mag ich kein Geld ausgeben und tausche hier auch mal mehr Zeit als nach Opportunitätskosten angemessen für die Geldersparnis ein. Für andere Sachen, z. B. private Lebensqualität, bin ich im Vergleich zu meinem Umfeld deutlich ausgabefreudiger.

Hans-Günter Großmann, Itzehoe

Foto: privat

Grossmann Finanzmanagement GmbH & Co. KG
Inh. Hans-Günter Großmann

Hainstraße 1
25524 Itzehoe

Telefon   04821 94 09 04
Fax   04821 94 70 10
Mobil   0172 45 84 11 1
E-Mail   grossmann-finanzbetreuung@gmx.de
Internet www.versicherungen-itzehoe.de
           www.finanzierungen-itzehoe.de
           www.immobilien-itzehoe.de

„Ich gebe mein Wort und halte es!"

Bereits als junger Mensch war mir der Umgang mit Geld wichtig, vermutlich beeinflusst durch meinen Großvater, der ein sehr erfolgreicher Geschäftsmann war. So verdiente ich mir bereits in der Jugend ein kleines Einkommen, arbeitete im Geschäft meiner Eltern und in der Nachbarschaftshilfe. Das verdiente Geld sparte ich, vergab sogar Kleinkredite, ohne zu erahnen, dass dieser bewusste Umgang mit Geld meinen späteren Lebensweg beeinflussen würde.

Meine Berufung kristallisierte sich im Verlauf der Jahre heraus, als ich mich im Geld-Bereich weiterbildete und qualifizierte: Ich wollte frei und unabhängig mein Wissen vermitteln, das Geld der anderen Menschen vermehren, sie vor Risiken schützen. Ich gründete mein eigenes Unternehmen.

Meine Unternehmenskultur stützt sich auf das große Ganze. Das bedeutet: Ich nehme auf Wunsch den 360-Grad-Blick auf die Finanzen ein. Dabei schaue ich auf den Menschen mir gegenüber, auf seine Bedürfnisse, Wünsche, Ziele. Daraus forme ich die Möglichkeiten. Geleitet werde ich von Ehrlichkeit und Fairness, von einer vertrauensvollen, gemeinsamen Entwicklung. Für mich entsteht eine erfolgreiche Zusammenarbeit, wenn sie in einer positiven zwischenmenschlichen Atmosphäre stattfindet.

Zu meinen Mandanten gehören kleine wie mittelständische Unternehmen und der private Haushalt, Arbeitnehmer und Arbeitgeber gleichermaßen. Spezialisiert bin ich dabei auf die Unternehmens- und Immobilienfinanzierung, Ruhestands- und Vermögensplanung wie auch die Einkommens- und Vermögenssicherung.

Aus den zahlreichen, langjährigen Kundenkontakten haben sich im Laufe der Zeit vertrauensvolle, freundschaftliche Beziehungen entwickelt. Gespräche dürfen auch einmal privat sein, denn Geld und Lebensumstände lassen sich definitiv nicht voneinander trennen. Umso wichtiger ist es für mich, in Beratungen beide Komponenten aufeinander abzustimmen und zu optimieren.

Das 25-jährige Firmenjubiläum der Grossmann Finanzmanagement wurde in 2019 gefeiert. Mit Stolz und Dankbarkeit blicke ich auf das Erreichte zurück, ebenso schaue ich voller Zuversicht nach vorn.

***

Würden Sie heute, rückblickend auf 25 Jahre unternehmerische Tätigkeit, alles noch einmal so machen und sich für diese Branche entscheiden?
Meine Aufgabe füllt mich aus, macht mir Freude und ich schätze die zwischenmenschlichen Begegnungen, den persönlichen Kontakt zu meinen Mandanten. Oft begleite ich Familien in der nachrückenden Generation lebensphasenübergreifend,

helfe ihnen, in ihr Leben zu starten, berufliche Karriere, Hausbau und dann auch die eigenen Kinder, hier schließt sich der Kreis. Es ist immer wieder spannend zu sehen, wie sich alles entwickelt und wächst.

Können Sie sich eine neue Herausforderung oder Lebensaufgabe vorstellen?
Ja, auf jeden Fall. Das ständige Abholzen von Regenwäldern ist eine wahre Katastrophe für die Menschheit. Ich würde eine Stiftung gründen, welche den Ärmsten Perspektiven bietet, ohne den Regenwald abholzen zu müssen. Ich habe mich 2017 bereits selbst auf den Weg nach Südamerika gemacht, um mich dort umzusehen, und habe erkannt, wie wichtig Hilfe vor Ort ist.

Wie lautet Ihr wichtigstes Gebot auf dem Weg in die finanzielle Freiheit?
In meiner Beratungspraxis erlebe ich häufig, dass es Mandanten schwerfällt, Geld langfristig anzulegen, zu investieren. Gewisse Zeitspannen mögen im ersten Moment abschreckend wirken, die Befürchtung, ‚das Geld fehlt uns dann im Alltag' spielt oft eine große Rolle. Da ist es äußerst wichtig verständlich zu machen, dass langfristig zu denken nachweislich einen besseren Investor auszeichnet. Beim Investieren geht es nicht um „Einsteigen" und „Aussteigen", sondern darum, gute Anlagen auszuwählen und sie dann auf unbestimmte Zeit zu halten. Voraussetzung hierfür ist, mehr zu verdienen als auszugeben und dabei sicherzustellen, die Differenz tatsächlich in Dinge zu investieren, die andere Dinge produzieren.

Was bezeichnen Sie als gesunden Gedanken in Beziehung zum Geld?
Spare bei Zeiten, dann hast du in der Not. Dieser Weisheit können wir alle sicher nicht widersprechen. Natürlich sollen wir genießen, Urlaub machen und uns schöne Dinge leisten, dafür arbeiten wir, dafür leben wir. Dabei ist jedoch wichtig zu verstehen, dass das Sparen für einen Vermögensaufbau stets Konsumverzicht bedeutet und fremdes Geld keinesfalls für Konsum eingesetzt werden sollte. Geld macht nicht unbedingt glücklich, bringt aber in einem gewissen Maß Freiheit und Sicherheit. In der Lage zu sein, sich aus eigener Kraft helfen zu können und auch im Alter frei entscheiden und angenehm leben zu können, ist doch ein beruhigender Gedanke.

Artur Miernicki, Gladbeck

Foto: privat

Artur Miernicki, Fachberater für Finanzdienstleistungen (IHK)

AM Finanzservice-Versicherungsmaklerbüro
Wilhelm-Olejnik-Straße 8
45968 Gladbeck

Telefon   0 2043 40 11 95 9
Mobil   0172 87 14 91 3
E-Mail   info@am-finanzservice.de
Internet www.am-finanzservice.de

„Klartext sprechen!"

Seit 1999 biete ich meine Serviceleistung im Bereich Versicherungen und Finanzen an. Aus der anfänglichen Idee, eine zweisprachige Agentur zu leiten, wurde schnell ein Konzept: Ich verbinde zwei Sprachen, zwei Kulturen – die deutsche und die polnische. Das ist mein Alleinstellungsmerkmal in der Finanzbranche. Vor diesem Hintergrund wählen mich meine Kunden aus – und auch ich schätze ab, ob wir perfekt zueinander passen. Denn ein individuell abgestimmtes Vermittlungskonzept mit einer hohen Servicequalität markiert den Erfolg.

In der Zusammenarbeit mit mir steht der Kunde im Zentrum. Er redet. Ich höre zu. Er erklärt mir seine Situation und seine finanziellen Wünsche. Und ich stelle dann die richtigen Fragen. Dadurch erschließt sich mir, was der Kunde wirklich will, was möglich ist, welche Finanzprodukte in seinen Lebensplan passen. Das erfordert Menschenkenntnis, Marktwissen. Auch die unausgesprochenen Worte können mir Hinweise geben auf das, was der Kunde wünscht. Denn Geld ist nach wie vor ein Thema, dem Menschen sich nur zögerlich öffnen. Ein Spar- und Investmentprozess kann von Zögern durchsetzt sein. Deshalb bin ich erreichbar für meine Kunden, biete eine Kommunikation rund ums Vermögen an, und zwar 24 Stunden täglich. Die schnelle Antwort ist mir wichtig! Die Servicequalität hat erste Priorität. Deshalb verbinde ich in meinen Leitlinien die Tradition und die Moderne: Tradition, um Werte wie Vertrauen, Verbindlichkeit, Glaubwürdigkeit hochzuhalten. Moderne, um Arbeits- und Kommunikationswege zu erleichtern, um nah am Markt zu bleiben – im Sinne meiner Kunden. Wenn ich meine Beratung auf den Punkt bringen soll, so lautet der Kernsatz: Servicequalität ist die oberste Priorität. Ein Konzept ist erst wirklich gut, wenn es perfekt zum Kunden passt. Das gilt nicht nur für die große Linie, auch die Kleinigkeiten gilt es zu berücksichtigen. Erst in der Summe entsteht jene Wertschätzung, jener Erfolg, für den ich mit meinem Unternehmen seit nunmehr 20 Jahren stehe.

***

Sie bieten Ihre Finanzdienstleistungen für polnische und deutsche Kunden an. Welche Nationalität und Kultur überwiegt?
Der Anteil meiner polnischen Kunden macht 70 Prozent aus. Ich berate sie nicht nur in der Vermögensplanung, sondern auch in den Bereichen Versicherungen, Hypotheken oder Privatdarlehen.

Wenn Sie heute zurückblicken, was war eines der einschneidendsten Erlebnisse in Ihrem Leben?
Da muss ich nicht lange nachdenken: eindeutig die Einreise nach Deutschland. Damit habe ich meine Vision von der Zukunft verbunden – und sie (fast) verwirklicht. Der damals gestartete Aufbau meines Unternehmens in der Finanzbranche, die Verbindung polnischer und deutscher Aspekte in meinen Leitlinien, die erfüllt mich täglich mit Freude. Ich kann sagen, ich bin heute stolz darauf, diesen Weg gegangen zu sein, diese Kombination in meiner Beratung ist mein Alleinstellungsmerkmal.

Was sagten Ihre Eltern zur Berufswahl?
Sie sagten das, was alle Eltern ihren jugendlichen Kindern mit ins Leben geben sollten: Tue das, was dir wirklich Freude macht, denn da bist du gut, da ist dein Potenzial.

Was motiviert Sie täglich zur Leistung?
Es erfüllt mich, wenn ich Lösungen für meine Kunden finde. Diese Lösungen sind nie Standards. Sie sind individuell, fördern die Freiheit meiner Kunden. Ich kann mit meinem Wissen und meiner Erfahrung dazu beitragen, dass sie sich finanziell weiterentwickeln.

Welche Voraussetzungen auf der Kundenseite sind aus Ihrer Sicht erfolgversprechend?
Wenn ich merke, der Kunde ist offen, mutig und geduldig, er ist entschlossen, den gemeinsam erarbeiteten Plan umzusetzen, dann sind das die besten Voraussetzungen für einen Finanzerfolg.

Würden Sie ein Produkt verkaufen, auch wenn Sie es selbst nicht nutzen würden?
Ja, wenn der Kunde unabdingbar darauf besteht, würde ich ihm das Für und Wider erläutern, aber letztendlich im Sinne meiner Servicequalität handeln.

Wenn Sie sechs Jahre weiterdenken, wo sehen Sie sich?
Wenn Sie erwarten, dass ich Ihnen antworte, um die Welt zu segeln, mir ein Ferienhaus am Meer zu kaufen oder lustig in den Tag hineinzuleben, dann muss ich anderes betonen: Ich werde in sechs Jahren genau das tun, was ich heute tue – meine Kunden beraten, sie begleiten, mein Wissen weitergeben. In sechs Jahren sitze ich an genau diesem Schreibtisch vor Ihnen.

Was hätten Sie in Ihrem bisherigen Leben gerne besser gemacht?
Nicht viel. Doch, eines fällt mir ein: Ich wünschte, ich wäre öfter ins Fitnessstudio gegangen …

Thomas Spangenberg, Hardegsen

Foto: Ronald Mundzeck

Finanzwirt (bbw), Masterconsultant in Finance®,
Geprüfter Finanzanlagenfachmann IHK

BZH Finanz GmbH & Co. KG
Thomas Spangenberg
Lindenstraße 36
37181 Hardegsen

Telefon   05503 9 99 30 0
Fax   05503 9 99 30 2
E-Mail   t.spangenberg@bzh-finanz.de
Internet www.beratungszentrum-hardegsen.de

„Den Menschen dienen"

Ich gehöre zu den glücklichen Menschen, die sagen können: Meine Arbeit ist meine Leidenschaft. Früh schon habe ich mich mit den eigenen Finanzen beschäftigt. 1998 habe ich mich selbständig gemacht und arbeite heute mit meinem Mitgesellschafter Christian Grascha sowie weiteren Finanzspezialisten zusammen. Unsere Arbeit muss den Menschen dienen, das ist unser Grundverständnis, bei allem, was wir tun. Regional und bundesweit begleiten wir Familien und Unternehmen über Generationen und Grenzen hinweg zu mehr finanzieller Freiheit. Diese zu fördern, zu erhalten und auszubauen verstehen wir als eine Daueraufgabe. Unabhängigkeit, Hilfsbereitschaft und Teamgeist sind dabei wesentliche Erfolgsfaktoren.

Schnelllebigen und prozessgetriebenen Zeiten halten wir in unserem Unternehmen Tradition, unbedingte Integrität und Gemeinsinn entgegen. Wir glauben, dass Vorbilder durch entsprechendes Handeln entstehen und dass auch Vermögensbildung immer eine Außenwirkung im besten Sinne haben sollte. Die Kommunikation mit unseren Kunden stellt dabei eine bedeutende Grundlage unseres Erfolges dar. Die moderne Technik kann dabei helfen, aber die Begegnung von Mensch zu Mensch und das persönliche Gespräch mit einem hohen Faktor an Empathie kann sie nicht dauerhaft ersetzen.

Darüber hinaus übernehmen wir Ehrenämter und engagieren uns in gesellschaftlichen Projekten. 2013 errichteten meine Frau und ich die gemeinnützige „Spangenberg – Pro Bono-Stiftung Deutschland" und setzten damit ein weiteres Zeichen gesellschaftlicher Verantwortung.

Wir haben eine Vision von einem Land mit selbstbestimmten, freien und aufgeklärten Menschen: Wir möchten dazu unseren Beitrag leisten, dass Menschen nach einem dauerhaften finanziellen Erfolg streben, dass sie ihre Lebens- und Unternehmensziele nachhaltig erreichen. Unsere langjährige Erfahrung, hohe Produktqualität und ein Netzwerk von Spezialisten unterschiedlicher Fachgebiete wie Finanzen, Immobilien, Recht und Steuern geben dafür ihr Know-how.

***

Für welche drei Dinge sind Sie im Leben dankbar?
Dankbar bin ich zuerst für meine Kinder, meine Frau und unsere Gesundheit und danach für meinen Beruf sowie das große Vertrauen und die Treue unserer Kunden und Mitarbeiter. Zusammen stellen sie alle die Grundlage meines und unseres Erfolges dar.

Wie lautet das wichtigste Gebot auf dem Weg zur finanziellen Freiheit?
Als Christ kenne ich nicht nur ein Gebot, sondern zehn. Jedes ist wichtig und zusammen sind sie eine unbedingte Orientierungslinie.

Finanzen und Moral, Strebsamkeit und Verlässlichkeit gehören zusammen. Dauerhafter finanzieller Erfolg ruht auf klaren, messbaren Werten, Kompetenz und Geduld.

Was würden Sie tun, wenn Sie unendlich viel Geld hätten?
Mal abgesehen von denen, die entsprechende Hilfe aufgrund körperlicher oder geistiger Gebrechen benötigen, antworte ich gerne mit einer Gegenfrage: Was ist der Ursprungsgedanke einer Entwicklungshilfe? Er besagt, den Menschen nicht den reifen Weizen, sondern Acker und Pflug zu geben. Hierin liegt für mich die gesellschaftliche Verantwortung wohlhabender und gebildeter Personen – möglichst allen Bildung zu verschaffen und Selbstverantwortung für ihr Leben zu übertragen. Übrigens ist ein freiheitliches Gesellschaftssystem dafür unerlässlich.

Diese Strategie leitet und motiviert mich beruflich wie auch privat, um Menschen zu helfen, ein selbstbestimmtes Leben zu führen, das erfüllt und glücklich macht.

Welches Buch sollte jeder Ihrer Kunden lesen?
Das „Neue Testament für Möglichkeitsdenker". In dieser Ausgabe des Neuen Testaments können wir einerseits Mut, Orientierung sowie Lebensfreude erhalten und andererseits wird Nächstenliebe gleichermaßen kommuniziert. Beides bedingt einander, denn nach meinem Verständnis kann es nie allein darum gehen, selbst auf dem Lebensweg gut voranzukommen. Es geht vielmehr darum, andere Menschen mitzunehmen, ihnen den Weg zu Wohlstand und persönlicher Freiheit zu zeigen. Für mich geht Freiheit dabei immer auch mit finanzieller Unabhängigkeit einher.

Welche Werte vermitteln Sie Ihren Kindern?
Neben christlichen Werten sind dies die Werte, die mich als Person und als Unternehmer leiten: Ehrlichkeit, Fleiß, Ausdauer.

Und noch eines will ich erwähnen: Heranwachsenden wird heute die Notwendigkeit finanzieller Freiheit zu selten bewusst gemacht. Sie wissen Konsum zu schätzen und werden allzu oft durch Marketingstrategen zum Geldausgeben verführt. Aber einen Plan von einer finanziellen Freiheit vermittelt man ihnen kaum – selten zu Hause, selten in der Schule. Ich würde mir wünschen, hier würden Politiker aufwachen, würden den Rahmenplänen ein Fach hinzufügen, welches Wirtschaft heißt und die eigenen Finanzen zu einem Schwerpunkt macht. Denn hiervon hängen zu oft der eigene Erfolg und damit die Zufriedenheit ab.

Geld macht also wirklich glücklich?
Geld hat in sich keinen Wert, aber es kann als Mittel dienen, um persönliche Wünsche und Ziele zu realisieren. Durch deren Verwirklichung erfahren die allermeisten dann Glückseligkeit.

Wofür geben Sie das meiste Geld aus?
Ich bin sparsam. Wäge ab, bevor ich Geld ausgebe. Für Bildung und Gesundheit aber, bin ich immer bereit zu investieren.

Klaus Draeger, Perleberg

Foto: Ronald Mundzeck

Klaus Draeger, Finanzanlagenvermittler
Finanzwirt (College of Business)

FSP Finanzservice Prignitz GmbH & Co. KG
Beratung/Vermittlung
Bäckerstraße 20
19348 Perleberg

Telefon   03876 78 76 15
Fax   03876 60 81 81-9
E-Mail   info@finanzservice-prignitz.de

„Um vermögend zu werden, brauchen Sie Zeit"

Seit 1994 bin ich als unabhängiger Finanzanlagenvermittler tätig und blicke heute auf ein fast vollendetes Berufsleben zurück. Konkret: Ich bereite in den nächsten Jahren die Übergabe des Unternehmens an meinen Nachfolger vor. Damit gebe ich meinen Kunden und deren Kindern die Gewissheit, auch in Zukunft mit Kompetenz und Empathie beraten zu werden.

Dass ich in der Finanzbranche einmal als Experte gelten würde, war nicht unbedingt vorhersehbar. Denn zunächst entschied ich mich für eine Ausbildung als Schlosser mit anschließendem erfolgreich absolviertem Technikstudium. Es war ein passabler Weg, aber die Leidenschaft fehlte, dort eine wirkliche Karriere zu gestalten. Diese Leidenschaft entdeckte ich erst zu Beginn der 1990er Jahre, als ich mich zunehmend mit Geld und dem Vermögensaufbau befasste. Ich wollte mehr erfahren, eintauchen in diese Materie, die ein gelingendes Leben verspricht. Denn Menschen, die in einer weitsichtigen und vernünftigen Weise mit Geld umgehen, werden finanziell nicht scheitern, fand ich und besuchte Lehrgänge, absolvierte Ausbildungen, gab am Ende meinen Technik-Beruf auf, um 1995 die Agentur zu gründen. Ich leite sie bis heute gemeinsam mit meiner Ehefrau.

Den Schwerpunkt meines Unternehmens bilden die Direktanlagen. Das Investieren in Fonds hat für mich eine hohe Strahlkraft. Damit stelle ich den Vermögensaufbau in den Fokus, und zwar individuell, angepasst an die Situation meiner Kunden. Wenn Sie mich fragen, wie der schnellste und erfolgreichste Weg zum Reichtum ist, dann will ich Ihnen das nicht per se beantworten. Zu viele unbekannte Größen gibt es bei diesem Anspruch. Wenn Sie mich jedoch fragen, wie Sie über eine Zeitstrecke von 25 bis 30 Jahren vermögend werden können, dann liefere ich die Antworten:

- Sparen Sie einen Betrag, den Sie entbehren können. Das Leben soll auch im Sparmodus Spaß machen!
- Bleiben Sie konsequent.
- Der einmal vereinbarte Sparbetrag ist unantastbar, steht nicht zur Disposition, wenn es um die Verführungen im Alltag geht.
- Lassen Sie Zeit und Geld für sich arbeiten.
- Denken Sie langfristig, träumen Sie nicht, schaffen Sie Fakten.

Das ist die Essenz der finanziellen Unabhängigkeit, die ich Ihnen als alter Hase im Geschäft gerne mitgeben möchte. Übrigens ist die persönliche Kommunikation für mich wichtiger als der digitale Kontakt. Ich will meine Kunden kennenlernen, schätzen lernen. Ich will ihnen in die Augen sehen, wenn sie mich fragen: Wie kann ich im Alter von sozialen Zuwendungen frei und unabhängig leben?

***

Haben Sie sich auf ein bestimmtes Beratungsgebiet spezialisiert?
Ich habe mich spezialisiert auf die Beratung zu offenen, von der BaFin zum Vertrieb
zugelassenen und kontrollierten Investmentfonds, speziell auf die Beratung zu Aktieninvestmentfonds. Der Erwerb von Anteilen ist der breiten Masse der Menschen
in Deutschland möglich, ohne Vermögen zu besitzen. Jeder hat die Möglichkeit, mit
einem Sparplan entsprechend seinem Budget zu beginnen und langfristig ein Vermögen aufzubauen.

Was macht Ihnen an Ihrem Beruf am meisten Spaß?
Am meisten Spaß macht mir, mit vielen unterschiedlichen Menschen in Kontakt zu
sein und sich zu unterschiedlichen Themen auszutauschen. Durch viele geschäftli-
che Verbindungen ist es erforderlich, dass ich mich ständig neuen Herausforderungen stelle.

Wenn Sie eine Sache auf der Welt verändern dürften: Welche wäre das?
Wenn ich eine Sache auf der Welt verändern dürfte, wäre es die Beendigung von
Gewalt in jeglicher Form. Die Geschichte hat erwiesen, dass Gewalt früher oder
später Gegengewalt hervorruft. Offensichtlich gibt es dieses Phänomen schon so
lange, wie die Menschheit existiert.

Wenn Sie sich ein Land aussuchen könnten: In welchem würden Sie gern leben?
Ich möchte in keinem anderen Land leben, da hier meine Wurzeln sind und ich hier
aufgewachsen bin. Es war mir möglich, meine eigene Existenz zu schaffen, worauf
ich stolz bin. Mir fällt nichts ein, was einen Sinn ergeben würde, um über ein anderes Land nachzudenken.

Wie lautet das wichtigste Gebot auf dem Weg in die finanzielle Freiheit?
Das wichtigste Gebot auf dem Weg in die finanzielle Freiheit ist, mit Fleiß und Ausdauer eine Idee zum Nutzen anderer in die Praxis umzusetzen. Wer es schafft, dass
diese Idee ihn nicht mehr loslässt, hat zumindest gute Chancen.

Frank Knäbe, Wittenberge

Foto: Ronald Mundzeck

Dipl.-Päd. Frank Knäbe, Finanzanlagenvermittler/-berater
Versicherungsmakler

CONTACT-Maklerservice
Bahnstraße 85
19322 Wittenberge

Telefon   03877 4 05 17 0
Fax   03877 4 05 17 3
Mobil   0172 32 63 68 0
E-Mail   info@contact-makler.de
Internet www.contact-makler.de

„Vertrauen ist der Anfang einer jeden guten Beziehung."

Nach Abschluss meines Pädagogikstudiums wollte ich aufbrechen, um Kinder das Leben zu lehren. Ihnen zu vermitteln, worauf es wirklich ankommt, nämlich auf Glück, Erfolg, Zufriedenheit. Finanzielle Sicherheit ist ein Aspekt, ein wichtiger Aspekt, um diesen Dreiklang zu erreichen. Nur: 1992 brauchte man keine Lehrer und für ein Engagement jenseits der Rahmenpläne war man nicht aufgeschlossen.

So bildete ich mich weiter im Bereich des Geldes (Investmentfonds, Versicherungen), legte meinen Schwerpunkt auf Investmentfondsversicherungen. Ich gründete mein Unternehmen und leite es bis heute mit der Leidenschaft, das Vermögen meiner Kunden aufzubauen. Jenseits von Strukturvertriebsgebaren gilt für mich der Grundsatz, ausschließlich im Interesse meiner Kunden tätig zu sein. Das ist mein Versprechen an Sie: Ihr Geld zu einem Vermögen wachsen zu lassen und Ihnen den nötigen Versicherungsschutz zu geben. Dafür arbeite ich.

Ehrlichkeit, Vertrauen und menschliches Verständnis für die kleinen und großen Kurven im Leben sind die Basis, auf der wir ins Gespräch kommen. Um das zu garantieren, bin ich (fast) rund um die Uhr erreichbar, denn Service endet in meinem Unternehmen nicht nach Regelzeit. Gefragt nach einem leitenden Wert in meinem Unternehmen nenne ich neben Vertrauen die Transparenz. Volle Offenlegung der Angebote, das Checken von Vergleichsergebnissen, das Interpretieren der Produkte auf wirtschaftlicher, politischer und gesellschaftlicher Ebene sind für mich selbstverständlich. Denn Produkte, die ich empfehle, prüfe ich bis ins kleinste Detail. Reden wir darüber – persönlich und auf allen Kommunikationskanälen.

***

Was sind Ihre Kriterien und Hilfsmittel bei der Auswahl von Finanzprodukten?
Ich nutze alle Kriterien, die mir zu Verfügung stehen und die meine Beratung transparent machen: Das sind Ratings weltweit und Vergleichssoftware für Finanzberater. Den harten Fakten, die ich daraus generiere, füge ich meine Erfahrung hinzu. Nach nunmehr 27 Jahren erkenne ich Chancen. Wichtig bleibt es, absolut frei zu sein in der Wahl, nur so kann ein ganzheitliches Bild der besten Produkte für meine Kunden entstehen.

Wenn Ihr Leben verfilmt würde, welcher Schauspieler sollte dann die Hauptrolle spielen?
Ein schöner Gedanke. Auf jeden Fall handelte der Film von Geld, Absicherung, Investment, von Vermögen. Er würde die Träume vieler Menschen spiegeln, abgesichert, finanziell unabhängig zu sein. Geld weckt Ehrgeiz, das ist gut so, solange aus dem Ehrgeiz keine Gier wird. Mir fällt nur einer ein: Jan Josef Liefers.

Kommen wir zurück zum Alltag. Was macht Ihnen Spaß an Ihrem Beruf als Finanz-berater und Versicherungsmakler?
Die Begegnung mit Menschen. Das Erkennen ihrer Wünsche. Das Finden von Lö-sungen. Es ist der Beitrag, den ich durch meine Kenntnis und Erfahrung dazu leiste, dass meine Kunden sich eine finanziell abgesicherte, unabhängige Zukunft erarbei-ten. Dieses Gefühl erfüllt mich, dann weiß ich: Was ich tue, hat eine Bedeutung. Ich kann mich messen lassen an Zahlen, am Erfolg meiner Investmentpläne sowie an der Qualität der von mir empfohlenen Versicherungen – speziell im Schadensfall!

Wie lautet Ihre persönliche Finanzweisheit?
Es mag ein Aphorismus sein und oft genutzt, aber aus meiner Sicht trägt er einen Kern Wahrheit in sich: Mit Geld kann man seine Lage verbessern, aber nicht seinen Charakter. Vielleicht blitzt an dieser Stelle der Pädagoge in mir durch, wenn ich sage: Wer wirklich glücklich werden will im Leben sollte sein Potenzial entfalten. Natür-lich geht das einen Tick leichter mit einem wachsenden Vermögen im Depot und dem guten Gefühl, bestens abgesichert zu sein.

Wofür ist es nie zu spät?
Für einen Anfang. Das Leben besteht aus Anfängen. Sich Ziele zu setzen, auch mal einen Umweg zu gehen, sich Fehler einzugestehen und Dinge zu ändern, die nicht funktionieren. Aber ich vermute, Ihre Frage zielt auf die Vermögensplanung und die Sicherung der Existenz. Auch hier ist es möglich, jetzt die Entscheidung zu treffen, mit einer klugen Strategie zu starten. Übrigens muss dazu kein Geld auf dem Spar-buch liegen. Im Gegenteil. Eines meiner Motti als Finanzberater und Versicherungs-makler lautet: Wer reich werden will, sollte mit wenig Geld beginnen. Warum? Dann bleibt das kleine Stückchen Demut erhalten, das eine gesunde Einstellung zum Geld garantiert.

Gerrit Muntschick, Döbeln

Foto: privat

Dipl.-Betriebswirt (BA) und Bankkaufmann (IHK)

Fonds & Wohn Zentrum GmbH
Straße des Friedens 23
04720 Döbeln

Telefon   0 3431 7 04 99 15
Telefax   0 3431 7 04 99 11
E-Mail   g.muntschick@fonds-wohnzentrum.de
Internet   www.fonds-wohnzentrum.de

„Das Beratungsgeschäft ist ein Sympathiegeschäft."

Nach erfolgreicher Karriere gründeten mein Bruder Jörg und ich im Jahr 2001 unser erstes eigenes Unternehmen. Seither begleiten wir unsere Mandanten aus eigener Überzeugung. Bei uns steht die langfristige Zusammenarbeit im Mittelpunkt. Die Basis bildet das gegenseitige Vertrauen. So steht die Beratung vor dem Verkauf, die Überlegung vor dem Entschluss. Ein gutes Geschäft braucht Zeit, um zu reifen. Erst dann wird es sich in ein persönliches Lebensprofil einfügen.

Nach unserem Verständnis sollte zwischen Berater und Mandant eine Sympathie spürbar sein, ein Vertrauen unbedingt entstehen; beides sind die Grundlagen einer traditionellen Kaufmannsregel, die wir pflegen. Stelle dich nie über eine andere Person, behandle alle Personen gleich bzw. so wie du selbst wahrgenommen werden möchtest. Sei immer ehrlich, auch wenn es dem Gegenüber in seiner persönlichen Situation weh tut. Dass wir den Fortschritt für die Kommunikation und die Transparenz nutzen, ist fast selbstredend, und doch rennen wir nicht jedem Trend hinterher. Geld, Ihr Geld, ist uns zu wichtig, um es dem schnellen Gewinn auszuliefern. Auf den Punkt gebracht legen wir Wert auf berechenbare Langsamkeit, auf ein hohes Maß an Glaubwürdigkeit – ohne altbacken zu wirken. Nur so können wir unserem Leitbild „VorSorgen Sie sich nicht?!" treu bleiben.

Wir glauben, dass besonders im Bereich der Vermögensbildung Demut angebracht ist. Dieses kleine, fast vergessene Wort beachten wir in unserem Handeln. Gefragt nach unserer Vision werden wir bescheiden, möchten aber einen Wunsch formulieren: Zahlreiche Menschen befänden sich in einer besseren Lage, hätten sie in der Schule das Fach „Finanzielle Bildung" genossen. Es sollte in jedem Stundenplan von der Einschulung bis zum Abitur unterrichtet werden. Wir betätigen uns übrigens als Dozenten im Wirtschaftsunterricht, um einen kleinen Beitrag zu leisten.

∗∗∗

Welchen Service bieten Sie Ihren Kunden an?
Wir sind in der Region stark, seit 2001 mit unseren Firmen hier verankert. So haben wir es uns zur Aufgabe gemacht, die Menschen in dieser Region kompetent, seriös und freundlich in Finanz- und Versicherungsfragen zu beraten.

Zuerst natürlich die Aufgabe an sich. Es ist fruchtbringend und herausfordernd zugleich, Kunden in ihren Lebensträumen zu beraten, die für sie besten Finanz-und Versicherungsstrategien zu entwickeln, die Produkte zu vermitteln. Dafür brennen unsere Mitarbeiter und wir als Geschäftsführer tatsächlich. Es gibt noch einen anderen Aspekt, über den ich mich täglich freue: Ich kann meinen

Tagesablauf selbst bestimmen, kann meine Prioritäten eigenverantwortlich setzen. Das empfinde ich als Luxus! Mehr noch: Ich darf mir aussuchen, mit wem ich zusammenarbeiten und meine Zeit verbringen will. Zugängliche und unkomplizierte Menschen sind uns willkommen. Dann, so meine Erfahrung, entstehen gegenseitige Wertschätzung und letztendlich Erfolg.

Was genau motiviert Sie, Ihr Wissen und Ihre Erfahrung mit anderen Menschen zu teilen?
Mein Bruder Jörg und ich dürfen sagen, dass wir privilegiert aufgewachsen sind. Meine Eltern legten Wert auf eine gute, umfassende Bildung. Wir haben eine Ausbildung absolviert, ein Studium abgeschlossen, üben heute einen Beruf aus, zu dem wir uns berufen fühlen. Wir geben unser Wissen und unsere Erfahrung gerne weiter, um die persönliche Lebenssituation unserer Kunden zu optimieren. Das erfüllt uns mit Freude und Dankbarkeit.

Welche Werte sind Ihnen so wichtig, dass Sie sie Ihren Kindern mitgeben würden?
Das nichts im Leben selbstverständlich ist, nicht die Gesundheit, nicht das Dach über dem Kopf, nicht die intakte Familie, nicht die Urlaubsreise in den Ferien und auch nicht diverse Annehmlichkeiten, an die man sich schon gewöhnt hat oder eben als selbstverständlich betrachtet.

Was ist Ihr persönliches Konzept von Glück?
Den eigenen Weg zu gehen, auch wenn er an manchen Stellen steinig ist. Das gilt auch oder gerade in finanziellen Angelegenheiten. Geld macht Menschen unabhängig, frei, zufrieden, dafür lohnt sich die Anstrengung zu sparen, zu investieren, über eine weite Strecke auf übermäßigen Konsum zu verzichten. Wer würde nicht glücklich sein, wenn er eine Million selbst erwirtschaftet hat?
Können Sie sich für Ihre Kunden als Vorbild bezeichnen?
Wir hoffen: ja. Wir sparen, investieren, und zwar in gute, divergente Fonds, in Immobilien, in Firmenbeteiligungen. Das können wir jederzeit offenlegen, Transparenz und Erfolgsnachweise sind zwei gewichtige Parameter in der Finanzberatung.

Torsten Vitense, Neubrandenburg

Foto: Ronald Mundzeck

Torsten Vitense, Baufinanzierungs-/Versicherungsfachmann IHK

Vitense Finanzierungs – Versicherungs GmbH
Woldegker Straße 36a
17036 Neubrandenburg

Telefon   0395 35 11 65 2
Fax   0395 35 11 65 1
Mobil   0171 77 129 53
E-Mail   info@vitense-finanz.de
Internet www.vitense-finanz.de

„Jeder Rentner sollte von der Rendite eines eigenen Miethauses leben."

Meine Karriere als Finanzberater begann mit einem Gespräch 1991, einem Gespräch über Geld und Vermögensbildung. Ich erinnere mich sehr gut daran, dass mein Cousin mir vorschlug, ein Verkaufstraining bei einer großen Versicherungsgesellschaft zu machen. Anfangs zögerte ich, war ich doch ein Matrose der Binnenschifffahrt, aber nach und nach erhielt die Idee einen besonderen Charme, nämlich meinem bisherigen Berufsleben etwas hinzuzufügen, das mein Cousin als Talent bezeichnete: Menschen mitzunehmen, zu überzeugen, sehr schnell ihre Lebensumstände zu erkennen und eine Strategie zu entwickeln, diese Lebensumstände zu verbessern. Nun, diesem ersten Verkaufstraining folgten zahlreiche weitere, es schloss sich die Ausbildung an. 1993 entschied ich mich, meinen alten Beruf an den Nagel zu hängen und meiner Leidenschaft zu folgen. Ich gründete als Experte für Versicherung und Finanzierung mein Unternehmen. Rückblickend war der Weg bis zum Start getragen von Mut und Entschlusskraft, und genau diese Merkmale möchte ich bei meinen Kunden erleben. Vermögen entsteht selten über Nacht. Oftmals erfordert es die Beharrlichkeit, auch in schwierigen Zeiten den eigenen Plan vom Geld nicht in Frage zu stellen. Ich begleite meine Kunden, bin Ansprechpartner, Mutmacher, ich unterstütze sie weit über Standards hinaus. Diese Maxime verfolge ich seit mehr als 25 Jahren, sie ist Leitlinie auch meiner Mitarbeiter.

Unternehmer zu sein bedeutet für mich, unabhängig zu agieren, zu wachsen und stets die Moderne im Blick zu halten. Denn auch wenn die Vermögensbildung auf Traditionen fußt, so ist diese Branche längst schnell getaktet. Ohne Digitalisierung ist keine Finanzierung möglich, lässt sich Vermögen nicht mehren. Wir arbeiten in meinem Unternehmen mit bester Technologie, nutzen die Vorteile digitaler Programme, wir optimieren die Prozesse – und sind doch persönlich jederzeit erreichbar für unsere Kunden. Verschwiegenheit, Verschlüsselung aller Informationen, Datenschutz sind hochgerüstet. Und dabei schimmert meine Vision als Finanzberater nicht in weiter Ferne. Im Gegenteil. Sie ist erreichbar und umsetzbar: Ich will, dass jeder meiner Kunden im Rentenalter ein Mietobjekt sein Eigen nennt, um von dieser Rendite zu leben.

***

Was sind Ihre Kriterien und Hilfsmittel bei der Auswahl von Finanzprodukten: Ratings, Vergleichssoftware, Erfahrung, Vorgaben – und wie frei sind Sie bei dieser Auswahl?
Ich arbeite mit einer Vergleichssoftware für Banken. Damit betrachte ich das große Ganze am Markt, nehme stets die Bank auf Platz eins meiner Analyse. So erhalte ich frühzeitig sehr viele Informationen für meine Kunden. Dies mixe ich mit meiner langjährigen Erfahrung, um die richtigen Entscheidungen zu treffen.

Welchen Service bieten Sie Ihren Kunden?
Die Banken verlangen sehr viele Unterlagen vor der Finanzierung. Gerade im Immobilienbereich kümmere ich mich um notarielle und katasteramtliche Unterlagen, damit der Bearbeitungsprozess beschleunigt wird. Service ist eines der Versprechen, das ich meinen Kunden gebe, ich begleite sie durch den gesamten Prozess.

Wenn Sie eine berühmte Persönlichkeit – egal ob lebendig oder tot – treffen dürften: Wer wäre es und warum?
Robert Geißen, da er mit seiner ursprünglichen Idee erfolgreich geworden ist und zum richtigen Zeitpunkt sein Leben genießt. Er hat mal gesagt: „Millionär werden ist nicht schwer, Millionär bleiben dagegen sehr." Und da hat er wohl recht.

Wenn Sie eine Sache auf der Welt verändern dürften: Welche wäre das?
Ich würde gerne einige Präsidenten und Machthaber austauschen, damit die Welt in Frieden leben kann …

Was wird Ihr nächstes Projekt?
Aufgrund meiner parallelen Wohnmobilvermietung (www.tollense-caravaning.de) ist meine nächste Planung, ein Grundstück mit Haus in Spanien zu erwerben, um auch im Winter die Wohnmobile vermieten zu können.

Was macht Ihnen an Ihrem Beruf am meisten Spaß?
In meinem Beruf als Finanzierer liebe ich es, meinen Kunden ihren Traum vom Haus zu verwirklichen. Das ist nicht immer einfach, aber herausfordernd! Wenn die Kreditzusage vorliegt, wenn der Kunde strahlt und voller Zuversicht in sein Projekt geht, dann freue ich mich und habe das Gefühl, erfolgreich meinen Part geleistet zu haben.

Wie lautet das wichtigste Gebot auf dem Weg in die finanzielle Freiheit?
Die ersten drei Jahre sind die schwersten, die heißt es durchzuhalten. Danach hat man es meist geschafft, der Plan vom Vermögensaufbau wurde zur Gewohnheit, fügt sich in den Alltag ein.

Was würden Sie tun, wenn Sie unendlich viel Geld hätten?
Einen Luxusliner erwerben und damit jedes Land der Erde besuchen – und da, wo finanzielle Hilfe nötig ist, würde ich sie geben.

Wenn Sie drei Wünsche frei hätten: Welche wären es?
Ein ewiges und unbeschwertes Leben für alle. Dass die Erde uns ebenso lange erhalten bleibt und wir diesen schönen Planeten genießen können. Und mein dritter Wunsch ist, dass die zwei ersten in Erfüllung gehen.

Matthias Decke, Hamburg

Foto: Ronald Mundzeck

Matthias Decke, zertifizierter Berater Betriebliche Vorsorge (IHK), Kommunikator (NLP)

TUTUS FinanzService GmbH
Wentorfer Str. 11
21029 Hamburg

Telefon   040 72 40 93 3
Mobil   0171 51 02 21 2
Email   m.decke@tutus-finanzservice.de
Internet   www.tutus-finanzservice.de

„Erfolge beflügeln mich."

Wenn ich meinen Beruf zeichnen würde, dann wären auf dem Bild zwei Menschen zu sehen. Sie ständen Schulter an Schulter in einer blühenden Landschaft und würden mit einem Lächeln in die gleiche Richtung blicken. Gemeinsame Bedürfnisse zu erkennen, gemeinsame Lösungen zu entwickeln und eine gemeinsame Vision zu sehen, die der Umsetzung wert ist, sind für mich Antreiber zum Erfolg. Seit 1987 bin ich als Finanzexperte tätig und verstehe diesen Beruf als das Verkaufen im besten Sinne des Wortes: Wissen zu vermitteln und gute Gefühle zu erzeugen.

Aus diesem Leitbild ergeben sich die Werte, nach denen ich täglich handele. Es sind Fairness, Vertrauen, Loyalität. Ich habe den Anspruch, meinen Kunden kennenzulernen, einzuschätzen, charakterliche Unterschiedlichkeiten zu entdecken und doch zu einem gemeinsamen Ziel zu gelangen.

Auch finde ich: Wir gehen in Deutschland aus meiner Sicht nicht offen genug mit dem Thema Geld um, das ist schade, denn Geld zählt zu dem, was im Leben wirklich wichtig ist. Das versuche ich zu vermitteln. Dass mir meine Kunden in diesem sensiblen Bereich zum Teil seit 30 Jahren vertrauen, dass ich mittlerweile ihre Kinder und Kindeskinder berate, das zeigt mir: In Geldangelegenheiten ist und bleibt der persönliche Kontakt eine Frage von Vertrauen. Deshalb bin ich kein Freund von Online-Analysen. Für mich zählen das persönliche Gespräch im traditionellen Sinne, also der Augenkontakt und die Empathie, die damit einhergeht. Die Digitalisierung kann lediglich Werkzeuge liefern, um persönlich erarbeitete Strategien zu verfeinern und umzusetzen. Klingt traditionell? Ist es auch. Wenn Sie mich nach meiner Vision fragen, dann klingt diese wenig zeitgemäß, aber dafür umso verbindlicher: Ich wünsche mir, dass der Handschlag im Verkauf wieder zählt, dass das gesprochene Wort wieder mehr wiegt als ein getippter E-Mail-Text. Sie merken es: Aus mir spricht der Hamburger der alten Schule. Aber in Geldangelegenheiten hat sich diese verlässliche Art des Umgangs bestens bewährt.

***

Was ist Ihr spezielles Beratungsangebot?
Bei mir steht die betriebliche Vorsorge im Mittelpunkt. Das umfasst die Beratung und Einrichtung moderner Versorgungssysteme für Inhaber und Mitarbeiter. Auch biete ich eine Rechtsberatung gemeinsam mit zugelassenen Rentenberatern im Team an.

Was sind Ihre Kriterien und Hilfsmittel bei der Auswahl von Finanzprodukten: Ratings, Vergleichssoftware, Erfahrung, Vorgaben – und wie frei sind Sie bei dieser Auswahl?
Ich nutze Ratings, Vergleichssoftware, ebenso verlasse ich mich auf meine langjährige Erfahrung. Aus diesen Aspekten entwickle ich die Strategie, die zu meinem Kunden passt, nachdem das gemeinsame Ziel entwickelt wurde. Das kann bis zur einer „Rundum-sorglos"-Lösung gehen, die eine komplette Dokumentenverwaltung umfasst sowie die Begleitung bei einer unternehmerischen Neuausrichtung, bei der Gewinnung von Fachkräften oder bei der Mitarbeitermotivation.

Wenn Sie eine Sache auf der Welt verändern dürften: Welche wäre das?
Dass jeder Mensch für sich selbst und sein persönliches Umfeld Verantwortung übernimmt. Ich würde mir wünschen, dass jeder Mensch nachhaltig wirkt, dass er Verpackungen meidet, Nahrungsmittel nicht verschwendet, den Energieverbrauch drosselt. Ich würde mir wünschen, dass sich jeder Urlauber oder Zuwanderer in welchem Land auch immer den Gepflogenheiten seines Umfelds anpasst und diese zu hundert Prozent akzeptiert.

Welche Ziele sollte jede Person haben?
Eines meiner Motti lautet: „Wer will, findet Wege – wer nicht will, findet Gründe". Ich glaube nicht, dass man diese Frage wirklich mit einer Aufzählung verschiedener Ziele beantworten kann. Wichtig ist doch, dass jeder Mensch überhaupt Ziele hat. Wie diese auch immer aussehen mögen. Kein Ziel vor Augen zu haben, macht äußerst unglücklich und unzufrieden. Es gibt leider viele Menschen, die vollkommen zielfrei ihr Leben gestalten und die sich anschließend beschweren, dass andere Menschen ihnen nicht geholfen haben. Sie klagen dann über die Ungerechtigkeit, die ihnen widerfahren ist. Dafür habe ich kein Verständnis. Jeder hat sein Leben doch schließlich selber in der Hand.

Wofür ist es nie zu spät?
Das zu tun, was man liebt, die Aufgaben zu erfüllen, für die man brennt. Die Mehrheit der Menschen ist mit dem ausgeübten Beruf nicht glücklich. Ich merke dies sehr oft, wenn es um das Thema Wochenende geht. Sicherlich ist es schön, ein, zwei Tage in der Woche auszuspannen. Aber am Samstagabend schon „Bauchweh" zu bekommen, weil einen ja nur noch der Sonntag von der nächsten Arbeitswoche trennt, das finde ich falsch. Es ist nie zu spät, sich einen neuen Beruf zu wählen, einen Beruf, in dem man glücklich ist, der einen fordert, einem aus Überzeugung Spaß macht. Jeder sollte in sich den Mut zu Veränderungen wachhalten.

Christian Miene, Berlin

Foto: Ronald Mundzeck

Finanzfachwirt für Anlageberatung sowie Diplom-Theaterwissenschaftler

Christian Miene
Miene Invest
Dorfstraße 85 b
13597 Berlin

Telefon   030 35 10 32 00
E-Mail   cmiene@miene-invest.de
Internet www.miene-invest.de

„Geld muss kein Drama sein!"

Ich war einmal Dramaturg, denn die Theaterkünste haben mich begeistert. Und es hätte durchaus eine Karriere in der Nähe des Rampenlichtes werden können, wäre ich nicht durch eine Anlageberatung der Berliner Sparkasse finanziell geschädigt worden. Rückblickend war das der Beginn meiner zweiten Karriere als Finanzfachwirt, und ich kann heute sagen: Ich bereue nichts! Zwar sollte eine Vermögensplanung weitgehend frei sein von Spannungselementen, soll eher Ruhekissen als Aufregung sein und birgt einige Finessen, die ich meinen Kunden strategisch darlege. Ich begleite sie von der Entscheidung bis zum Vermögensaufbau, ich bin Berater, Gestalter, verstehe meine Aufgabe ebenso als Vermittler in Sachen finanzieller Bildung. In Deutschland gibt es keine Grundlagenvermittlung, Politiker ignorieren dieses für ein gelingendes Leben wichtige Fach in den Rahmenplänen für Schulen und Universitäten. Deshalb sehen Anlage- und Vermögensberater ihre Aufgabe auch darin, das Einmaleins des Geldes zu vermitteln, einen Lebensplan in die finanzielle Freiheit zu entwerfen. Sie leisten Aufklärungsarbeit, Aufbauarbeit, sie bilden dort ihre Kunden aus, wo die Politik versagt.

Seit 20 Jahren halte ich Fachvorträge zum Thema „Wie mache ich mehr aus meinem Geld?" in Schulen, Sanatorien und renommierten Hotels, um die Zusammenhänge der Finanzmärkte begreifbar, um den Unterschied zwischen Geld- und Sachwerten sichtbar zu machen. Und es erfüllt mich, wenn ich viele Menschen auf diesem Weg zur finanziellen Unabhängigkeit mitnehmen kann, wenn die Leser meines Anlegerbriefs und der Investment-Zeitung, die ich im halbjährlichen Rhythmus veröffentliche, kommentieren. Ich bleibe mit meinen Kunden im Gespräch, bin erreichbar für sie, auch an den Wochenenden. Geld ist zu wichtig, um Fragen zu verschieben, Geld ist ein Dauerthema und Innovationen am Markt bedürfen einer ständigen Interpretation. Dafür arbeite ich, dafür bin ich Experte. Als Finanzberater bin ich ein Freund des Anlegers. Ich verkaufe keine Produkte, sondern entwickle mit meinen Kunden eine Strategie für die nächsten Jahre und Jahrzehnte. Hohe Sicherheit in Kombination mit einer guten Rendite kennzeichnen die Arbeit meines Unternehmens. Denn am Ende geht es, wie in einem Theaterstück, immer darum, Schwankungen vorherzusehen, aufzufangen, Krisen zu umschiffen. Mehr noch: Es geht darum, klüger zu sein als der Markt und das Geld vor Pleiten von Banken zu retten. Das hat uns das Drama der Lehman Brothers gelehrt. Ich empfehle eine Balance aus börsennotierten und börsenneutralen Anlagen. Reden wir darüber!

***

Nach Ihrem Studium als Theaterwissenschaftler und Dramaturg haben Sie an einem renommierten Berliner Theater gearbeitet – und ein zweites Studium als Finanzfachwirt absolviert. Ist das nicht ein völlig anderer Beruf?
Nicht unbedingt. In beiden Berufen geht es um Analysen, Hintergründe und das Aufzeigen von Alternativen. In von mir regelmäßig veranstalteten Fachvorträgen in Schulen und ausgewählten Hotels verbinden sich beide Berufe ideal.

Wie beurteilen Sie das Anlageverhalten der Deutschen?
Wir sind Sparweltmeister – allerdings nur in der Summe! In der Rendite liegen wir weit hinter den anderen europäischen Sparern zurück.

Wie kommt das?
Lassen Sie mich das an einem Beispiel erklären.
   2010 hatten die Deutschen vier Billionen Euro, also 4.000 Milliarden, in sogenannte Geldwertanlagen investiert: Sparbücher, Girokonten, Festgelder, Bausparverträge und Kapitallebens- und Rentenversicherungen. Bis Ende 2019 sind noch einmal ca. 800 Milliarden in Geldwerten dazugekommen. Das ist beeindruckend. Es relativiert sich aber, wenn man bedenkt, dass man durch Inflation, Nullzinspolitik, Euroabwertung und Steuern für die 4.800 Milliarden Euro heute weniger bekommt als für die 4.000 Milliarden 2010. Zudem sind Geldwertanlagen zunehmend gefährdet.

Wie ist das zu verstehen?
Wenn ich Aktien oder ein Depot bei einer Bank habe, dann ist das mein Geld, das ich dort deponiert habe. Wenn ich mein Geld direkt der Bank gebe und auf ein paar Zinsen hoffe, dann ist das finanztechnisch ein Kredit, dann kann die Bank darüber verfügen. Das ist doch ein höheres Risiko. Spätestens seit der Finanzkrise und dem Bankrott von Lehman Brothers wissen wir, dass eine Bank oder Versicherung pleitegehen kann. In diesem Fall ist der Sparer der Gläubiger und verliert sein Geld.

Aber es gibt doch die 100.000-Euro-Grenze?
Diese Sicherungsgrenze ist mehr Psychologie. Es gibt verschiedene Grenzen. Die Sparkassen fangen sich gegenseitig auf. Das klingt auch gut. Es gibt die 100.000-Euro-Grenze, aber wenn es einige größere Banken erwischt, ist die 100.000-Euro-Grenze auch nichts mehr wert.

Wie ist dabei Ihr Beratungsansatz?
Wir unabhängigen Finanzberater sind keine Produktverkäufer. Wir entwickeln mit dem Kunden eine Strategie, um seine Geldanlagen noch sicherer und rentabler zu

machen. Neben dem Vermögensaufbau für jüngere Menschen spielen die Vermögenssicherung und Vermögensnutzung für Ältere eine immer größere Rolle. Bei der erhöhten Lebenserwartung müssen die Anlagen über Jahre oder Jahrzehnte „halten".

Wie sieht das konkret aus?
Börsenunabhängige Anlagen wie Immobilien und Beteiligungen haben längere Laufzeiten, bieten dabei höhere Renditen. So kann der Sparer beispielsweise mit einem Wohnimmobilien-Fonds und jährlich 6 % garantierten Entnahmen seine Rente wesentlich aufbessern.

Die Frage zum Schluss: Haben Sie den ultimativen Anlagetipp?
Ja. Investieren Sie in Steuern. Die steigen immer.

Andreas Röhrich, Cottbus

Andreas Röhrich,
Masterconsultant in Finance

VMB Concept e.K.
Parzellenstraße 47
03050 Cottbus

Telefon   0355 38 19 55 8
Telefax   0355 38 32 84 1
E-Mail   info@vmb-concept.de
Internet   www.vmb-concept.de

„Der ganzheitliche Beratungsansatz der VMB Concept"

Ich war viele Jahre als selbständiger Vertreter für einen großen Strukturvertrieb tätig – und hielt am Ende den Druck nicht aus, unter dem Deckmantel der Beratung Produkte zu verkaufen. In mir wuchs damals der Wunsch, den Kunden wirklich in den Mittelpunkt zu stellen, unabhängig und frei zu beraten. Dann kam der Zufall zu Hilfe: Ich lernte zwei alteingesessene Versicherungsmakler kennen, sie unterstützten meinen Vertriebsausstieg. Mehr noch: Sie eröffneten mir Möglichkeiten, als Versicherungsmakler mit Mandanten zusammenzuarbeiten. Plötzlich stand der Mensch im Mittelpunkt und nicht das Produkt. Und diese Maxime pflege ich, sie ist die Essenz meiner Mission.

Offenheit und Transparenz stehen für uns an erster Stelle. Sollten Fehler geschehen, und die geschehen immer, wo Menschen ein gemeinsames Ziel verfolgen, dann kommunizieren wir den Fehler umgehend. Ohne Ausreden. Ohne Schuldzuweisung. Wir sprechen Klartext, erkennen Lösungen. Alles andere würde Vertrauen mindern. Erst der offene Dialog, ob im Team oder mit den Mandanten, schafft die Grundlage für den Erfolg. Dazu zählt für uns auch, die Ideen unserer Mandanten sehr genau zu prüfen. Wir raten von einem Geschäft ab, wenn wir Zweifel hegen oder wenn ein kurzfristiger Gewinn die langfristige finanzielle Entwicklung gefährdet. Als ein mittelständischer Unternehmer mir einmal sagte: „Herr Röhrich, Sie sind der einzige Finanzberater, den ich kenne, der auch mal von Vertragsabschlüssen abrät", da wusste ich, ich bin dort angekommen, wo ich immer sein wollte: im Bewusstsein meiner Mandanten als ehrbarer Geschäftsmann.

Dieses Image stelle ich vor jegliche digitale Herausforderung. Ich stelle zunehmend fest, dass durch die Beschleunigung der Zeit Werte wie Zuverlässigkeit und Verbindlichkeit verwässern. So ist es mein Anliegen, die Moderne zu nutzen und gleichsam die Tradition zu erhalten. Zu Verbindlichkeit übrigens zählt für uns auch eine transparente Preisgestaltung. Der Mandant weiß, welche Tätigkeit welchen Preis nach sich zieht. Darüber treffen wir eine Vereinbarung. Dann folgt das individuelle Konzept in den Bereichen Life, Business und Risk.

***

Wie lange arbeiten Sie bereits in der Finanzbranche?
Seit drei Jahrzehnten, man könnte sagen, es gibt nichts, das mir unbekannt ist in meinem Beruf.

Was war früher Ihr liebstes Schulfach?
Geschichte, heute weiß ich auch, warum. Vieles in der Geschichte wiederholt sich, doch wir Menschen halten uns immer für schlauer und missachten die Geschichte.

Eine Kölner Schülerin twitterte: „Ich bin fast 18 und habe keine Ahnung von Steuern, Miete oder Versicherungen. Aber ich kann eine Gedichtanalyse schreiben. In vier Sprachen." Sollte an Schulen das Unterrichtsfach Geldlehre eingeführt werden?
Ja, unbedingt. Aber das ist nicht gewollt, glaube ich, denn unser Gesellschaftssystem braucht die große „dumme Konsummasse", die man dann, wenn das Kind in den Brunnen gefallen ist, alimentieren kann – was man dann als politische Wohltat verkauft.

Otto von Bismarck schrieb: „Die erste Generation schafft Vermögen, die zweite verwaltet Vermögen, die dritte studiert Kunstgeschichte, und die vierte verkommt." Sollte man die Erbschaftssteuer auf 70, 80 Prozent erhöhen?
Bismarck hat recht damit. Aber das löst man nicht mit der Erbschaftssteuer, denn auch unseren derzeitigen Politikern fehlt es an finanzieller Bildung. Somit geht das Vermögen auch den Bach runter. Wichtig ist eine finanzielle Bildung, und da müssen die Eltern Verantwortung übernehmen und sollten nicht hoffen, dass dies andere an ihrer Stelle erledigen.

Der amerikanische Schauspieler Will Smith sagte: „Geld verändert die Menschen nicht. Aber Geld potenziert, wer du bist und was du bist. Bist du gut, macht Geld dich besser. Bist du ein großes Arschloch, macht Geld dich zu einem Riesenarschloch." Zeigt sich die Größe eines Menschen darin, wie er kleine Leute behandelt?
Stimme ich voll zu, Geld verdirbt nicht den Charakter, sondern zeigt den wahren Charakter.

Würden Sie auch ein Produkt an Ihre Kunden verkaufen, obwohl Sie nicht zu hundert Prozent davon überzeugt sind, der Kunde es jedoch möchte?
Am Beginn meiner beruflichen Tätigkeit, nahm ich das ganz locker. Was der Kunde wollte, bekam er. Heute sage ich ganz klar „Nein", da der Kunde meine Beratung in Anspruch nimmt, um die bestmögliche Entscheidung für sich zu treffen.

Norbert Turzer, Leezen

Foto: privat

Norbert Turzer, geprüfter Finanzanlagenfachmann IHK

Norbert Turzer
Zittower Straße 6 a
19067 Leezen

Telefon   03866 47 03 99 0
Fax   03866 47 04 87 2
E-Mail   norbert.turzer@t-online.de

„Investieren statt sparen"

Wenn ich heute auf meine berufliche Laufbahn zurückblicke, dann sehen Sie mich bei folgendem Gedanken lächeln: Ich habe zahlreichen Kunden die Vorzüge eines professionell gemanagten Aktienfonds vermittelt – und sie sind vermögend geworden.

Zu investieren statt zu sparen, das ist meine Maxime. Ich habe sie in den Mittelpunkt meiner Beratung gestellt, weil ich erfahren habe, wie viele Menschen nicht ahnen, dass sie sich mit einem relativ kleinen Einsatz an der globalen Wirtschaft beteiligen können. Es sind nicht die großen Investments nötig, um Einfluss zu nehmen und um finanziell frei zu werden. Bis heute herrscht leider oftmals Unwissenheit über die Börse und die Kapitalmärkte. Ich sehe seit nunmehr 30 Jahren meine Aufgabe darin, hier Aufklärung zu leisten und eine professionelle Begleitung zu bieten. Neues mit Tradition zu verbinden, Entwicklungen zu beobachten, Trends nicht blind hinterherzulaufen und vor allem, sich die Skepsis eines gesunden Menschenverstandes zu bewahren, das sind die Empfehlungen, die ich meinen Kunden gebe, um weitsichtig und vorsichtig durch Börsenphasen zu gehen. Meine Leidenschaft als Finanzberater ist der Vertrieb von Aktienfonds und mein Ziel bleibt, meine Kunden mit Marktkenntnis und Empathie zu beraten. Dazu zählt auch das Aufzeichnen von Zukunftsszenarien, um die Altersvorsorge durch Anlage in Aktien zu sichern.

Ich wünsche mir, dass die Politik diese rentable Geldanlage mehr fördert, dass sie die Menschen ermutigt, den privaten Vermögensaufbau zu forcieren. Ich glaube, dann könnten wir alle entspannter in die Zukunft blicken und viele Ängste um Geld im Alter würden schwinden. Bis dahin aber sollten die Menschen ihre Geschicke selbst steuern, sollten dafür sorgen, frei und finanziell unabhängig zu werden. Makler wie ich und viele andere in meinem Netzwerk bieten hierzu ein Erstgespräch an und darüber hinaus eine individuelle Strategie zur Vermögensbildung. Geleitet von den Werten Vertrauen und Fairness gebe ich mein Know-how weiter und fordere ein, was selbstverständlich sein sollte: ein finanziell freies Leben für jedermann.

***

Haben Sie sich auf ein bestimmtes Beratungsgebiet spezialisiert?
Ja, ich bin Spezialist für die Geldanlage in Investmentfonds. Aus meiner Sicht sind Investmentfonds eine der besten Erfindungen im Bereich Geld- und Kapitalanlage. Meine Aufgabe sehe ich darin, aus den über 22.000 in Deutschland zugelassenen Fonds den für meine Kunden jeweils besten herauszufinden. Übrigens bin ich seit

fast 30 Jahren als Finanzberater tätig und ich darf heute sagen: Ich kenne den Finanzmarkt, ich bin in meinem Bereich bestens informiert und vernetzt.

Wie oft schauen Sie täglich auf Ihr Handy?
Sehr selten, ich bin hier eher eine Ausnahme. Kürzlich habe ich gelesen, dass jeder Deutsche im Durchschnitt über 180mal täglich auf sein Handy schaut, auch wenn es nicht klingelt. Stellen Sie sich vor, Sie würden jeden Tag über einhundertmal zum Briefkasten laufen, um zu schauen, ob der Postbote etwas hineingesteckt hat! Ohne dass mich jemand anruft, schaue ich vielleicht zehnmal am Tag darauf, davon fünfmal, um zu wissen, wie spät es gerade ist.

Was halten Sie von Bitcoins und anderen Kryptowährungen?
Das ist für mich überhaupt kein Thema, ich habe von Währungen, auch von synthetischen, keine Ahnung. Bis jetzt konnte mich noch niemand davon überzeugen, dass ein Investment in Kryptowährungen keine Spekulation ist. Bei mir gilt der Grundsatz: Ich spekuliere nicht, weder mit dem Geld meiner Kunden noch mit meinem eigenen.

Wie viel Bargeld tragen Sie gerade bei sich?
Lassen Sie mich mal nachschauen –200 Euro. Ohne Bargeld verlasse ich nicht das Haus. Ich bin ja schon etwas älter. Bei uns in der Familie gilt noch der Satz: „Nur Bares ist Wahres.“ Wahrscheinlich gehören wir in diesem Punkt zu einer aussterbenden Art.

Wofür geben Sie das meiste Geld aus?
Gute Schuhe, guten Wein und gutes Essen. Sie sehen, ich bin ein bescheidener Mensch.

Gibt es ein Leben nach dem Tod?
Ja, die Hoffnung und der Glaube an ein Leben nach dem Tod werden mich hoffentlich in meinen letzten Stunden begleiten. Falls ich vor Ihnen sterbe, kann ich Ihnen ja Bescheid geben …

Welches Ereignis in Ihrem Leben hat Sie am meisten geprägt?
Auch wenn ich mich nicht so recht daran erinnern kann: Es ist meine Geburt. Warum? Weil ich es immer wieder beeindruckend finde, dass ich auf dieser Welt sein darf. Schließlich stand die Wahrscheinlichkeit, geboren zu werden, eins zu 140 Millionen gegen mich. Das finde ich immer wieder beeindruckend!

Torsten Wroblowski, Hamburg

Foto: privat

Torsten Wroblowski, Finanzberater

Primus-Finanzmakler GmbH
Papenhuder Str. 30
22087 Hamburg

040 30 39 58 50
0177 24 22 12 1
info@primus-finanzmakler.de
www.primus-finanzmakler.de

„Hanseatischer Kaufmann seit 17 Jahren"

Eines vorweg: Bei mir gibt es keine Interessenkonflikte.

Als unabhängiger Berater für eine Vielzahl namhafter Banken, Versicherungen und Investmentgesellschaften ist mein Versprechen an die Kunden: Sie erhalten das für sie Beste aus einem breiten Portfolio. Denn der Kunde steht bei mir im Mittelpunkt meines Denkens und Handelns – nicht die Anbieter von Aktienfonds. Dabei gilt aber auch, ehrlich zu sein, dem Kunden zu vermitteln, dass es bei aller Entschlusskraft zum Investment und bei aller Sehnsucht nach guten Erträgen auch Schwankungen am Markt gibt. Die gilt es zu bedenken. Ich halte daher wenig von schnellen Entscheidungen, wenn es ums Geld geht. Mir ist das Planen wichtig, das Arbeiten an langfristigen Kundenbeziehungen und das Handeln auf einer berechenbaren Grundlage. Um es mit den Worten von Alfred Herrhausen zu sagen: „Wir müssen das, was wir denken, auch sagen. Wir müssen das, was wir sagen, auch tun. Wir müssen das, was wir tun, dann auch sein."

Als Hamburger Jung des hanseatischen Kaufmannstums werde ich oftmals nach der Tradition in meinem eigenen Unternehmen gefragt. Wenn damit Vertrauen, wertschätzende Kommunikation und Verbindlichkeit gemeint ist, dann kann ich sagen: Ja, Tradition zu pflegen, das ist ein Teil meiner Philosophie. Gerade in schwierigen Zeiten kommunizieren wir proaktiv mit unseren Kunden, denn die langjährige Erfahrung zeigt, dass zum Beispiel bei fallenden Börsenkursen die Kunden diese persönliche Zuwendung schätzen. In Geldangelegenheiten ist der digitale Austausch nicht immer angebracht, da geht es vielmehr um Emotionen, um Empathie, um ein Gespräch mit Blick in die Augen. Wir im Team verstehen uns als Experten. Jeder weist spezielle Kompetenzen in seinem Finanzbereich auf und in der Summe bieten wir eine ganzheitliche Begleitung. Das ist uns ein Anliegen, denn wir arbeiten für die erfolgreiche Zukunft unserer Kunden und nur dadurch können wir selbst nachhaltig wachsen.

***

Wenn Sie eine berühmte Persönlichkeit – egal ob lebendig oder tot – treffen dürften: Wer wäre es und warum?
Tom Selleck alias Magnum. Er lebt auf der Sonnenseite des Lebens und er ist immer da, wenn es darum geht, anderen Menschen zu helfen. Und er nimmt sich selbst dabei nicht allzu ernst – ein Genießer par excellence.

Wofür ist es nie zu spät?
Um anzufangen, egal mit was. Wer nicht anfängt, weiß nicht, ob es auch funktioniert. Viele Menschen fangen gar nicht erst an, weil sie glauben, dass das nichts wird. Nur: Wenn ich nicht anfange, werde ich es auch nicht erfahren. Im Beginn liegt die Hälfte des Ganzen, hat ein weiser Mann einmal gesagt.

Was war früher Ihr liebstes Schulfach?
Wie Sie sicherlich sehen, Sport war es nicht. Es war tatsächlich Politik und Wirtschaft. Auch heute bin ich noch sehr politisch und wirtschaftlich interessiert, das gehört für mich übrigens zum Beruf als Finanzberater.

Wie lautet das wichtigste Gebot auf dem Weg in die finanzielle Freiheit?
Gib weniger aus, als du einnimmst, und investiere nachhaltig und werterhaltend.

Auf einer Zufriedenheitsskala von eins bis zehn, wo stehen Sie im Leben gerade?
Ich würde sagen, zwischen acht und neun.
    Zehn werde ich hoffentlich nicht erreichen. Sie wissen ja: Wer alle seine Ziele erreicht hat, hat sie zu niedrig gewählt.

Wie stark korreliert Ihr Glücksempfinden mit dem DAX oder dem MSCI World?
Gar nicht. Als langfristig Denkender und Handelnder interessieren mich momentane Börsenkurse überhaupt nicht. Eine der ältesten Börsenstatistiken geht bis in das Jahr 1801 zurück. Diese Statistik zeigt, dass die Börsen an sieben von zehn Tagen steigen und nur an drei von zehn Tagen fallen, das genügt mir.

Was wäre Ihnen lieber: Dass man Sie ärmer oder reicher schätzt, als Sie sind?
Ärmer, hier greift für mich das hanseatische Understatement! Wohlhabend zu sein oder für wohlhabend gehalten zu werden ist in der heutigen Zeit eher ein Manko als ein Qualitätsmerkmal. Es ist schon verrückt, wie in Deutschland die Leistungsträger der Gesellschaft medial demontiert und als Schädlinge für die Gesellschaft auserkoren worden sind.

Sie haben nur eine Wahl: Wären Sie lieber sympathischer, intelligenter, schöner oder vermögender?
Intelligenter, weil dann das Vermögen noch einfacher erst zu meinen Kunden und dann zu mir kommt.

Mustafa Özer, Köln

Foto: privat

Mustafa Özer, Kauffmann für Versicherungen und Finanzen

IDA Finanz GmbH
Frankfurter Straße 705
51107 Köln

Telefon   0221 29 75 98 95
Fax   0221 29 75 98 96
E-Mail   m.oezer@idafinanz.de
Internet www.idafinanz.de

„Vom Bauarbeiter zum Vermögensberater"

Ich wuchs in einem kleinen Tal in der Türkei nahe des Berges Ida auf. Ich habe die Farben der Berghänge, den Sauerstoff in reinster Form und die Sonne der kaum enden wollenden Sommer noch in guter Erinnerung. Es waren unbeschwerte erste Jahre der Kindheit – bis meine Familie aufbrach, um in Deutschland als Gastarbeiter zu leben. Das erste Problem war die Anmeldung in einer Schule, das zweite war das Geld. Ersteres lösten meine Eltern nach drei Monaten intensiver Suche. Zweiteres löste ich, indem ich Jobs am Nachmittag annahm.

Geld gewann für mich an Bedeutung zu jener Zeit, ich erfuhr, dass es eine Art von Unabhängigkeit bot und zudem das Selbstverständnis, sich einige Wünsche leisten zu können. Nach einem kleinen Umweg über die Baubranche entschied ich mich, das zu tun, was ich wirklich liebe, das Arbeiten mit Geld. Ich startete meine Karriere in der Versicherungsbranche, bildete mich weiter, sammelte Diplome und Lizenzen, war Gebietsleiter einer Bausparkasse und wusste doch: Das war noch nicht die letzte Stufe der Karriere. Im Jahr 2000 gründete ich mit drei Freunden das eigene Unternehmen, die IDA Finanz GmbH. Unsere Philosophie ist es, unseren Landsleuten Zugang zum Finanzmarkt durch Beratung und Service zu bieten. Wir finden: Eine sprachliche Barriere darf kein Hindernis sein, vermögend zu werden!

Die Spezialität von IDA ist es, den Banken-, Finanz- und Versicherungsmarkt zu beobachten und für unsere Kunden das beste Angebot zu identifizieren. Wir setzen unsere gesamte Fachkenntnis, unser kulturelles Verständnis und unsere Empathie dafür ein, dass wir auf der einen Seite das Profil des Kunden erkennen und ihm auf der anderen Seite das passgenaue und vor allem günstigste Angebot unterbreiten. Umfassende Produkt- und Serviceangebote, das Recherchieren der am Markt niedrigsten Darlehenszinssätze, das Durchführen aller Transaktionen, das ist unser Versprechen und das ist unsere Stärke. Stolz sind wir darauf, dass die IDA Finanz GmbH heute mehr als 40 Mitglieder aus verschiedenen Bundesländern Deutschlands zählt. Wir sind mit unseren Büros in Köln, Aschaffenburg, Koblenz, Hagen, Stuttgart, Moers, Alzenau, Oberhausen, Bergheim, Offenbach, Duisburg und Hagen vor Ort. Wir arbeiten zudem mit Immobilienpartnern in verschiedenen Regionen der Türkei zusammen. Unser Motto lautet: „IDA – wir bringen Ihnen Luft zum Atmen."

***

Wenn Sie eine berühmte Persönlichkeit – egal ob lebendig oder tot – treffen dürften: Wer wäre es und warum?
Michael Jackson. Er war für mich ein Idol. Ich höre sehr gerne seine Musik und auch meine Kinder sind fasziniert von ihm.

Für welche drei Dinge in Ihrem Leben sind Sie am dankbarsten?
An erster Stelle steht die Gesundheit für mich, meine Frau, meine beiden Kinder und für meinen Enkel. Ich bin jedoch auch dankbar für meine verstorbenen Eltern, dass sie glücklich waren und dass sie auch stolz auf mich waren. Und ich bin dankbar für meine Kunden, die mir jeden Tag aufs Neue zeigen, wie bunt und wertvoll unser Leben ist. Auch wenn ich als Finanzberater oft derjenige bin, der um Rat gefragt wird, so lerne ich doch auch täglich aus den Geschichten und Erfahrungen meiner Kunden.

Was macht Ihnen an Ihrem Beruf am meisten Spaß?
Den Menschen zu helfen! Es ist immer wieder eine große Freude zu sehen, wie unsere Kunden Stück für Stück und jeden Tag ein wenig weiter auf ihrem Weg in ihre finanzielle Freiheit voranschreiten und dabei, so empfinde ich es zumindest, auch glücklicher werden.

Haben Sie eine spontane Finanzweisheit auf Lager?
Nun, vielleicht ist es nicht unbedingt eine Weisheit: Meinen Kunden empfehle ich immer, ihr Vermögen in drei unterschiedliche Bereiche aufzuteilen: erstens kurzfristiges Investieren, zweitens mittelfristiges, drittens langfristiges. Für jeden Bereich gibt es hervorragende Produkte, jedoch ist ein tolles Produkt für den kurzfristigen Bereich nicht automatisch auch ein hervorragendes Produkt für den langfristigen Bereich. Kurzum: Man sollte niemals alle Eier in einen Korb legen.

Würden Sie sich als finanziell frei bezeichnen?
Ja, ich glaube schon. Durch meine finanzielle Freiheit habe ich die Möglichkeit, sehr vielen Menschen zu helfen. Wenn die Wohlhabenden dieser Welt mehr teilen würden, dann würde es keine Armen mehr geben. Teilen ist für mich jedoch nicht nur materielle Unterstützung für Bedürftige, Teilen ist auch das Vermitteln von finanzieller Bildung.

Otto von Bismarck schrieb: „Die erste Generation schafft Vermögen, die zweite verwaltet Vermögen, die dritte studiert Kunstgeschichte, und die vierte verkommt." Sollte man die Erbschaftssteuer auf 70, 80 Prozent erhöhen?
Ein ganz klares Nein. Der Staat ist der schlechteste Vermögensverwalter, den ich kenne. Bei einer Erbschaftssteuer von dieser Höhe würde also schon der Staat selbst bei der zweiten Generation das Geld zweckentfremden. Und nicht zu vergessen, ein vererbtes Vermögen wurde ja bereits mehrfach versteuert! Irgendwann sollte damit auch einmal Schluss sein.

Beschreiben Sie sich mit drei Worten.
Glücklich, vertrauenswürdig, familiär.

Sören Gebauer, Bestensee

Foto: privat

Sören Gebauer, Bankbetriebswirt, unabhängiger Makler

Sören Gebauer
Dorfaue 10
15741 Bestensee

Telefon   03 37 63 22 40 66
Fax   03 37 63 22 40 67
Mobil   0160 967 066 07
E-Mail   soerengebauer@yahoo.de

„Ich mache für meine Mandanten den regionalen und den überregionalen Finanzierungsmarkt transparent."

Einst war ich in der Bankenwelt unterwegs, absolvierte meine Ausbildung dort, wo Finanzen den Mittelpunkt des Denkens und Handelns bedeuten.

Von 1990 bis 1993 absolvierte ich meine Ausbildung, und ich sollte bis 2006 als Bankenberater tätig sein. Dann allerdings wandelte sich die Philosophie der Banken: Mehr und mehr rutschte der Kunde mit seinen Bedürfnissen aus dem Fokus und stattdessen wurde die Aufmerksamkeit einzig auf die unternehmerische Gewinnmaximierung gerichtet. Was sich in der Finanzkrise kurze Zeit später andeutete, bemerkte ich bereits im Vorfeld! So sollte meine Karriere nicht verlaufen, dachte ich damals, und wagte mich in die Hotelbranche auf Rügen vor – und scheiterte. Grund war der Vertrauensschwund in Berater, Partner und auch das Ärgernis um den erlittenen Kapitalverlust. Nach diesem Ereignis stand für mich fest: Die Hotelbranche war nicht mein berufliches Spielfeld. Ich wollte meine Karriere als Finanzberater fortsetzen, mein Know-how jenseits der Bank verfeinern. Ich wollte unabhängig arbeiten.

Seit nunmehr 13 Jahren bin ich freier Berater und habe mich auf Finanzierungsvermittlung spezialisiert. Ich genieße es, auf meine Mandanten individuell eingehen zu können, jenseits von Vorgaben durch andere eine Lösung zu finden. Für mich ist das Agieren ohne Zwänge wichtig. Ich will für meine Mandanten die besten Produkte selektieren, und der Erfolg gibt mir recht: Als Finanzmakler geht es mir nicht darum, eine möglichst breite Produktpalette aus Versicherungen, Wertpapieren oder alternativen Investments zu verkaufen, sondern es geht darum, ein wirklich passgenaues Konzept zu entwickeln, um eine Finanzierung zu ermöglichen.

Mit meinem Unternehmen bewege ich mich zwischen Tradition und Moderne: Traditionell ist in meinen Augen das klassische Bankgeschäft. Also die Annahme und Verzinsung von Einlagen und deren Ausreichung in Form von Krediten, die wiederum verzinst werden. Diese volkswirtschaftlich wichtige Funktion des Bankensektors hat meine volle Akzeptanz. Und mit diesem Bereich – der Vermittlung von Krediten – beschäftige ich mich hauptsächlich. Modern ist nach meinem Verständnis die Form der Abwicklung dieser Kreditvermittlung. War es früher in der Regel die örtliche Volksbank und Sparkasse, die der Kunde bei einem Finanzierungswunsch aufsuchte, steht mir im Rahmen meiner Arbeit durch die Digitalisierung heute im privaten Finanzierungsbereich das gesamte Spektrum an Banken, Bausparkassen und Versicherungen über verschiedene Plattformen zur Verfügung. Und ich habe eine Vision: Die lautet, dass Makler im Finanzierungsbereich wirkliche Experten sind, von der soliden Ausbildung bis zur stetigen Weiterbildung. Denn Geschäftsbeziehungen in diesem Bereich sind von komplexer Art, sie erfordern

Recherche, Prüfungen, fachlich fundierte Einschätzungen und eine sehr sensible Kommunikation.

***

Was sind Ihre Kriterien und Hilfsmittel bei der Auswahl von Finanzprodukten: Ratings, Vergleichssoftware, Erfahrung, Vorgaben – und wie frei sind Sie bei dieser Auswahl?
Da ist zum einen meine Erfahrung, die bringe ich als Bankbetriebswirt mit ein und aus der Begleitung meiner Mandanten. Zudem nutze ich Vergleichssoftware, vergleiche Vorgaben. Bei der Auswahl meiner Instrumente bin ich völlig frei.

Wofür würden Sie mitten in der Nacht aufstehen?
Ich schätze, die Frage ist nicht beruflich gemeint, sondern generell? Für einen Menschen, der in Not geraten ist.

Joachim Krüger, Stuttgart

Joachim Krüger, Wirtschaftsberater WBA

Private Financial Planning
Joachim Krüger e.K.
Wirtschaftsberater (WBA)
Rosenbergstrasse 134
70193 Stuttgart

Telefon   0711 99 33 94 89
Fax   0711 99 33 94 83
E-Mail   mail@krueger-ek.de
Internet   www.krueger-ek.de

„Meine Vision? Die passende Anlageform für Sie zu finden."

Schon als junger Mann war Sparen mein Ziel. Ich brachte früh mein Geld zur Bank, allerdings fehlten mir damals Ausbildung, Wissen und die Erfahrung, um das Geld zu vermehren. So tat ich das Naheliegende und zahlte es auf mein Sparbuch ein. Aber schon damals beschlich mich das Gefühl, daran könnte etwas nicht richtig sein, es gäbe gewinnbringendere, spannendere und effektivere Anlageformen. Diese Idee ließ mich nicht mehr los. Ich verschlang Bücher zum Thema Vermögensbildung, wollte das Beste finden, was in Sachen Anlageformen möglich wäre – und war bald überzeugt: Aktien- und Investmentfonds sind die besten Anlageformen. Ich teilte meine Erkenntnisse mit Familie und Freunden, wurde bald zum gut frequentierten Berater in Geldthemen und merkte: Das ist mein Ding! Es macht mir Freude, es fordert mich heraus. Hier sah ich meine Zukunft und sehe sie bis heute. Damals begann ich die Ausbildung zum Wirtschaftsberater, gründete anschließend meine Firma Privat Financial Planning e.K. Es war die beste Entscheidung, die ich beruflich treffen konnte.

Das Leitbild meines Unternehmens lautet „Mit Durchsicht und Weitsicht!" und wird durch mein persönliches Motto „Geht nicht gibt's nicht" ergänzt. In Summe gebe ich damit das Versprechen an meine Kunden, die relevanten Daten zu besprechen und auf dieser Grundlage mittel- und langfristige Entscheidungen gemeinsam zu treffen. Für jede Situation gibt es die passende Lösung, wenn man sich im Dschungel der Tarife auskennt und diese mit den Wünschen der Kunden abgleicht. Deshalb steht das intensive, persönliche Gespräch am Anfang. Was folgt, ist das gegenseitige Vertrauen, denn Geld ist ein sensibles Gut. Der Umgang mit Geld und dessen Investment erfordert Spezialistenwissen. Weiterbildung, Round-Table-Gespräche mit Experten, der interdisziplinäre Austausch sind für mich essenzielle Schritte zu meinem Erfolg. Die Nutzung von Vergleichssoftware zur Übersicht über die Märkte ist für mich ein Muss und erleichtert das Erstellen von Chancen- und Risikoprofilen für meine Kunden. In den persönlichen Gesprächen geht es mir darum, einen gesunden Realismus zu wahren und sich von Traumvorstellungen zu verabschieden. Die konstruktiven Vorschläge, die ich nach den Gesprächen unterbreite, sind getragen von Ehrlichkeit und Transparenz. Um es auf den Punkt zu bringen: Meine Dienste sind eine Hilfestellung, um die für Sie beste Anlageform zu ermitteln und um Sie in Ihrem Investment langfristig zu unterstützen.

***

Wie lange arbeiten Sie bereits in der Finanzbranche?
Seit 1987 als Finanzberater und seit 1990 als selbständiger Wirtschaftsberater. Mein Gott, wie die Zeit vergeht, 30 Jahre im Geschäft. Es hat Spaß gemacht und wird es auch weiterhin!

Haben Sie sich auf ein bestimmtes Beratungsgebiet spezialisiert?
Ja, ich denke ohne Spezialisierung wird kaum ein Finanzberater am Markt richtig wahrgenommen. Ich habe mich auf die betriebliche Altersversorgung (BAV) und auf Depotstrategien spezialisiert.

Bekommen Sie Gehalt, Provisionen oder Honorar oder eine Kombination?
Das kommt darauf an: Je nach Auftrag bekomme ich Provision oder ein Honorar.

Wie lautet das wichtigste Gebot auf dem Weg in die finanzielle Freiheit?
Ich sage es mal umgangssprachlich: Lege nicht alle Eier in einen Korb. Oder: Setze nicht alles auf ein Pferd.

Haben Sie eine spontane Finanzweisheit auf Lager?
John D. Rockefeller sagte einmal: „Lieber eine Stunde über Geld nachdenken als eine Stunde für Geld arbeiten." Das finde ich sehr gut, da ist was Wahres dran. Wir sollten uns mehr Zeit für das Entwickeln von Geld-Strategien nehmen.

Welches Buch sollte jeder Ihrer Kunden gelesen haben und warum?
„Der reichste Mann von Babylon". Ein gutes Buch für Einsteiger zum Thema Geld sparen. Und: „Die Möwe Jonathan". Es erzählt von einer Möwe, die ihren Weg verfolgt, obwohl die anderen sagen, dass das nicht klappen wird. Sie lässt sich aber nicht davon abbringen, ihr Ziel zu erreichen.

Eine Kölner Schülerin twitterte: „Ich bin fast 18 und habe keine Ahnung von Steuern, Miete oder Versicherungen. Aber ich kann eine Gedichtanalyse schreiben. In vier Sprachen." Sollte an Schulen das Unterrichtsfach Geldlehre eingeführt werden?
Ganz klares Ja, da leider die Jugendlichen selten ein Grundwissen zu diesem Thema mitbringen und in der Flut der Informationen (Internet) leider selten zwischen fundiertem Fachwissen und Halbwahrheiten unterscheiden können. Außerdem erhalten sie selten eine unabhängige Antwort auf Fragen zum Thema Geld.

Würden Sie auch ein Produkt an Ihre Kunden verkaufen, obwohl Sie nicht zu hundert Prozent davon überzeugt sind, der Kunde es jedoch möchte?
Ich würde meinem Kunden im persönlichen Gespräch davon abraten und ihm alternative Vorschläge aufzeigen. Im Allgemeinen sehen die Kunden dann ebenfalls die Vorteile der Alternativen und die Nachteile des von ihnen vorgeschlagenen Produkts. Ist dies nicht der Fall und der Kunde beharrt auf seiner (für mich als Fachmann) nicht zielführenden Meinung bzw. auf dem eventuell unwirtschaftlichen Produkt, kann ich dem Kunden dieses Produkt nicht weitergeben. Dann steige ich aus. Wie gesagt: Ehrlichkeit, Vertrauen, Transparenz sind meine Werte.

Muss man stets und immer auf jede Frage sofort eine Antwort haben?
Nein, muss man nicht, sollte man auch nicht. Besonders im Finanzbereich ist es wichtig zu reflektieren, die perfekte Lösung anzustreben. Es ist die Stärke eines unabhängigen Maklers, um Zeit zu bitten, um ein wirklich tragfähiges Konzept zu erarbeiten. Geld ist zu wichtig, um spontan zu sein oder überstürzt zu handeln.

Gelingt es Ihnen noch, eine prächtige Villa zu betrachten, ohne sich zu fragen, was sie wohl kosten mag?
Nein. Das gelingt mir nicht. Seit ich mich mit Finanzierungen beschäftige, blinkt diese Frage in meinem Kopf auf. Das ist wohl eine Berufsbegleiterscheinung, die ich mit einem Lächeln belege.

Ihnen werden zwei Jobs angeboten. Der erste ist interessant. Der zweite ist langweilig, bringt aber 50 Prozent mehr Gehalt. Welchen wählen Sie?
Den ersten Job. Weil ich inzwischen weiß, dass Zufriedenheit mehr zählt als Geld. Weil für ein gelingendes Leben die Leidenschaft für die Aufgaben bedeutsam ist. Das wurde mir klar, als ich versuchte, in der Hotelbranche Fuß zu fassen, und dann merkte: Finanzierungen zu entwickeln, das ist mein Ding, da spielt mein wirkliches Interesse!

Welches Buch sollte man unbedingt gelesen haben?
„Eine Billion Dollar" von Andreas Eschbach. Stellen Sie sich vor, Sie schlagen sich mehr schlecht als recht als Pizzafahrer durch New York und dann eröffnet Ihnen ein Anwalt, dass Sie eine Billion Dollar erben (eine eins mit zwölf Nullen) und von einer Minute zur anderen zum reichsten Menschen der Welt aufsteigen …

+++ ENTSCHLUSSKRAFT, VERMÖGEND ZU WERDEN +++ DIE
DEUTSCHE WIRTSCHAFT BOOMT +++ FINGER WEG VOM
TRADING +++ DAX UND MSCI WORLD +++ ZEHN GRÜNDE
FÜR DEN BERATER +++ ACHTSAMKEIT ÜBEN

Um es gleich vorwegzunehmen: Vermögend zu werden ist keine Zauberei und selten ein Zufall. Es ist einfach ein Rechenexempel auf der Grundlage eines monatlichen Gehaltes. Was folgt, ist der Sparplan aus einem zehnprozentigen Investment in die Anlageempfehlung Ihres Finanzberaters. Das klingt nach Verzicht und nach einem starken Willen. Ich kann Ihnen beides bestätigen! Wer wirklich im Alter finanziell frei sein will, der hat keinen Spaziergang vor sich, sondern er wird so manche Klippe umklettern müssen. Um es ganz deutlich zu sagen: Ihre Entschlusskraft entscheidet, ob Sie diesen Weg bewältigen. Es ist nicht einfach, den Konsumverführungen zu widerstehen. Und es wird noch schwieriger sein, den Argumenten Ihres Bankers ein Zögern entgegenzusetzen, sollten Sie bereits über ein kleines Vermögen verfügen. Beide, Marketingexperten und Bankangestellte, trachten nämlich nach Ihrem Geld! Nicht Ihr Wohl liegt denen am Herzen, sondern ausschließlich der eigene Profit treibt sie voran. Das sollten Sie sich bewusst machen, wenn Sie Ihre nächste Investition planen. Überlegen Sie gut, wofür Sie Ihr Geld ausgeben. Erlauben Sie sich immer eine Bedenkzeit. Handeln Sie in Geldangelegenheiten niemals spontan oder unter Druck. Die Zeit nämlich ist in Geldsachen auf Ihrer Seite. Nutzen Sie sie. Es gibt keinen Grund zur Eile, auch wenn andere Ihnen das suggerieren. Geld braucht Zeit, viel Zeit, um sich zu vermehren. Leider erzeugt gerade dieser Aspekt der Langwierigkeit eine Abwehr im Denken der Menschen. Es scheint, als würde er nicht in die digitale, schnell getaktete Welt passen. Und doch gilt nach wie vor: Wer in jungen und besten Jahren konsequent investiert, der wird im Alter finanziell frei sein. Um es noch einmal klar zu sagen: Sie können mit einem Gehalt von 60.000 Euro brutto jährlich bis zum Millionär aufsteigen.

Wenn ich diese These erläutere, dann blicke ich in überraschte Gesichter. Viele Menschen denken, dass es kaum möglich sei, vermögend zu werden ohne Erbe oder Spielglück. Dabei ist das Gegenteil der Fall. Mit ein wenig Zuversicht und einer großen Portion Eigenverantwortung können Sie in Deutschland reich werden. Deshalb stimme ich nicht in das allgemeine Jammern ums Geld ein, das zurzeit die Medienblätter beherrscht, denn dieses Jammern spiegelt das falsche Bild, es verbreitet eine Hilflosigkeit, die ich nicht mag. Denn faktisch sieht die Lage durchaus positiv aus:

- Die deutsche Wirtschaft boomt. Sie wächst in Folge seit zehn Jahren.
- Die Arbeitslosigkeit befindet sich auf einem Tiefstand, die Bundesagentur für Arbeit bezifferte sie im August 2019 mit 5,1 Prozent.
- Rund 78 Prozent der Deutschen zählen zur sogenannten Mittelschicht, das berichtete der Armutsbericht der Bundesregierung, und diese Zahl scheint stabil zu sein.
- Die Löhne und Gehälter steigen. In Hessen liegt das Durchschnittsjahreseinkommen bei 51.345 Euro. (10)

Das würde in der Summe bedeuten, dass die Menschen mit einer Entlastung bei den Steuern und Abgaben rechnen dürften, wäre die Politik fair! Dann würde die Botschaft hinter diesen Fakten lauten: Zu investieren wird für (fast) jedermann möglich. Nur rate ich Ihnen ab, der Bank zu vertrauen oder gar Ihrem eigenen Instinkt. Zu häufig erlebe ich, dass Kunden durch unüberlegte oder kurzfristige Entscheidungen ihr Geld riskieren. Ein unabhängiger Berater kann Sie davor schützen. Er wird Sie von einer langfristigen, auf Sicherheit basierenden Strategie überzeugen. Betrachte ich die Erfolgsstorys meiner Kunden, dann sind genau jene finanziell unabhängig geworden, die sich entschieden haben, einen langfristigen Plan zu verfolgen. Nur sehr wenige haben ihr Ziel durch kurzfristiges Spekulieren erreicht. Überhaupt will ich Ihnen von einem Trading – also dem Ausnutzen kurzfristiger Kursschwankungen durch häufige Käufe und Verkäufe von Wertpapieren – abraten. Es mag verführerisch klingen, in wenigen Jahren durch Spekulation vermögend zu werden, es mag wie ein Kick sein, die Nervenspannung der Börse mitzuerleben. Sie sollten solche risikoreichen Einsätze dennoch den Profis überlassen. Man muss das Geschäft von der Pike auf gelernt haben, muss die kleinen feinen Fäden erkennen, die den Markt, die Branche, manchmal sogar die Welt umspannen. Es gehören Fachwissen, Achtsamkeit für kaum wahrnehmbare Politik- und Wirtschaftsverknüpfungen dazu und auch jene Intuition, die der Bauch bestimmt, bevor der Kopf entscheidet. Das verlangt eine umfassende Ausbildung und Erfahrung und auch ein Talent, das durch hartes Training zur Stärke wurde.

Ruf nach dem schnellen Geld

Mehrmals monatlich erreicht mich ein Anruf mit der Frage, ob ich auch bei hoch-spekulativen Geschäften beratend tätig bin. Ich wehre diese Fragen ab. Meist wird mir dieses Anliegen von Menschen vorgetragen, die durch ein Erbe oder durch ei-nen Glücksspielgewinn unverhofft zu etwas Geld gekommen sind. Statt sich zu freuen und in Ruhe über ein solides Investment nachzudenken, stellt sich die Gier ein. Was wäre, würde ich dieses Geld als Spielgeld nehmen? „Was wäre, würde ich spekulieren und gewinnen und zunehmend reich?", lauten dann die Fragen. Ich habe Verständnis für solche Fragen. Denn zu dem unverhofften Geld auf dem Kon-to wurde noch keine Beziehung aufgebaut. Es wurde weder erarbeitet noch erspart – und diese Tatsache triggert ein unvorsichtiges Verhalten. Meine Antwort lautet deshalb: „Freuen Sie sich, bewahren Sie Ruhe. Erarbeiten wir eine sichere und lang-fristige Strategie." Das mag zunächst wenig sexy klingen, bedeutet aber eine erfüllte Zukunft. Manche wenden sich ab, versuchen selbst ihr Glück im Trading – und werden wahrscheinlich nach kurzer Zeit ärmer sein als je zuvor.

Wenn Laien kurzfristig spekulieren, dann gleicht das einem Lotto- oder Toto-spiel. Wenige gewinnen. Fast alle verlieren, trotzdem hoffen wöchentlich rund sie-ben Millionen Personen auf einen Gewinn, denn so viele versuchen laut diversen Statistiken diese Art der Geldvermehrung in Deutschland. Hoffnung lautet das Leit-motiv für Trader. Sie haben zugegebenermaßen eine gehörige Portion Mut und eine Zockermentalität. Sie sitzen vor den Rechnern, versuchen das Handeln mit Aktien, Devisen und Hebelprodukten, kaufen und verkaufen im Minuten- oder Sekunden-takt – und können in diesen atemberaubenden Zeitspannen ihr Wertvollstes, ihr Geld, verlieren. Was einfach aussieht, kann zum Verhängnis werden, besonders, wenn das eingesetzte Geld vom Konto genommen wird und nicht als Zusatzbetrag vorhanden ist. Selbst wenn ein Gewinn verbucht wird und dieser wieder als Aus-gleich zum Stopfen von zuvor gerissenen Löchern dient, kann ein Zinseszinseffekt nicht greifen und die Sache bleibt, was sie für Laien immer schon war: ein hektisches, komplexes, nicht steuerbares Investment.

Meine Bitte als Ihr Berater für die Dauer dieses Buches lautet: Lassen Sie die Finger davon! Es geht bei der Vermögensbildung darum, dass Sie mit einem hohen Maß an Berechenbarkeit vorgehen. Das schnelle Geld gibt es kaum, auch wenn selbsternannte Gurus das behaupten und nicht haltbare Rechenbeispiele liefern. Bleiben Sie vorsichtig, wenn Sie solche Versprechungen hören wie: in sieben Jahren zum Millionär oder in drei Jahren durch Trading für immer finanziell unabhängig. Winken Sie ab. Vermeiden Sie diese schmerzhaften Verluste. Wählen Sie den lang-wierigen, berechenbaren Weg zum Vermögen.

Die richtige Wahl treffen

Ich will Ihnen hier keine Aktienfonds oder andere Anlageformen nennen, die ich als sicher und vermögenssteigernd einstufe. Der Grund ist folgender: Im deutschsprachigen Finanzraum finden Sie allein 22.000 offene Investmentfonds und es wäre gegenüber den 25 Kollegen in diesem Buch nicht fair, meine Präferenzen zu nennen. Denn jeder der porträtierten Berater hat im Laufe seiner Karriere die für sich empfehlenswerten Fonds und Anlagen untersucht und bewertet. Er gibt nach bestem Wissen und Gewissen dieses an seine Kunden weiter. Diese Favoriten auf dem weiten Markt der Möglichkeiten sollte er Ihnen in einem persönlichen Gespräch erläutern, denn es bedarf der Interpretation und auch der Faktendarlegung, um Sie davon zu überzeugen, dass Sie die richtige Wahl treffen.

Allerdings will ich Ihnen den DAX und den MSCI World erläutern und vielleicht auch etwas näher an Ihr Herz legen – und ich bin mir sicher, dass dabei jeder meiner Kollegen nicken wird.

DAX und MSCI World

Der Deutsche Aktienindex (DAX) und der Weltindex (MSCI) stehen für das Who is who der deutschen Wirtschaft bzw. der Weltwirtschaft.

Der DAX misst die Wertentwicklung der 30 größten und gemessen an der Streubesitz-Marktkapitalisierung liquidesten Unternehmen des deutschen Aktienmarktes. Er repräsentiert rund 80 Prozent der Marktkapitalisierung börsennotierter Aktiengesellschaften in Deutschland.

Der MSCI World ist ein Aktienindex, der die Entwicklung von über 1.600 Aktien aus 23 Industrieländern widerspiegelt. Er gilt als einer der wichtigsten Aktienindizes weltweit und wird von dem US-amerikanischen Finanzdienstleister MSCI herausgegeben. Die einzelnen Aktiengesellschaften werden hier nach ihrer jeweiligen Streubesitz-Marktkapitalisierung gewichtet.

Wir alle sind von der Leistungskraft dieser Firmen abhängig, denn wir nutzen deren Produkte, sobald wir den Tag beginnen. Hier habe ich die 3/40-Regel aufgestellt, sie ist über Jahre von mir validiert worden: In den ersten drei Stunden des Tages kommen Sie mit 40 Produkten und Dienstleistungen der börsennotierten Unternehmen in Berührung. Und dabei dürfen Sie gewiss sein: Jedes dieser Unternehmen macht sich, genau wie Sie, täglich auf, Gewinne und Erträge zu erwirtschaften, Wachstum und Vermögen zu steigern, nachhaltig und wertschöpfend einen Beitrag zu leisten. Was liegt näher, als sich an diesen Unternehmen zu beteiligen? Wenn wir uns die Entwicklung des DAX seit seiner Gründung im Jahr 1988 ansehen, werden wir

Folgendes feststellen: Auf Jahresbasis lag er in 22 Jahren im Plus. Er hat lediglich in acht Jahren im Minus geschlossen. Die durchschnittliche jährliche Verzinsung lag bei rund acht Prozent. Zur Erinnerung: Die durchschnittliche Verzinsung des deutschen Sparguthabens hingegen beträgt aktuell 0,8 Prozent, also ein Zehntel! Und doch bringen sparwillige Bürger in Deutschland ihr Wertvollstes genau auf solch ein Konto – und lassen zu, dass die Inflation zusätzlich ihren Sparbetrag anfrisst. Reden wir Klartext: Fast 2,5 Billionen Euro lagern aktuell auf Sparbüchern und Tagesgeldkonten quasi zum Nulltarif. Es gibt keine Rendite, keinen Zinseszinseffekt. Das Geld liegt da – und vermehrt sich nicht. Sie können sich vorstellen, wie diese Tatsache meinem Beraterherz nahegeht! In Aktien übrigens haben deutsche Privatanleger lediglich 395 Milliarden investiert. Diese Angaben entstammen der DZ Bank. Sie hat das Spar- und Investmentverhalten der Deutschen untersucht und dabei festgestellt, dass der Wille zum Sparen steigt. Das ist per se eine gute Nachricht. Und wenn ich mir die Zahl ansehe, die diesen Sparwillen beziffert, dann fühle ich mich in meiner These bestätigt.

Nach Angaben der DZ Bank betrug die Sparquote im Jahr 2018 genau 10,2 Prozent, Tendenz steigend. Erinnern Sie sich an meine Formel aus Kapitel vier?

Zehn Prozent des Einkommens = Sparbetrag.

Nur bitte legen Sie diesen Betrag gewinnbringend an. Ihr Ziel ist nicht der Stillstand, es ist die erste Million Vermögen im Rentenalter.

Und doch möchte ich keinem Anleger raten, ohne eine unabhängige Begleitung an der Börse zu investieren. Der Markt der Finanzprodukte ist unübersichtlich, den für Sie richtigen Fonds zu finden ähnelt der berühmten Suche nach der Stecknadel im Heuhaufen. Was für den Berater ein Kerngeschäft bedeutet, das ist für Sie eine Herausforderung, an der Sie vielleicht scheitern werden.

Ob letztendlich aus Ihrem Investment ein Vermögen wird, kann Ihr Berater anhand von drei Basiskriterien vorhersagen:

- anhand der Betragshöhe, die Sie während Ihrer Berufszeit anlegen können;
- anhand der Laufzeit zwischen dem Start Ihres Investmentplans und dem Eintritt in die Rente;
- anhand des Ertrags, den Sie mit Ihrem zur Verfügung stehenden Kapital erwirtschaften.

Benötigen Sie weitere Argumente, um sich für einen unabhängigen Finanzberater zu entscheiden?

1. Sie sparen Zeit

Ja, Sie können Ihre Lösung für eine Finanzabsicht oder ein Finanzproblem selbst finden. Mit Recherche, Fachliteratur, Seminaren und letztendlich dem Puzzeln aller erhaltenen Einblicke kann es Ihnen gelingen, das für Sie passende Produkt zu finden. Ich rate Ihnen davon ab! Ihr Puzzle erhält aller Wahrscheinlichkeit nach doch noch Lücken, die zahlreichen Details fügen sich nicht zum Ganzen und das Projekt scheint Ihre Zeit zu überdehnen, Ihre Aufmerksamkeit zu absorbieren. Ein Berater hat den Überblick und erläutert Ihnen Wissenswertes. Ein solches Gespräch schont Ihre Ressource Zeit!

2. Sie werden aktiv
Wenn Sie selbst recherchieren und nach Entscheidungen suchen, verfallen Sie ob der Informationsmenge in eine Handlungsstarre. Zu viel gelesen, zu viel gedacht, am Ende steht der Zweifel. Gut so, sage ich zu meinen Kunden, denn mit Geld ist nicht zu spaßen und schon gar nicht vorschnell zu handeln. Informieren Sie sich bei einem Experten und erstellen Sie gemeinsam einen Aktionsplan, der Sie mit Bedacht ans Ziel bringt. Aber tun Sie den ersten Schritt, jetzt!

3. Komplexität reduzieren
Wer kennt sie nicht, die Sprache der Experten? Was wie ein Code für Insider klingt, das ist für Laien eine nichtverständliche Ausdrucksweise. Ihr Berater klärt Sie auf, er spricht Ihre Sprache, übersetzt für Sie die Fachbegriffe und bringt das Wesentliche für Sie auf den Punkt.

4. Rational bewährte Finanzentscheidungen treffen
Kaum ein Bereich ist derart mit Emotionen aufgeladen wie der Finanzbereich. Sobald Sie sich entscheiden zu investieren, werden Familie, Freunde, Kollegen mit sogenannten guten Ratschlägen aufwarten. Vergessen Sie nicht, dass jeder Mensch seinen eigenen Erfahrungs- und Erlebnishorizont in sich trägt, dass es keine Pauschallösungen für ein finanziell gelingendes Leben geben kann. Sie sind der Manager Ihrer Finanzen, Sie treffen Ihre Entscheidungen. Um diese zu hinterfragen und zu interpretieren, steht Ihr Finanzberater an Ihrer Seite. Er trifft rationale Entscheidungen, er hat jene professionelle Distanz, um für Sie Lösungen zu finden.

5. Vertrauen stärken
Nach langen Jahren der Finanzberatung weiß ich: Sobald sich Menschen mit Geld beschäftigen, finden sie auch einen Lösungsansatz für ihre Probleme. Allerdings bleibt immer ein Restzweifel, ob es die wirklich beste Lösung ist, die sie favorisieren. Ich finde das gut und wichtig und rate Ihnen: Holen Sie sich eine Zweitmeinung, Geld ist zu wertvoll, um aus Fehlern zu lernen.

6. Sich sicher fühlen

Auch wenn Entscheidungen getroffen wurden, bleibt die Frage, ob diese Entscheidung wirklich richtig war. Nichts ist derart von Unsicherheit geprägt wie eine einsame Entscheidung. Es bringt Ihnen eine innere Ruhe, wenn Sie zuvor mit Ihrem Finanzexperten sprechen, um abzuwägen, was für Sie stimmig ist und was Sie in ein Risiko führt. Ein Finanzberater kann aufgrund seines Fachwissens und seiner Erfahrung die Perspektiven wechseln und die Argumente darlegen. Das wird Ihr Selbstverständnis als Anleger stärken.

7. Unannehmlichkeiten delegieren

Das Thema Geld hat nicht nur schöne Seiten, im Gegenteil. Geld kann zum Zeitfresser werden, es kann Blockaden in den Alltag setzen, so dass Sie selbst in Stress geraten. Ihr Finanzberater wird Ihnen den größten Teil der Planung, Vorbereitung, Administration abnehmen. Auf diese Weise haben Sie mehr Freiraum für das, was in Ihrem Beruf zählt.

8. Schuldfragen weiterleiten

In Familien geht der Streit oft ums Geld. Wenn einer investieren will, will der andere das Geld auf dem Sparbuch wissen. Oder der eine will langfristig sparen, der andere aber das Ersparte dem Konsum opfern. Am Geld scheitern Lieben, zerstreiten sich Familien, ums Geld dreht sich meist der Zwist. Wenn Sie Geldfragen dem Finanzberater Ihres Vertrauens zur Antwort überlassen, dann dient dieser Experte wie ein Puffer gegen Angriffe. Er verteidigt Ihren Investmentplan mit wohldurchdachten, rationalen Argumenten.

9. Glück teilen

Wenn Sie bereits auf einem guten Finanzweg unterwegs sind, dann sollte es selbstverständlich sein, Bekannte und Freunde auf diesem Weg mitzunehmen. Fest steht: Sie werden später einmal vermögend sein. Dank der kreativen und gleichermaßen besonnenen Art Ihres Beraters gelingt Ihnen, wovon fast alle Menschen träumen – gönnen Sie auch anderen diese Verwirklichung. Wie wäre es, einen Beratungsgutschein zu verschenken?

10. Über Geld reden

Wer erfolgreich ist, der will darüber reden, denn Erfolg zu verschweigen macht keinen Spaß. Fakt ist: Auf dem Weg zur ersten Million werden Ihnen Neider und Spötter begegnen. Sie werden kaum einen Gesprächspartner finden, der Sie lobt und der einen ehrlichen Anteil an Ihrer Freude nimmt. Wohin also mit diesem Gesprächsstoff Geld? Ihr Finanzberater hört Ihnen gerne zu, macht Geld zum Thema und freut sich mit Ihnen gemeinsam über den Erfolg – und hält Sie an, im Alltag sparsam zu leben.

Ausgaben reduzieren

In Kapitel eins habe ich Ihnen empfohlen, ein Haushaltsbuch zu führen, und hier will ich diesen Gedanken aufgreifen. Nicht allein ein Berater an Ihrer Seite macht Sie vermögend, sondern Sie selbst sind der Regisseur Ihres Lebens. Die besten Anlagestrategien werden nicht greifen, wenn Sie Ihre Sparsamkeit nicht trainieren. Ich meine damit ganz konkret:

- Wenden Sie sich von jeglicher Art der Verschwendung ab!
- Schreiben Sie akribisch auf, wie viel Geld Sie für welche Einkäufe ausgeben.
- Streichen Sie jegliche Ausgaben, die überflüssig sind, weil sie lediglich von einer „Must-have-Haltung" geprägt sind, die pfiffige Marketingexperten Ihnen suggerieren.

Mit rund 60.000 Euro Jahresgehalt bewegen Sie sich zwar in einem oberen Mittelmaß, jedoch sind Sie (noch) nicht in der Lage, ohne Reflexion Ihren Konsumwünschen nachzugeben. Sie sollten es übrigens auch später, wenn Sie vermögend sein werden, nicht tun. Konsum bringt Sie von Ihrem Weg zum Reichtum ab. Es sind lediglich kurze Glückshüpfer, die Sie erleben, wenn Sie sich für Materielles entscheiden. Glauben Sie mir, dieses kleine Glück hat eine Verfallsdauer von wenigen Minuten. Dann ist der Dopaminschub schon Vergangenheit. Zwar kann ich mir durchaus vorstellen, dass eine Louis-Vuitton-Tasche Begehrlichkeiten triggert, aber Achtung: Der Verzicht auf eine solche Tasche könnte Ihnen eine Million einspielen.

Betrachten wir noch einmal die Coca-Cola-Aktie, sie soll hier beispielhaft für viele Aktien erfolgreicher Unternehmen stehen:

Seit Coca-Cola vor einhundert Jahren an die Börse ging, betrug die durchschnittliche Wertentwicklung der Aktie unter Berücksichtigung der Wiederanlage der Dividende 13,25 Prozent pro Jahr. Einschränken will ich, dass auch diese Aktie in schlechten Börsenjahren bis zu 50 Prozent an Wert verloren hat, dennoch möchte ich mit Ihnen ein Rechenexempel durchführen und dabei besonders die jungen Leser ansprechen. Sie nämlich sind für Werbung und damit für überflüssige Geldausgaben besonders anfällig. Leider liegt bei der jungen Generation das Führen eines Haushaltsbuches nicht im Trend. Möge mein Rechenbeispiel sie eines Besseren belehren.

Wenn ein 18jähriges Mädchen auf die Louis-Vuitton-Tasche verzichtet und den Betrag in Höhe von 2.250 Euro in zum Beispiel Coca-Cola-Aktien investiert, wenn es dieses Geld ruhen lässt und bis zum 67. Lebensjahr den Zinseszinseffekt für sich arbeiten lässt, dann ist aus dem kleinen klugen Mädchen eine vermögende Frau geworden. Mit nur 2.250 Euro darf die Frau sich zum Rentenbeginn Millionärin nennen, wenn wir davon ausgehen, dass die 13,25-prozentige Verzinsung bestehen bleibt und wenn wir zudem die Transaktionskosten und Steuern der Einfachheit halber nicht berücksichtigen.

→ Derzeit kostet eine Coca-Cola-Aktie 50 Euro. Um mit 65 Jahren nach unserem Rechenbeispiel Millionär zu sein, benötigen Sie als junger Mensch von 18 Jahren 45 Coca-Cola-Aktien. Zum Preis von einer baumelnden Luxustasche an der Schulter dürfen Sie in eine unabhängige, finanziell freie Zukunft sehen!

Das Haushaltsbuch ist eine perfekte Übungsplattform, um die richtigen Entscheidungen im Konsum zu treffen. Es zwingt Sie zur Ruhe und Reflexion. Es spiegelt das Verhältnis zwischen Einnahmen und Ausgaben schwarz auf weiß. Sie beschäftigen sich dank eines solchen Buches täglich mit Ihren Finanzen und damit können Sie sich nicht in einer geschönten Weise selbst belügen.

Fragen Sie einmal einen starken Raucher, wie viele Zigaretten er täglich raucht. Wahrscheinlich zuckt er mit den Schultern und nennt Ihnen eine Zahl, die lediglich die halbe Wahrheit beschreibt. Genauso antworten Menschen mit einem hohen Kaffeekonsum, Menschen mit einer Freude am Shoppen etc. Vieles, was wir gewohnheitsmäßig tun, nehmen wir nicht mehr bewusst wahr. Wir hören auf zu zählen. Wir konsumieren ohne nachzudenken. Wir haben vergessen, achtsam mit dem Geld umzugehen. Es ist die Disziplin abhandengekommen und hierin sehe ich die größte Hürde auf dem Weg zum Reichtum. Bitte verstehen Sie mich hier nicht falsch, ich will Ihnen weder Lebensfreude nehmen noch liebgewonnene Angewohnheiten. Wenn es für Sie wirklich wichtig ist, täglich vier Latte bei Starbucks zu trinken und 16 Euro dafür zwischen Morgen und Abend zu zahlen, dann ist das in Ordnung. Aber bitte tun Sie das bewusst. Verdrängen Sie die Ausgaben nicht, sondern schreiben Sie diese in Ihr Haushaltsbuch. Bekennen Sie sich zu der Monatssumme von rund 480 Euro für vier Latte täglich.

Für mich zählt das bewusste, sich selbst gegenüber ehrliche Verhalten in Geldfragen zur Charakterstärke.

Wie viele Menschen finanzieren ihr Auto über einen Kredit? Bevor die letzte Rate abgebucht wird, wählen sie bereits einen neuen Wagen, obwohl der alte noch verlässlich fährt. Ich kenne Frauen, die stolz auf 50 Paar Schuhe im Schrank zeigen und doch die Hälfte dieser Schuhe noch nie getragen haben. Ähnlich verhält es sich mit Anzügen und Hemden bei Männern. Haben Sie sich einmal gefragt, ob Sie all Ihre Konsumkäufe rechtfertigen möchten? In aller Regel nämlich gilt auch hier Paretos 80:20-Formel. Sie besagt, heruntergebrochen auf Ihren Konsum: Sie benötigen lediglich 20 Prozent von den Käufen, die in Ihrem Kleiderschrank hängen, alles an-

dere ist einer Kaufeslust entsprungen, die ein detailliertes Führen eines Haushaltsbuches wahrscheinlich verhindert hätte.

Man muss keine Wutrede vor den Vereinten Nationen halten, wie Greta Thunberg es tat, um die Welt zu verbessern. Und doch denke ich, jeder sollte einem
überflüssigen Konsum Einhalt gebieten. 18 Millionen Tonnen Lebensmittel landen
nach einer WWF-Studie in Deutschland jährlich auf dem Müll, das ist ein Drittel
des aktuellen Nahrungsmittelverbrauchs der gesamten Bundesrepublik. Wir entwickeln uns zu einer Wegwerfgesellschaft. Wir ignorieren die Konsequenzen für Klima
und Umwelt. Ich finde, noch genießbare Nahrungsmittel zu entsorgen, ist nicht nur
unter moralischen Aspekten eine Sünde. Es ist auch ein Schritt zurück auf dem Weg
zum Millionär. Sparen und Investieren beginnt im Kleinen. Und der achtsame Umgang mit allen Ressourcen, auch der des Geldes, bildet die Voraussetzung für jeden
Vermögenserfolg.

Literatur Kapitel 6
(10) Quelle: https://www.gehalt.de/news/gehaltsatlas-2019 (Zugriff 24.9.2019).

Kapitel 7:
In Zukunft vermögend

7

+++ EIGENVERANTWORTUNG TRAINIEREN +++ HINDERLICHE GLAUBENSSÄTZE UMSCHREIBEN +++ LEBENSLANGE ENTWICKLUNG +++ DER PLAN ZUM VERMÖGEN +++ GELD MIT GLÜCK VERBINDEN +++ FINANZIELL FREI WERDEN

Es macht mich traurig, wenn Medien von Altersarmut berichten. Bilder, in denen Menschen am Ende ihres Lebens in öffentlichen Mülleimern nach Verwertbarem suchen, in denen sie auf Parkbänken sitzen, über Vergangenes grübeln und allein-gelassen scheinen von der Gesellschaft. Solche Szenen sollte es in einem Land wie Deutschland nicht geben. Wo das Bruttoinlandsprodukt – gemessen an den 20 wirt-schaftsstärksten Staaten der Erde – Platz vier belegt, wo Innovation, Produktion und Dienstleistung als vorbildlich gelten, dort sollten Menschen am Ende ihres Lebens nicht verarmen.

2018 betrug das Bruttoinlandsprodukt, also der Gesamtwert aller in unserem Land erwirtschafteten Waren und Dienstleistungen, mehr als 3.388 Milliarden Euro (11). Dieses Geld haben die Bürger und Bürgerinnen durch ihr Know-how, ihren Arbeitseinsatz verdient, jeder einzelne Arbeitnehmer hat zum Erfolg beitragen. Da-rüber freut sich die Politik. Davon erhoffen Unternehmen sich Wachstum. Die Bür-ger genießen eine steigende Lebensqualität – und lassen sich bereitwillig zum Kon-sum verführen. Sie denken, sie kurbeln die Leistungskraft im Land an. Als ökono-mische Momentaufnahme ist das richtig. Aus einer privaten Perspektive jedoch kann ein solch leichtfertiges, meist spontanes Verhalten in die Altersarmut führen. Dann wird das verdiente Geld bedenkenlos weggegeben, statt es zu sparen. Das kurze Glück zählt mehr als der Plan vom Vermögen im Alter. Psychologisch ist das zwar nachvollziehbar, weil es so verdammt gut tut, wenn für wenige Minuten die Endorphine die Stimmung bis zur Lust heben. Die späten Jahre des Lebens scheinen weit in der Ferne zu liegen, der Moment zählt! Aber glauben Sie mir, zu viele dieser

Momente werden zur Gewohnheit, der Konsum zur Sucht und damit landen Sie in der Verschwendung. Der Kick der Endorphine erfolgt nicht mehr nach einem Essen im teuren Restaurant, nicht mehr mit dem Kauf eines Gucci-T-Shirts. Mehr vom Gleichen!, scheint das Gehirn zu brüllen, bevor es die Glückshormone in die Blutbahn jagt. Und so vergehen die Jahre ohne Sparplan, ohne Depot, ohne eine finanzielle Abwehr der Armut im Alter.

Es hat sich noch nicht in aller Deutlichkeit herumgesprochen, dass der Grat zwischen Konsum und Verschwendung ein schmaler ist und dass nach der Verschwendung die Verarmung droht. In Phasen der guten Wirtschaftslage sind die Bürger eines Landes bereit, mehr Geld auszugeben, als ein vernünftiger Vorsorgeplan es erlaubt. Ich bitte Sie, an dieser Stelle einmal innezuhalten. Lassen Sie mein Buch auf die Knie sinken und malen Sie sich aus, wie sorgenvoll, wie einsam Ihre dritte Lebensphase verlaufen könnte, wenn Sie dann arm und bedürftig wären. Das Statistische Bundesamt veröffentlichte aktuell eine bemerkenswerte Zahl: Von der erwirtschafteten Summe aller Produkte und Dienstleistungen beträgt der private Konsum in Deutschland 52,5 Prozent! Das bedeutet, dass mehr als die Hälfte des Bruttoinlandsproduktes für private Käufe verwendet werden! Die Sparquote privater Haushalte hingegen liegt bei 10,3 Prozent.

Die Deutschen scheinen ihr Geld nicht zu lieben, nicht halten zu wollen, sie geben es für Möbel, Autos, Reisen, für kurzfristige Freuden aus. Diese Tatsache finde ich als Finanzberater bedenklich.

Armut ist ein schleichendes Gift

Eine konsumgetriebene Armut werden Sie nicht sofort spüren. Im Gegenteil, Ihre Emotionalität wird Ihnen vorgaukeln, es gehe Ihnen in einem reichen Land gut. Die Wirtschaft sei erstarkt, die Zukunft rosig und Sie selbst drehten sich mit Ihren Wünschen mitten in dieser Herrlichkeit aus Leistung und Profit. Nur vergessen viele, dass Glück und Geld aus flüchtigem Stoff bestehen, sie verschwinden meist geräuschlos wie ein sich lichtender Nebelschwaden. Ich bin sogar versucht zu sagen: Sie können das Glück bis zu einem gewissen Maß durch Ihre innere positive Haltung zum Leben trainieren. Das Geld jedoch, einmal ausgegeben und gegen vermeintlichen Luxus der Dinge getauscht, führt Sie in eine Sackgasse im Leben. Nichts raubt Ihnen mehr Selbstbewusstsein und mehr von Ihrer Freiheit als der Mangel an Geld! Was Sie heute ausgeben, wird Ihnen morgen nicht mehr zur Verfügung stehen. So einfach ist die Rechnung. Nach der Null auf dem Konto folgt das Minus, folgen die Schulden. Mehr noch: Sobald Sie sich im Konsummodus befinden, arbeitet die Zeit gegen Sie. Einen Sparplan zum Vermögen umzusetzen wird mit dem Fortschreiten der Jahre

immer unwahrscheinlicher. Parallel wächst die Gefahr der Altersarmut, davon erzählen leider die Statistiken. Und hinter jeder dieser Zahlen verbirgt sich für mich
ein trauriges Einzelschicksal, das mit mehr Empathie fürs Geld hätte vermieden
werden können. Die Geschichten hinter diesen Zahlen ähneln sich. Sie erzählen von
einem Übermaß an Kaufrausch in jungen Jahren, von einem Aufschieben des Sparplans in den mittleren Jahren, von einem Kleinreden des Rentenproblems in späten
Jahren der Berufstätigkeit. Und irgendwo auf dieser Lebensstrecke ist der Traum von
einer finanziellen Freiheit gestorben.

In mehr als 50 Prozent aller Fälle ist dieser Zustand mangels Vorsorge selbst
verursacht. Manches Elend im Alter entsteht, weil die Selbstreflexion fehlte und weil
die Weitsicht dem Konsum wich.

Die Lebensjahre visualisieren

Nehmen Sie ein Maßband zur Hand und schneiden Sie von diesem Band 78 Zentimeter ab.
Jeder Zentimeter mag sinnbildlich für ein Lebensjahr stehen. 78 Jahre alt werden Menschen durchschnittlich in Deutschland.
Und nun schneiden Sie von diesem Lebensband die Anzahl der Jahre ab, die Sie bereits
hinter sich haben: 30,40, 50 oder mehr Jahre? Lassen Sie diesen Abschnitt zu Boden
fallen, er ist gelebt, vorbei, Sie können Ihre Selbstverantwortung für diese Zeit nicht mehr
zurückholen.
Betrachten Sie nun das verbleibende Stück des Maßbandes in Ihrer Hand. Es stellt Ihre
Gegenwart und Ihre Zukunft dar. Wahrscheinlich erschrecken Sie, ich tat es auch, als das
größere Stück zu Boden fiel und ich auf das kleinere blickte. Dieses Sinnbild für Zeit aber
öffnet Ihnen die Augen und auch das Bewusstsein dafür, die vor Ihnen liegenden Jahre
vernünftig und reflektiert und vor allem finanziell zu gestalten.

Fragen Sie sich:
Will ich mit Hilfe eines Investmentplans auf ein freies und finanziell unabhängiges Leben
in der späten Phase hinarbeiten?
Oder will ich heute und zukünftig von der Hand in den Mund leben und hoffen, es gehe
irgendwie gut?

Ich vermute, Sie gehören zu den wahrscheinlich 98 Prozent der Deutschen, die sich für die
erste Alternative entscheiden. Hoffentlich verfügen Sie dann über jene Entschlusskraft, die
Sie brauchen, um den Plan zur finanziellen Freiheit umzusetzen:

→ Sie sind 40 Jahre jung und verdienen 60.000,- Euro im Jahr. Ihr Einkommen wächst
jährlich um 5 Prozent und hiervon geben Sie zusätzlich ein Fünftel in Ihren Sparplan. Wir
unterstellen eine durchschnittliche Rendite von 7,85 Prozent (Rendite des DAX seit seiner
Gründung im Jahr 1988).

Selbsterkenntnis üben

Es wäre nicht fair, die Verantwortung für eine persönliche Armut auf die Politik zu schieben. Ich weiß, das Schimpfen auf Staatsdiener hat gerade Konjunktur und auch ich bin nicht zimperlich, Fakten auszusprechen, wenn diese Fakten auf illusorischem Fundament bauen wie: „Die Renten sind sicher." Sind sie nicht! Man muss kein Volkswirtschaftler sein, um die demografische Entwicklung vorherzusehen und damit das Wackeln eines staatlichen sozialen Alterskonstruktes zu erkennen, das einzig auf Solidarität und gesellschaftlicher Verantwortung beruht. Sie dürfen heute nicht davon ausgehen, dass Sie im Alter ruhig und gelassen leben können, wenn Sie sich einzig darauf stützen möchten. Das ist eine Wahrheit, die Politiker nicht aussprechen: Wir brauchen eine Erweiterung des Konzeptes, ähnlich wie die Schweiz es ihren Bürgern nahelegt. Dort besteht das Dreisäulenmodell aus staatlicher Rente, betrieblicher Rente und einem privaten Investment in Aktienfonds.

Die Berater, die ich Ihnen in diesem Buch vorstelle, werden Ihnen zu genau einem solchen Plan raten und sie werden bestätigen, dass die Zeit bei einem Vorsorgeplan die größte Rolle spielt. Das ist der Grund, warum ich gebetsmühlenartig wiederhole: Beginnen Sie jetzt! Schieben Sie Ihren Plan zur finanziellen Freiheit nicht auf, denn diese Freiheit geschieht nicht über Nacht. Mühe und Verzicht stehen vor dem Ziel und auch die Klarheit über den Weg dorthin. Ein Finanzberater wird Sie daran erinnern. Er wird mit seiner Empathie und seinem Wissen um den Wert des Geldes verhindern, dass Sie atemlos werden, dass Sie sich verlaufen, dass Sie aufgeben. Er versteht sich als Ihr Ratgeber und Trainer, damit Sie Ihre Zeit bestmöglich nutzen. Wie oft habe ich beobachtet, dass Menschen warten: auf Gelegenheiten, auf Chancen, auf das große Glück. Und während sie warten, rinnt der Sand der Lebensuhr durch ihre Finger. Man sehnt die neue Liebe herbei, den besseren Job. Man sehnt das Wochenende herbei, das bessere Wetter, den Geldregen von irgendwoher. Nur ist das Leben kein Wartesaal. Ohne Ihre Proaktivität geschieht gar nichts. Kein Zielband flattert irgendwo. Es herrscht Stillstand, wenn Sie nichts unternehmen, sich nicht unterstützen lassen von Experten, denen Sie vertrauen können.

In meiner folgenden Analyse möchte ich Menschen, die schicksalsbedingt verarmen, ausschließen. Ihnen gebührt alle Solidarität und Unterstützung der Gesellschaft! Allerdings will ich Menschen, die sehenden Auges in dieses Unglück stürzen, nicht von ihrer Selbstverantwortung befreien. Denn sie sind beratungsresistent. Sie vertrauen keinem Experten. Sie wiegen sich in der Hoffnung, niemals auf der Verliererseite im Leben zu stehen, und vor allem vermeiden Sie den Zukunftsblick. In ihnen haben sich Lebensmotti verfestigt wie „Nach mir die Sintflut" oder „Sollen doch die Kinder später für mich sorgen" oder „Der Staat muss helfen".

Wer nach der Manier „Die Zukunft juckt mich nicht, ich lebe hier und jetzt und irgendwie geht es immer gut" den Alltag gestaltet, der darf von mir im Alter kein Mitgefühl erwarten. Natürlich hat jeder ein Recht auf seinen Stil, auch wenn es die selbstgewählte Altersarmut ist. Nur sollte er dann auch mit den Konsequenzen zurechtkommen. Sein Konsumfest darf nicht zu Lasten seiner Kinder gehen! Nicht die Kinder müssen die finanziellen Löcher der Eltern stopfen. Sondern die Eltern haben die Verantwortung, für sich selbst vorzusorgen und den Kindern Karriere und Freiheit nicht zu schmälern. Das nämlich engt Kinder ein. Ihnen bleibt weniger Geld, um eine Familie zu gründen, vorzusorgen, ihren eigenen Plan zum Vermögen zu verwirklichen. Wenn allerdings der Nach-mir-die-Sintflut-Typ bereit ist, weit über das Rentenalter hinaus zu arbeiten, für seinen Verdienst selbst zu sorgen, dann wünsche ich ihm Glück und vor allem Gesundheit auf diesem Weg, er wird beides dringend brauchen. Zu den Kunden eines Finanzexperten wird er wahrscheinlich nie zählen.

Anders sieht es aus, wenn das Lebensmotto lautet:
„Ich bestimme jetzt, wie ich später lebe", oder:
„Es liegt einzig an mir, vermögend zu werden".

Bei solchen Sätzen lacht das Beraterherz, denn das sind Menschen nach seinem Geschmack. Sie öffnen sich für Vernunft und Argumente, sie sind bereit, von der Expertise des anderen zu lernen. Dann zücke ich augenblicklich Stift und Block, führe ihm mit einem Lächeln im Gesicht den folgenden Sparplan bei einem Bruttojahreseinkommen von 60.000 Euro vor:

Plan zur finanziellen Freiheit
Sie sparen monatlich 500,– Euro mit einer jährlichen Dynamik von acht Prozent.
- Zusätzlich rechnen Sie eine jährliche Gehaltserhöhung von vier Prozent, also 2.400 Euro, ein.
- Sie sparen davon 20 Prozent und somit 480 Euro. Auch das entspricht einer Dynamik von acht Prozent im Verhältnis zum Sparplan.
- Wir unterstellen also eine Rendite/Verzinsung von acht Prozent pro Jahr.

Damit ergibt sich ein wirklich beeindruckendes Bild auf meinem Notizblock:

Einzahlungen nach ...Jahren		Guthaben gesamt	Zinsen und Zinseszinsen
... 5 Jahren	35.200 Euro	42.583 Euro	7.383 Euro
... 10 Jahren	86.920 Euro	125.137 Euro	38.217 Euro
... 15 Jahren	162.913 Euro	275.802 Euro	112.889 Euro
... 20 Jahren	274.572 Euro	540.326 Euro	265.754 Euro
... 25 Jahren	438.635 Euro	992.395 Euro	553.760 Euro
... 30 Jahren	679.700 Euro	1.749.784 Euro	1.070.084 Euro

Mit 65 Jahren sind Sie Millionär und finanziell frei. Sie können selbst entscheiden, ob Sie bis 67 weiterarbeiten wollen (in 25 Jahren wird das Renteneintrittsalter wahrscheinlich bei 70 Jahren liegen) oder ob Sie Ihren vorgezogenen Ruhestand genießen, indem Sie monatlich brutto 5.000 Euro Ihrem Depot entnehmen und sicher sein dürfen: Ihr Vermögen wird erhalten bleiben.

Einfach, aber effektiv

Um meinen Sparplan umzusetzen, bedarf es keiner außergewöhnlichen Karriere, keiner extremen Gehälter. Er ist errechnet für Menschen von nebenan, die morgens die Wohnung verlassen, sich auf ihren Job freuen. Für Menschen, die kleine berührende Momente im Alltag mehr schätzen als den außergewöhnlichen Kick durch Konsum. Kennen Sie solch einen Menschen? Er legt Wert auf Struktur, er hat Prinzipien, schützt seine Werte und geht mit wachem Blick durch die Welt. Das Wohlergehen auch der anderen ist ihm wichtig, er nimmt seine Verantwortung für Klima, Umwelt, für die Nachhaltigkeit der irdischen Ressourcen wahr. Er ist kraft seiner Lebenshaltung bereit, es bis zum Millionär zu bringen.

Und doch drängt sich die Frage auf, warum nur wenige dieser Menschen sich zutrauen, die Hürde der Million irgendwann im Leben zu überspringen. Sie hätten die Kraft, die Kondition und auch die Intelligenz dazu, aber sie handeln nicht. Es mutet an, als gäbe es in ihnen eine Macht, die sie vom Glück des Geldes fernhält. Ich habe lange darüber nachgedacht, was der Grund dafür sein könnte, habe zahlreiche Interviews zu diesem Thema durchgeführt und ausgewertet. Und ich bin mir heute sicher, dass es diese Macht tatsächlich gibt – sie besteht in hinderlichen Glaubenssätzen, die sich in unseren Gedanken festsetzen wie eine Zecke in der Haut. Dieses Unglück nimmt häufig in der Kindheit seinen Lauf und endet längst nicht im Erwachsenenalter.

Haben Sie einmal überlegt, was Sie von einer finanziellen Freiheit abhält? Haben Sie sich einmal gefragt, warum andere ihre Zukunft in Pastell sehen und warum Sie sich um diese Zukunft sorgen? Nun, diese Frage kann ich so unspektakulär wie polarisierend beantworten: Die einen hatten das Glück, als Kinder von fördernden, wohlwollenden Erwachsenen begleitet zu werden; die anderen hatten das Pech, von Pessimisten und Mangeldenkern umgeben zu sein. Letztere hörten früh Sätze wie:

- „Geld ist schwer zu bekommen.“
- „Geld verdirbt den Charakter.“
- „Geld stinkt.“
- „Unsere Familie ist nicht zum Reichtum geboren, wir sind fleißige, bescheidene Leute.“

- „Wer Geld hat, hat keine Freunde."
  „Eher geht ein Kamel durch ein Nadelöhr, als dass ein Reicher in den Himmel kommt." (Lukas 18, 25)

Auch Jesus lebte sparsam, verschleuderte sein Geld nicht, für ihn bestand das Leben aus Demut und Zuversicht. Irgendwann in den folgenden 2000 Jahren hat sich leider die Definition von einer Leichtigkeit des Geldes gewandelt. Extreme Haltungen schlichen sich ins Bewusstsein der Menschen, und die bedeuteten bis ins Mittelalter, eine strikte Linie zu ziehen zwischen vermögenden Menschen und armen Menschen. Bis heute scheinen mir Familien an dieser über viele Generationen weitergereichten Einteilung festzuhalten, wenn sie ihren Kindern und Kindeskindern vermitteln: „Unsere Familie war schon immer arm."

Mich machen solche Sätze wütend. Sie verhindern das Entfalten des Potenzials, sie machen Kinder bewegungsunfähig und später oftmals stumm, weil sie denken, sie hätten keine andere Wahl als die, die ihnen das Schicksal angeblich beschert hat.

Es wird Zeit umzudenken, eine andere Haltung zum Geld zu gewinnen und die Glaubenssätze endlich umzuschreiben. Damit reißen Sie Denkblockaden nieder! Sie benötigen lediglich die Einsicht, dass diese Sätze Sie von dem abhalten, was Ihnen im Leben zusteht, nämlich ein Vermögen an Geld.

Der Grund, warum manche Menschen dies erreichen, andere lediglich davon träumen und wieder andere noch nicht einmal wagen, an Reichtum zu denken, liegt einzig in der Perspektive. Wenn Sie in Geld und Vermögen die dunkle Seite des Lebens erkennen, also jenes Schattenterrain, das zu betreten Sie permanent meiden, dann dürfen Sie sich nicht über die innere abwehrende Stimme wundern. Sie flüstert Ihnen zu: „Stopp, nicht weiter, Geld ist in deinem Leben nicht vorgesehen. Damit kannst du nicht umgehen. Geld macht dich nicht glücklich, sondern einsam." Eine solche Angst vor Geld hat nach meiner Beobachtung drei Ursprünge:

1. In Ihrer Familie schwebte der unausgesprochene Satz über dem Abendbrottisch, dass Geld den Charakter verderbe.

2. Sie wuchsen in einem Umfeld auf, in dem der Mangel gepflegt wurde. Man verbot sich quasi die Aussicht auf finanzielle Freiheit und brachte Geld nicht mit Glück in Verbindung. Geld bringe Neider, hieß es bei Ihnen zu Hause. Überhaupt sah man reiche Menschen als rücksichtslos und ausbeuterisch an. Besser sei es, so die Tonalität in Ihrer Umgebung, unauffällig im Mittelmaß zu bleiben. Lehrer warnten sogar vor dem Traum vom späteren Vermögen, sie setzten diesen Traum mit Gier gleich.

3. Ihre Erfahrungen mit vermögenden Menschen waren unangenehm. Sie sind lauten, arroganten, schlecht erzogenen Reichen begegnet und haben sich früh geschworen, solch ein Gebaren niemals zu Ihrem eigenen zu machen. Ja, es gibt

ungehobelte vermögende Menschen. Die übernehmen keine Verantwortung für die Allgemeinheit, die prahlen mit Geld und protzen mit Besitz. Sie sind unglücklich, ungeliebt – trotz ihres stattlichen Vermögens.

Geld verbinden wir leider häufig mit negativen Gefühlen. Wir haben gelernt, Reichtum nicht zu lieben, nicht zu ehren, ihn als etwas Verschweigenswertes aufzufassen. Das ist ein Fehler. Weder stinkt Geld noch macht es einsam noch verdirbt es den Charakter! Geld bezeichnet vielmehr das, was jeder Mensch sich auf seiner Lebensstrecke wünscht: frei zu sein, glücklich und sorglos seine Tage zu gestalten. Diesen Glaubenssatz möchte ich Ihnen mit diesem Buch nahebringen: „Ich bin auf dieser Welt, um reich zu werden."

Glaubenssätze umschreiben

Wenn ich meinen Kunden im Erstgespräch begegne, dann sind es genau solche erstickenden Sätze, nach denen ich suche. Warum, so frage ich, hat es dieser Mann, diese Frau vor mir bislang nicht geschafft, den Start zum Vermögen zu wagen? Und ich bin immer wieder verblüfft, wie platte, naive Sätze ein Grundrauschen für das Handeln bieten. Das bestätigen auch Verhaltenspsychologen, wenn sie aus ihrer Praxis erzählen. Der Forscher für mentale Selbstführung Jens Corssen schreibt in seinem Buch (12) dazu: „Dauerhafter Erfolg basiert – besonders in Zeiten raschen Wandels – auf einer notwendigen Veränderung zunächst des eigenen Denkens und, als Folge davon, des selbstverantwortlichen Handelns – das ist die Botschaft, die von diesem Buch ausgeht" (Corssen 2004, S. 12). Ich kann Ihnen dieses Standardwerk nur ans Herz legen. Es richtet den Fokus auf das, was ein gelingendes Leben ausmacht: die Selbstentwicklung. Sie geht einher mit einem ersten Schritt, dem Loslassen von Sätzen, Handlungen, Angewohnheiten, die Sie daran hindern, das Beste aus sich herauszuholen. Sobald Sie sich sagen: „Ich werde reich", „ich werde alles dafür tun, um im Alter unabhängig und finanziell frei zu leben", triggern Sie im Gehirn jene Vorstellungskraft, wie es sich anfühlt, vermögend zu sein. Sie gehen in eine andere mentale Haltung, Sie verändern Ihre Energie. Aus Geiz wird Zuversicht. Aus Angst wird Mut. Aus Zweifeln wird Freude auf die Zukunft. Sie beginnen in diesem Moment die Architektur Ihrer späteren Jahre. Deshalb lautet mein Appell: Identifizieren Sie die Störsätze und schreiben Sie diese in positiver Tonalität um.

- Aus „Geld ist schwer zu bekommen" wird: „Mit einem Investmentplan vermehrt sich mein Vermögen durch den Zinseszinseffekt wie von selbst."
- Aus „Geld verdirbt den Charakter" wird: „Geld macht mich glücklich und dieses Glück werde ich teilen."
- Aus „Geld stinkt" wird: „Ich liebe Geld, es zählt zu meiner wertvollsten Ressource."
- Aus „Unsere Familie ist nicht zum Reichtum geboren, wir sind fleißige, bescheidene Leute" wird: „Ich entscheide mich dafür, reich zu werden, und werde in Zukunft finanziell unabhängig sein, ohne heute auf die kleinen Freuden im Leben zu verzichten."
- Aus „Wer Geld hat, hat keine Freunde" wird: „Mit Geld kann ich gelassen, sorgenfrei und glücklich leben, kann mich den schönen Dingen zuwenden."

In Gedanken reich

Mir ist es wichtig, Ihnen am Ende meines Buches diesen Gedanken mitzugeben: Geld macht glücklich. Sie sind geboren, um ihr Potenzial zu entfalten, um vermögend zu werden. Sie leben, um für sich die beste Zukunft zu bauen, die möglich ist. Sie dürfen sich jederzeit für ein reiches Leben entscheiden. Das hat nichts mit Spiritualität zu tun, sondern es ist das Gesetz der inneren Haltung, das schon die asiatischen Philosophien erkannten. Danach werden aus Gefühlen Gedanken, aus Gedanken werden Worte, aus Worten Handlungen, aus Handlungen ein Schicksal. Diese Kausalkette, so erfahre ich es seit mehr als 25 Jahren Beratung, dürfen Sie selbst knüpfen.

Schreiben Sie diesen Wunsch nach Reichtum auf ein Blatt, tragen Sie es in der Hosentasche und berühren Sie es mehrmals täglich, um sich daran zu erinnern, dass dieser Wunsch mit Ihrer Kraft, Ihrem Fleiß, Ihrer Entschlusskraft wahr wird. Irgendwann. Natürlich mutet ein Weg von 20, 30 Jahren mühsam an. Nur: Was ist Ihre Alternative?

Vermutlich sind Sie weder reich geboren noch werden Sie in einem Glücksspiel das große Los ziehen. Vielleicht werden Sie auch kein Vermögen erben oder sich einen Millionär zur Heirat angeln. Zwar gibt es diese kleinen hellen Schicksalstupfer, doch wäre es vermessen, damit zu rechnen. Ich bin ein Freund davon, Überraschungen im Leben willkommen zu heißen, aber noch lieber sind mir die klaren, strategischen Linien, die ich selbst entwerfen und messen kann. In diese Kategorie passt der Sparplan in diesem Buch.

Meine 25 Kollegen werden ähnliche Pläne für Sie entwerfen, wie ich es auf diesen Seiten getan habe. Sie werden mit feiner Feder Ihre Belange erfassen, notieren und den Plan so lange schleifen, dass er sich in Ihren Alltag fügt.

Sie werden bereits in einem ersten Gespräch fühlen, ob die Energie zwischen Ihnen und Ihrem Berater positiv schwingt. Wenn nicht, dann suchen Sie sich einen anderen. In Geldangelegenheiten sollte es keine Kompromisse geben, denn Geld ist Ihre Grundlage für ein glückliches Leben. Schichten Sie es auf, lassen Sie diese Grundlage dick und unverwüstlich werden. Der Faktor Zeit wird Ihnen dabei entgegenkommen.

In meinen Rechenbeispielen erkennen Sie, dass mit dem zehnten Jahr Ihres Investments der Zinseszinseffekt mit steiler Kurve nach oben zeigt. Wenn Sie bis zu diesem ersten Meilenstein auf Ihrem Vermögensweg durchhalten, dann erscheint Ihnen der Rest des Weges wie ein Spaziergang. An dieser Stelle, an der erstmals Ihr Erspartes die 100.000-Marke im Plan überspringt, dürfen Sie sich sagen: Alles richtig gemacht! Statt Schulden anzuhäufen, schichten Sie Vermögen aufeinander. Statt den Zweiflern zu folgen, entwickeln Sie Ihre finanzielle Bildung. Statt den Mangelblick zu pflegen, malen Sie sich die Chancen für Ihre Zukunft aus. Spätestens an dieser Stelle kann niemand, wirklich niemand Sie mehr von Ihrem Weg zur finanziellen Freiheit abbringen. Und würde es einer versuchen, sei es aus Neid oder Unwissenheit, Sie würden sich mit einer Leichtigkeit von ihm abwenden, weil Sie wüssten: Dieser Kritiker lebt nach einem falschen Glaubenssatz. Sie würden Ihren Zettel in der Tasche berühren und die Worte auf dem Papier würden augenblicklich Ihre Vorstellungskraft triggern:

Schließen Sie die Augen.
Atmen Sie ein und aus.
Atmen Sie die Luft in die Beine, die Arme, den Rücken, die Brust.
Atmen Sie aus.
Atmen Sie in Ihr Herz, in die Schultern, den Nacken, das Gesicht, in die Schädeldecke.
Genießen Sie die Stille.
Kein Gedanke stört Ihren Atemfluss.
Atmen Sie und atmen Sie aus.
Lassen Sie Gedanken vorüberziehen, halten Sie keinen Gedanken fest. Eine Leere entsteht.
Genießen Sie die Leere.
Stellen Sie sich nun ein Leben als Millionär vor.
Wie fühlt sich dieses Leben an? Lassen Sie dieses Gefühl groß und hell werden, nehmen Sie dieses Gefühl in Ihr Herz. Atmen Sie ein und aus und empfinden Sie eine helle Freude.
Atmen Sie ein und atmen Sie aus.
Öffnen Sie die Augen.
Nehmen Sie ein Blatt und einen Stift zur Hand und schreiben Sie Ihren Glaubenssatz auf, an dem Sie sich festhalten. Formulieren Sie den Satz, der Sie zur ersten Millionen trägt: „Geld macht mich glücklich – und mir steht Glück millionenfach zu."

Literatur Kapitel 7
(11) Quelle: https://www.destatis.de/DE/Presse/Pressekonferenzen/2019/BIP2018/pressebroschuere-bip.pdf?__blob=publicationFile (Zugriff 7.10.2019)
(12) Corssen, Jens: „Der Selbstentwickler". Wiesbaden: Matrix, 2004.

Kapitel 8:
Generation Z

Eine Betrachtung zum Geld von Emelie Noack

Einem Klischee zu entsprechen, weckt in den meisten Menschen Abneigung. Jeder möchte als einzigartiges Individuum anerkannt werden und sich kein Stereotyp einer ganzen Generation auferlegen lassen. Als Angehöriger der Generation Z kenne ich ein stark erhöhtes Individualismusbedürfnis. Ähnliche Verhaltensmuster in zusammengehörigen Gruppen wie zum Beispiel Familien, Schulklassen und Freundeskreisen sind durch Spiegelung und Beobachtungslernen nicht wegzudenken. Derartige Zusammenhänge treten natürlich auch in größeren Gruppen von Menschen auf, wie den Generationen. Die Kriegskinder, die den Zweiten Weltkrieg durchlebten, die „Millenials" dieses Jahrtausends oder die „Babyboomer" der 50er Jahre, sie alle weisen typisches Verhalten für ihre Zeit auf, weshalb ein gewisses Maß an Stereotypen in Bezug auf Generationen unabdingbar ist. Demnach müssen sich auch die Mitglieder der Generation Z der Jahre 1996 bis 2009 mit ihren Gemeinsamkeiten abfinden.

Die Kinder dieser Generation haben mit dem Vorurteil zu kämpfen, dass sie es leicht hätten und nur wenige Probleme selbst lösen müssten. Sie brächen ihre Ausbildungen und Studiengänge ab, könnten nicht „richtig arbeiten" und beschäftigten sich nur mit sich selbst. Menschen sind der Überzeugung, dass die Generation Z zu entspannt sei und sich nur auf ihre mobilen Endgeräte sowie Social Media fokussiere. Die Zukunft wurde bereits von den Eltern und Großeltern geplant und vorgefertigt, sodass ihnen die anspruchsvollen Aufgaben bereits abgenommen wurden. Die Älteren glauben meist, die jüngeren Generationen würden durch neue Trends, eine andere Sprache oder modische Auffälligkeiten einen unangebrachten „Kult" aufbauen und damit die Arbeit ihrer Vorgänger zunichtemachen. Dass allerdings jede Generation ihre eigenen Modetrends und Sprachstile vorzuweisen hat, darf hierbei nicht außer Acht gelassen werden. Jede Generation ist einzigartig und sollte nicht in ihrer Entfaltung gestört werden, weil sie sich neue Sichtweisen und Vorstellungen aneignet. Ich finde: Viele Vorfahren der Generation Z haben engstirnige und unveränderbare Ansichten. So sind beispielsweise schon unsere Eltern schwer davon zu überzeugen, dass einige Neuheiten, die unsere Generation mit sich bringt, das Leben erleichtern und für uns eine Normalität des Alltags sind. Allgemein gilt für jede Generation und jede Altersklasse, dass es kontraproduktiv ist, nur das Schlechte im Neuen zu sehen und es strikt abzulehnen. In der heutigen Zeit lassen sich bereits zahlreiche ältere Menschen auf moderne Trends der heutigen Zeit ein und erleichtern sich dadurch ihren Alltag. Fest steht jedoch: Die Gegner der Digitalisierung, die sich strikt gegen Neuerungen in ihrem Lebensstil wehren, werden nie in den Genuss der Vorteile kommen, die moderne Technik mit sich bringt.

Jung, trendig, belastet

Meine Generation zeichnet sich sehr stark durch eine hohe Offenheit gegenüber Neuem, Spaß an stetiger Entwicklung und Multikulturalismus aus. Einen Teil dieser Freimütigkeit sollte sich jeder Bewohner unseres Planeten aneignen. Dann wäre das Thema der Klischees und Stereotype gegenüber anderen Generationen überhaupt nicht präsent. Nur ist es in der heutigen Gesellschaft so, dass viele Leute in ihrer „eigenen Blase" leben und sich gegen Einflüsse der Außenwelt abschirmen und somit immer noch viele Konflikte zwischen Generationen und zahlreichen anderen Gruppen wie Religionen, politischen Kreisen usw. herrschen. Vielleicht wird auch meine Generation Z, die sich jetzt für offen und bereit für Neues hält, in ihren älteren Jahren Vorurteile gegenüber ihren Kindern oder Enkeln hegen. Doch was die Zukunft bereithält, wird uns immer überraschen!

Die Generation Z hat es sicherlich in einiger Hinsicht leichter als ihre Eltern und Großeltern, jedoch darf man nicht vergessen, welche neuen Belastungen durch Trends entstehen. So sind beispielsweise gesellschaftlicher Druck und psychische Erkrankungen allgegenwärtiger denn je. Jugendliche leiden schon in der Schulausbildung an Depressionen, sozialen Ängsten und Panikattacken. Zahlreiche junge Menschen sind zu einem stationären Aufenthalt in Kliniken gezwungen, da sie der hohe Anspruch der Gesellschaft, perfekt zu sein, in Essstörungen treibt. Burnouts prägen die Arbeitswelt und seelische Ausgebranntheit quält eine Vielzahl von Menschen. In welchen Bereichen wir es auch immer leichter haben mögen, neue Belastungen gleichen dies aus. Hinzu kommt, dass Jugendliche der Generation Z zu wenig Gehör für ihre Problematik finden. Im Elternhaus herrscht kaum Verständnis für die psychischen Belastungen, nach außen hin verbergen die Betroffenen ihre Problematiken, denn selbst im 21. Jahrhundert sind psychische Krankheiten immer noch ein Tabuthema. Die Belastung durch Mobbing schon im Grundschulalter, Inakzeptanz der Persönlichkeitsentwicklung seitens des Elternhauses oder schlicht grundlegende Überforderung sind nur wenige Beispiele für die Belastungen, denen ein Großteil der Generation Z ausgesetzt ist.

Viele Jugendliche unserer Generation träumen frühzeitig von einem eigenen, selbstständigen Leben. Sie wollen sich von Ansichten ihres Elternhauses differenzieren und sich eine neue Weltanschauung aufbauen. Heutzutage fühlen sich Jugendliche dafür verantwortlich, die Fehler der Vergangenheit aufzuarbeiten, die die Generationen vor ihnen begangen haben. Hierbei geht es natürlich hauptsächlich um den Klimawandel, welcher unsere Gesellschaft heute stärker spaltet denn je. Die Beteiligung an politischen Inhalten wächst in unserer Generation unglaublich, wobei auch hier eine Niedergeschlagenheit entsteht, weil wir nicht in dem Maße gehört werden, wie wir es uns wünschen. Mehr Jugendliche als in den Dekaden zuvor setzen sich für politische Veränderungen ein, stellen Bildung und persönliche Bedürfnisse an zweite Stelle, um unseren Planeten zu retten. Deshalb ist es erschütternd, wie viele ältere Erwachsene sich dem in den Weg stellen und das Engagement der Generation Z nicht nur nicht würdigen, sondern aufhalten wollen. Ja genau, man will uns aufhalten, während wir die Erde beschützen wollen, und hält unsere Aktivitäten für unsinnig und unrealistisch.

Wirtschaftlichkeit steht an erster Stelle, doch in der Generation Z wird Ökonomie im Vergleich zum Naturschutz und nachhaltigen Leben degradiert.

Zahlreiche Gegner der heutigen Politik werden von den sogenannten Etablierten missachtet und als lächerlich dargestellt, da sie „zu jung" seien. Meiner Meinung nach ist der Einsatz für unsere Welt, den die jungen Menschen leisten, bewundernswert. Selbstverständlich tun wir nicht immer das Richtige, jedoch kann das niemand. Wichtig bleibt, dass man etwas tut, nicht schweigt, nicht hinnimmt, was schiefläuft! Wir fordern: Mehr junge Menschen sollten eine politische Stimme bekommen und ihren Beitrag leisten dürfen. Wir sind es, die auf den Einkauf plastikverpackter Lebensmittel verzichten, die eine vegane Ernährung bevorzugen und den Secondhand-Handel beliebter machen. All dies geschieht aus dem Wunsch, die Schulden der vorherigen Generationen gegenüber unserem Planeten abzuarbeiten.

Die Vorhersagen der Wissenschaftler sind erschreckend. Es wird Zeit zu handeln, und vor allem: Es bleibt keine Zeit für das Leugnen des menschengemachten Klimawandels. Das ist die Weltansicht, die die Generation Z vertritt und die sie von ihren Eltern und Großeltern entfernt. Dabei wollen wir unsere Familien nicht angreifen oder uns undankbar zeigen.

Für ein besseres Erbe kämpfen

Nicht nur die Natur liegt uns am Herzen, auch die finanziellen Schulden, denen unter anderem Deutschland unterliegt, belasten unsere Generation. Schon früh werden wir mit der Pflicht konfrontiert, für unsere Vorfahren finanziell zu sorgen, und im selben Moment ist für uns offenkundig, wie stark das deutsche Rentensystem bröckelt. Die Versorgung unserer Eltern hängt sehr stark von uns ab, und dieser Druck lastet auf uns. Für eine gesicherte Altersvorsorge müssen wir in jungen Jahren finanzielle Puffer schaffen und uns damit abfinden, dass wir uns möglicherweise im Alter nicht auf den Staat verlassen können, wenn es um unsere Versorgung geht.

Oft stößt man auf der ersten Stufe des höheren Bildungsweges auf finanzielle Komplikationen. Ein eigenes Leben während eines Studiums zu finanzieren, ist eine Herausforderung für jeden jungen Menschen. Einen Anspruch auf BAföG haben die wenigsten Studierenden. Die finanziellen Ressourcen der Eltern sind allerdings oft nicht ausreichend, um sowohl die Semestergebühren zu zahlen (die sich auch an staatlichen Universitäten nicht mehr auf kleine Beträge belaufen), eine eigene Wohnung nah an der Bildungsstätte zu finanzieren und zusätzlich die Lebenshaltungskosten abzudecken. Rechtlich gesehen hat jeder junge Student, der nicht mehr im Elternhause wohnt, einen gesetzlichen Anspruch auf Unterhaltsleistungen durch die Eltern. Dies stellt oft eine finanzielle Belastung dar, wenn nicht bereits früh begonnen wurde, für die akademische Ausbildung der Kinder zu sparen. Wenn nun allerdings weder Anspruch auf BAföG besteht noch das Elternhaus für alle Kosten aufkommen kann, werden Studierende im Alter von 19 oder 20 Jahren in Schulden getrieben. Sie leihen sich Geld von Freunden oder ferneren Verwandten, ohne sich der Risiken bewusst zu sein. Ein zusätzlicher Job neben dem Studium ist nahezu unausweichlich. Durch das Steuersystem lohnt sich eine Vollzeitanstellung für die meisten jedoch nicht, und somit widmet man sich einem Nebenjob auf 450-Euro-Basis. Für den Fall, dass die Familie finanziell unterstützt, ist dieser Betrag ausreichend. Ist dies nicht der Fall, können die meisten Studierenden vielleicht gerade noch die überteuerten Mieten in den Großstädten bezahlen und durch ihr Kindergeld auf einem geringen Lebensstandard existieren. Dieser Druck übt sich sehr negativ auf die finanzielle Haltung junger Menschen aus. Für die Zukunft oder gar das Rentenalter vorzusorgen scheint schier unmöglich zu sein. Jedoch wissen wir, dass frühzeitiges Sparen und langfristige Kontinuität das A und O für finanzielle Freiheit bilden.

Durch die Knappheit des Geldes in jungen Jahren fühlen sich viele Studenten benachteiligt und wollen schnellstmöglich ihren Abschluss erhalten und einen Beruf ausüben, um über ein höheres und festes Einkommen zu verfügen. Sobald der Bachelor oder gar Master in der Tasche ist, suchen sich die Studenten einen Job und haben mit einem hohen Bildungsabschluss oft Chancen auf einen gut bezahlten Beruf mit einem Jahresgehalt von rund 35.000 Euro. Der Wandel vom Studenten, der an jeder Ecke spart, hin zum Festangestellten mit gutem Gehalt birgt unerwartete Gefahren: Es schleicht sich die Ansicht ein, man könne das Leben jetzt genießen, da man doch jahrelang nur sparte und sich nichts gönnte. Diese Annahme führt schnell zu einem verschwenderischen Lifestyle über die eigenen Verhältnisse hinaus. Hat sich dieses Mindset erst einmal verfestigt, schafft man es kaum, von seinem Gehalt etwas zurückzulegen. Mit der Zeit erhöht sich das Einkommen zwar, doch der Gedanke an das Sparen ist durch die vergangene Zeit derart negativ konnotiert, dass die Rücklagen fürs Alter leider nicht wachsen.

Um herauszufinden, wie andere junge Menschen und Studenten der Generation Z zu den Verhältnissen unserer Zeit stehen, führte ich ein Interview mit einem Kommilitonen, nennen wir ihn Mark O. Er studiert im dritten Semester Wirtschaftspsychologie an einer privaten Hochschule und ist interessiert daran, eine erfolgreiche Karriere aufzubauen und finanziell unabhängig zu sein. Er hat ebenfalls ein realistisches Bild von unserer Generation Z. Um seinen Ansichten auf die Schliche zu kommen, stellte ich ihm die folgenden Fragen:

Emelie Noack: **Wenn du die Aussage „Mit Schulden geboren" auf unsere Generation beziehen solltest, wie würde das aussehen?**
Mark O.: Ich finde unsere Generation ist im Vergleich zu unseren Vorfahren mit einem kleineren Schuldenberg geboren, wenn man die Schulden aus finanzieller Sicht betrachtet. Allerdings bin ich der Meinung, dass wir eine Schuld gegenüber dem Planeten aufarbeiten müssen, da sich vorherige Generationen nicht besonders um den Erhalt der Erde sorgten. Die individuellen Schulden, die ein Kind durch die Familie auferlegt bekommt, sind in der heutigen Zeit geringer, wie es mir meine Erfahrung sagt. Die Eltern wollen ihren Kindern ein gutes Leben ermöglichen und ihnen alle Chancen bieten. Deshalb achtet man auch mehr darauf, seine Kinder nicht mit seinen eigenen finanziellen Missständen zu belasten, und sorgt dafür, dass man alle Schulden tilgt, bevor man in ein zu hohes Alter gerät, in dem man die Schulden wohl oder übel auf die neue Generation abwälzen muss.

EN: **Wie stehst du dazu, dass der demographische Wandel immer weiter voranschreitet und dies voraussichtlich noch bis 2050 tun wird?**
MO: Hauptsächlich denke ich bei diesem Problem daran, dass ich persönlich früh mit meiner Altersvorsorge beginnen muss. Wir müssen nicht nur für die jetzigen Älteren sorgen, sondern auch an unsere Zukunft denken. Ich selbst habe mich bereits mit dem Thema der Geldanlage beschäftigt und spare für eine gesicherte finanzielle Situation im Alter. Leider weiß ich auch, dass die wenigsten Leute meiner

Generation zeitig damit beginnen und meist auch wenig Interesse daran bekunden. Dieses Defizit sollte in unserer Generation unbedingt beseitigt werde. Wenn wir schon eine schlechte Aussicht auf Versorgung im Alter durch den Staat haben, sollte der Staat sich wenigstens mit der Bildung der jungen Menschen in diesem Bereich befassen. Aus eigener Kraft werden die wenigsten beginnen, für sich vorzusorgen und nachhaltig mit dem eigenen Geld umzugehen.

Frühzeitig Vorkehrungen für eine gesicherte Altersvorsorge zu treffen, ist enorm wichtig, gesellschaftliche Bedenken bezüglich der Demographie hege ich allerdings nicht. Das Individuum selbst hat immer noch gute finanzielle Chancen und meiner Meinung nach hat sich die Gesellschaft nicht „verschlechtert", indem der Altersdurchschnitt stieg.

EN: Denkst du, dass unsere Generation keine Garantie für ein gutes Leben hat?
MO: Die Arbeitslosenquote war noch nie so niedrig wie heute, weshalb ich das als erstes Indiz gegen die Behauptung sehe. Zudem gibt es heute zahlreiche staatliche Jobs, die große Karrieremöglichkeiten bieten und für die junge Leute mit speziellen Studiengängen gesucht werden. Viele Leute unserer Generation passen auf diese Jobs. Auch bieten sich für uns sehr viele Berufe an, die uns eine prestigereiche Zukunft ermöglichen können. Ich denke, man muss heutzutage mehr dafür tun, um einen guten Lebensstandard zu erreichen. Oft sagt man, dass ohne ein abgeschlossenes Studium kaum noch Chancen bestehen, großen beruflichen Erfolg zu erfahren und in den Genuss des Wohlstandes zu kommen. Ich denke, dass man tatsächlich mehr Wert auf einen hohen Bildungsstand legt und damit auch eine Eintrittskarte in eine finanziell freie Welt erhält. Allerdings muss man bedenken, dass ebenso viele Menschen mit hohem Bildungsabschluss keinen Beruf ausüben können, weil der Markt gesättigt ist oder ihre akademischen Fähigkeiten zurzeit nicht benötigt werden. Neben all diesen Dingen bin ich jedoch der Meinung, dass unsere Generation eine grundsätzlich hohe Chance auf ein gutes Leben hat.

EN: Wie beurteilst du das Selbstbewusstsein in unserer Generation? Haben wir noch Lust auf das Leben?
*MO: I*ch denke, unser Selbstbewusstsein ist geringer im Vergleich zu dem vorheriger Generationen. Der Hauptgrund hierfür ist definitiv der starke Vergleich auf Social Media und der damit verbundene gesellschaftliche Druck, perfekt zu sein. Die Belastung durch psychische Erkrankungen sollte hierbei nicht außer Acht gelassen werden.

Zusätzlich bekommen wir meiner Meinung nach wenig Selbstbewusstsein vom Elternhaus mit auf unseren Weg. Wir haben endlos viele Möglichkeiten und demnach auch sehr viel Lust auf das Leben. Das Elternhaus übt hierbei einen starken sozialen Vergleich aus, da das eigene Kind erfolgreich sein soll und den eigenen

Status beibehalten oder gar überbieten soll. Hierbei sollte man vielleicht ansetzen und daran arbeiten, dass die Kinder der zukünftigen Generationen einen höheren Selbstwert haben und sich nicht mehr durch die Gesellschaft entmutigen lassen. Die Lust auf das Leben ist riesig, gerade bei den unendlichen Möglichkeiten. Gedämpft wird das Ganze nur durch die eigene und vermittelte Unsicherheit.

EN: Hat die Generation Z ihre Ziele klar im Blick?

MO: Wir wissen früh, was wir wollen, und viele sind sehr karrierebewusst. Dies ist nur sehr unterschiedlich, da die Gesellschaft noch nie so stark gespalten war wie heute. Wir bewegen uns immer in Extremen und es gibt keine „neutrale Mitte". Es gibt die überaus nachhaltigen umweltbewussten Menschen, die Feinde der kapitalistischen Weltsicht sind. Die andere Hälfte möchte aus allem Profit schlagen und macht vor nichts Halt, um persönlichen Erfolg auf finanzieller Basis herbeizuführen. Zusätzlich sind wir sehr schnelllebig und konzentrieren uns oft zu sehr auf die Zukunft, anstatt die Gegenwart wertzuschätzen. Man sollte sich nicht immer dem Mainstream anschließen. Übertrieben gesagt ist es nämlich so, dass die eine Hälfte der jungen Menschen an privaten Business Schools auf den Wohlstand vorbereitet wird, und die andere Hälfte möchte sämtlichen Materialismus abschaffen und sich nur auf die Umwelt und die Gemeinschaft konzentrieren. Dass man hierbei etwas ziellos ist, weil man sich mit keinem der beiden Extreme identifizieren kann, gehört meiner Meinung nach zum Entwicklungsprozess dazu. Aber wie schon gesagt findet man auch eigene Wege, ohne sich den Massen anzuschließen.

EN: Wie stehst du zu dem Statement „Geld ist Glück"?

MO: Geld ermöglicht den Erwerb von Dingen, die glücklich machen, demnach kann man Geld einsetzen, um an Glück zu gelangen. Es gibt allerdings genügend wohlhabende Menschen, die dennoch unglücklich sind. Ich glaube, Geld ist heute weniger wichtig als in vorherigen Generationen, doch auch hier spaltet sich die Gesellschaft wieder entzwei. Für mich kann ich mir durch Geld ein Leben ermöglichen, das mich glücklich macht. Ich kann verreisen, in Restaurants essen oder mir schöne Kleidung kaufen. Das macht selbstverständlich glücklich. Allerdings soll das nicht heißen, dass ich ohne diese besagten Dinge unglücklich wäre. Man sollte stets einen Ausgleich zwischen den beglückenden Momenten im Leben schaffen. Konsum kann einen erfüllen, aber genauso sollten es Gefühle, Freundschaft und alltägliche Dinge tun.

EN: Wie verhalten sich Weitsicht und Zuversicht in unserer Generation?

MO: Wir sind nicht besonders weitsichtig, aber dafür sehr zuversichtlich. Uns plagen kaum Existenzängste. Die Zuversicht zeigt sich hauptsächlich im Kampf gegen den Klimawandel und für die Umwelt. Hierbei zeigt sich die Mehrheit engagiert und sieht eine große Macht in der Menge an jungen Menschen, die sich einsetzen. Ich denke wir sind insofern zuversichtlich, dass wir der Anfang einer nachhaltigeren und bewussteren Generation von Menschen sind und dass wir die vergangenen Fehler nicht wiederholen werden.

Andererseits leben wir eher im Moment, da wir von Informationen überschüttet werden. In unserer schnellen Welt, die ständig in Bewegung ist, fällt es einem manchmal schwer, Gedanken an die Zukunft zu verschwenden. Jeder Tag bietet Tausende von Möglichkeiten, von denen man sich keine gute entgehen lassen darf. Durch diese neuen Möglichkeiten möchten wir uns, denke ich, nicht zu sehr auf eine vorgefertigte Zukunft festlegen, die sich in einer Sekunde wieder ändern kann.

EN: **Haben wir in jungen Jahren einen Plan vom Leben?**
MO: Der Druck, zu heiraten und Kinder zu bekommen, ist heute so gering wie wahrscheinlich nie zuvor. Wir haben heutzutage keinen strukturierten Plan, da alles sprunghaft ist. Es kommt häufig zu Jobwechseln und man bindet sich weniger an beispielsweise Wohnorte oder Arbeitsstellen. Das findet bei älteren Menschen wenig Verständnis, weshalb wir, denke ich, als sehr unstrukturierte Generation gelten. Wir sehen diesen Lebensstil einfach als eine neue Möglichkeit an, Erfahrungen zu sammeln und so viel zu erleben wie nur möglich. Trotzdem hat man einen groben Lebensplan und ich denke, ab einem gewissen Punkt im Leben weiß man, wohin die Reise gehen soll. Dann ist es auch keine Belastung mehr, wenn man beispielsweise umzieht oder einen neuen Arbeitgeber sucht, denn dies geschieht meist alles unter einem großen Gesamtziel, das wir seitdem verfolgen.

EN: **Wie stehst du zu der Aussage, dass die älteren Generationen auf unsere Kosten leben?**
MO: Das stimmt meiner Meinung nach nicht. Die Kosten der Älteren werden höchstens auf uns umgelagert, allerdings funktionierte das System bisher immer so. Wir kommen für den Unterhalt der alten Menschen auf, und wenn wir dann in den Ruhestand gehen, übernimmt diese Aufgabe eine andere jüngere Generation für uns. Da der demographische Wandel voranschreitet, kann man nicht davon ausgehen, dass dieses System ewig funktioniert, aber bisher war es ein ausgeglichenes Geben und Nehmen, weshalb ich die Formulierung „auf unsere Kosten leben" unpassend finde.

Zu sagen, Generation Z wisse nicht, was sie wolle, ist lediglich eine Behauptung. Die Interessen der Jüngeren entscheiden sich auffällig von denen der Älteren. Die Berufsbilder werden komplexer, die Kommunikation schneller und die Selbstverwirklichung ist vielseitiger denn je. Die Mitglieder der Generation Z unterscheiden

sich in vielerlei Hinsicht, weshalb es schwer ist, einen Mainstream in der großen
Menge von Individuen auszumachen. Im Interview war davon die Rede, dass sich
die Generation in zwei Seiten aufteilt. Ich bin der Meinung, wir bieten in der heutigen Gesellschaft so viele Möglichkeiten zur Selbstverwirklichung an, dass sich unendlich viele exklusive Lebenswege herauskristallisieren.

In jungen Jahren haben die meisten Kinder einen Traumberuf vor Augen. Sie
wollen Polizist werden, Tierarzt oder Astronaut. Zuerst erscheinen diese Zukunfts-
pläne abwegig und die Eltern denken wahrscheinlich, dies seien frühkindliche Grö-
ßenphantasien. Im Alter von sechs Jahren kann man natürlich in den meisten Fällen
nicht einschätzen, welche Berufslaufbahnen realistischer sind als andere. Jedoch ist
mit Sicherheit zu sagen, dass die Wahrscheinlichkeit, tatsächlich Astronaut oder
auch Pilot zu werden, heute so hoch ist wie nie zuvor. Diese frühkindlichen Pläne
verflüchtigen sich meist im Laufe der Jahre und in regelmäßigen Abständen tauchen
neue Träume auf. Am Gymnasium entpuppt sich dann häufig der Wunsch, Jura oder
Betriebswirtschaftslehre zu studieren, um erfolgreich und wohlhabend zu werden.
Zudem kristallisieren sich die wahren Talente und Begabungen heraus und es werden Interessen in den Geistes- oder Naturwissenschaften entdeckt, Vorlieben für
Ökonomie erkannt oder künstlerische Fähigkeiten ausgearbeitet.

Da in der heutigen Gesellschaft schon frühzeitig Wert darauf gelegt wird, die
Stärken und Schwächen der Kinder zu erkennen, werden sie in eine Richtung geleitet, in die sich ihre Fähigkeiten weiterentwickeln. Berufswünsche werden vom Elternhause im Regelfall unterstützt, sodass sich Kinder meiner Generation fast immer einen Plan für ihr späteres Leben aufbauen konnten. Bis heute verfolgt eine
Vielzahl meiner Generationspartner einen Plan, den sie in ihrer frühen Jugend ent-
wickelten. Ein zielstrebiger Lebenslauf wird in der heutigen Zeit gern gesehen, allerdings entsprechen viele nicht diesem Schema.

EN: Für welche Dinge bist du am dankbarsten?

MO: Fast alle Menschen, denen ich diese Frage stellte, waren sich bezüglich der
Antwort einig. Es ist die Möglichkeit, die sie momentan ausleben können. Zum
Beispiel finanziell frei zu sein dank der ersten Ausbildung, die einem Spaß macht.
Oder aber auch das Studium an einer privaten Hochschule, welches einem so viele
Ziele im Leben ermöglichen wird. Fast alle Befragten waren dankbar für die Zu-
kunftsperspektive, die ihnen ermöglicht wurde. Einige waren am dankbarsten für
ihre Partner im Leben, dafür, dass sie gesund sind, oder dafür, dass sie nah bei ihrer
Familie wohnen, um nicht einsam zu sein. Der Aspekt des Geldes spielte bei den
meisten Antworten eine indirekte Rolle, denn das Studium wäre ohne Geld nicht
möglich und die Ausbildung macht mehr Spaß dadurch, dass man sich eine eigene
Wohnung leisten kann und unabhängig ist.

EN: Welchen Beruf haben sich deine Eltern für dich vorgestellt?
MO: Neben den klischeehaften Antworten wie Anwalt, Arzt oder Banker haben viele meiner Freunde und Kommilitonen gesagt, dass ihre Eltern ihnen kaum Einschränkungen in dem Bereich gaben. Alle Vorstellungen wurden unterstützt, selbst die im Kindesalter. Hierzu muss auch ich mich zählen, denn egal ob ich Tierarzt, Broker oder Psychologe werden wollte, ich habe von meinem Elternhaus nie Beschränkungen erfahren.

EN: Was würdest du tun, wenn du endlos viel Geld zur Verfügung hättest?
MO: Die Antwort auf diese Frage bekam ich nach längerer Bedenkzeit der Befragten. Eine Geschichte bezog sich auf den Kauf eines großen Hauses und eines Autos, sodass man keine Kredite abbezahlen muss und für das Leben langfristig ausgesorgt hat. Ein anderer wiederum wollte die Schulden seiner Familie begleichen, um sowohl sich als auch seinen Lieben ein besseres Leben zu ermöglichen. Ein Anliegen lag jedoch fast allen auf dem Herzen und das war Spenden für wohltätige Zwecke. Als ich genauer nachfragte, handelte es sich um Tierschutzorganisationen, Klimaschutzprojekte oder Menschenrechtsschutz. Das Eigenwohl stand in den meisten Fällen vor dem Schutz anderer, allerdings hat jeder Befragte mindestens eine selbstlose Tat mit dem Geld geplant.

EN: Wo siehst du dich in fünf Jahren?
MO: Alle Interviewten wollten innerhalb dieser Zeitspanne ihre akademische Ausbildung abgeschlossen haben beziehungsweise kurz vor einer erfolgreichen Masterarbeit stehen. Einige wollten beruflich viel reisen und die Welt erkunden. Der Aspekt der finanziellen Unabhängigkeit war nur für wenige präsent, allerdings darf nicht außer Acht gelassen werden, dass einige junge Erwachsene schon früh Interesse am Vermögensaufbau bekundeten. Familienplanung oder Sesshaftigkeit kamen in keiner Zukunftsaussicht vor, was dafür steht, dass die Befragten mehr Wert auf die Karriere legen.

EN: Wenn sich eine Sache an den Menschen ändern ließe, welche wäre es?
MO: Diese Antwort fiel bei allen Befragten einstimmig auf die Nachhaltigkeit. Jeder wünschte sich, dass die Menschheit mehr auf die Umwelt bedacht wäre und an die Zukunft dächte. Diesen Wunsch hegen die Befragten aber nicht nur für die älteren Generationen, wie man es vermuten mag, sondern auch für ihre Gleichaltrigen. Das Problem der globalen Klimakrise wollen sie nicht auf ihre Vorfahren abwälzen. Eine andere wichtige Veränderung für die Menschheit wäre die Verringerung des Neids. Alle Befragten waren der Meinung, dass der ständige soziale Vergleich und der Neid auf andere die Menschen kaputt machen. Diese beiden Wünsche führen wohl ein

Kopf-an-Kopf-Rennen, wenn es darum geht, aus der Masse eine bessere Menschheit zu machen.

EN: Ist Erfahrung oder Bildung wichtiger?
MO: Hier spalteten sich die Gemüter, denn für den weltoffenen Studenten, der viel reisen möchte, spielte die Erfahrung eine wichtigere Rolle als Bildung. Manche meinten also, dass man auch mit einem durchschnittlich guten Notenschnitt viel erreichen kann. Für die Karriereorientierten unter den Befragten war Bildung wichtiger als Erfahrung, da einem durch eine hohe Bildung die Türen zum Sammeln von Erfahrungen geöffnet werden. Unter den beiden Antworten gibt es keine richtige oder falsche, es ist lediglich abhängig von dem Ziel, welches man persönlich erreichen möchte.

EN: Warum nutzen so viele Menschen Geld, das sie nicht haben, um Leuten zu imponieren, die sie nicht mögen?
MO: In einer der obigen Fragen ging es darum, dass die Interviewten gern den Neid abschaffen wollen. Dies ist auch hier die Ursache allen Übels. Zu viele Menschen wollen einen Status erhalten, welchen sie über die Marke ihrer Kleidung oder des Autos, die Größe ihres Hauses oder die Uhr an ihrem Handgelenk definieren. Damit wollen sie sich gegenüber ihren Konkurrenten abheben, auf die sie vielleicht eigentlich neidisch sind. Um die eigene Unsicherheit zu überspielen, startet daraufhin ein Konkurrenzkampf auf der finanziellen Ebene mit diesen Feinden. Einen Erfolg dahinter sehen die Befragten allerdings nicht.

EN: Wofür gibst du am meisten Geld aus?
MO: Unangefochten ist die Miete bei den Befragten der größte Kostenfaktor. Von Studenten in einer Großstadt war kaum eine andere Antwort zu erwarten, denn die Mietpreise sind utopisch. An zweiter Stelle stand dann meistens das Einkaufen von Lebensmitteln. Die Interviewten, die noch keine eigene Wohnung besitzen und keinen eigenen Haushalt führen, gaben den Großteil ihres Geldes für Kleidung aus und ebenfalls für Freizeitaktivitäten (Fußballkarten, Konzertkarten) und Restaurantbesuche. Hier war eine deutliche Spaltung der Präferenzen zwischen den alleinlebenden Studenten und denen, die noch bei ihren Eltern wohnen, zu verzeichnen. Man merkt, dass sich die Prioritäten stark ändern, sobald man selbst haushalten muss.

Selbstverwirklichung ist der Plan!

Ein Merkmal unserer Generation ist es, den Prozess der Selbstfindung sehr exzessiv auszuleben. Hierfür werden oft Studienzeiten ins Ausland verlegt oder Pausen von der akademischen Ausbildung genommen, um durch „Work and Travel" herauszufinden, wer man ist und wer man sein möchte. In einer schnellen Welt wie heute fühlt man sich leicht desorientiert und weiß nicht, wohin man gehört. Diesem Konflikt stehen gerade deshalb so viele Menschen der Generation Z gegenüber, weil wir ein riesiges Spektrum an Möglichkeiten vor uns haben. Aus diesen unendlichen Möglichkeiten etwas auszuwählen, was im Endeffekt die eigene Berufung sein soll, kann überwältigend wirken. Frühere Generationen schlugen einen ihnen vorbestimmten Weg ein, welchen ihre Vorfahren formten. Dies stand meist auch schon seit Kindheitstagen fest, sodass die Nachkommen in diese Richtung gedrängt wurden. Selbstverwirklichung war nicht immer ein so großer Aspekt des Alltags wie heute. Da diese vorbestimmten Wege mittlerweile abgenommen haben und man seinem Kind eine persönliche Entfaltung gewähren möchte, stehen wir vor der großen Entscheidung. Weil im Alter von 18 oder 19 Jahren die Mehrheit der Jugendlichen nicht weiß, welcher der richtige Weg für die Zukunft ist, werden Fehlentscheidungen getroffen. Daraus resultieren Ausbildungs- oder Studienabbrüche, das Einlegen eines freiwilligen sozialen Jahres oder Jahre der reinen Selbstfindung ohne festgelegte Aufgaben. Diese Unentschlossenheit der Generation Z ist es, was vielen Älteren aufstößt. Oft entsteht dadurch der Schein, dass viele junge Menschen keine Arbeitsmoral hätten oder „nichts aus sich machen wollen". Gegen diese vorherrschende Meinung anzukämpfen, ist sehr schwer. Man schämt sich, der Familie mitzuteilen, dass die Ausbildung leider doch nicht das ist, was man sich vorgestellt hat, oder dass das Studium nun doch zu anspruchsvoll ist. Daraufhin folgt meist die Predigt, man habe sich zu wenig informiert, könne nichts durchziehen oder sei schlicht und einfach nur faul. Derartige Vorwürfe sind für junge Menschen, die sich selbst verwirklichen wollen und eine erfüllende Tätigkeit suchen, oft so entmutigend, dass sie ihre Träume platzen lassen oder ihr Selbstwertgefühl lebenslang beeinträchtigt wird.

Der größte Wunsch, den, denke ich, so gut wie alle Leute der Generation Z in sich tragen, ist der Wunsch nach einem erfüllenden Job, nach Spaß an der Arbeit und Genugtuung in Bezug auf ihr Lebenswerk. Die Erwartungen, als Erwachsener viel Geld zu verdienen, werden vom Elternhaus geprägt. Da man für die Versorgung der Älteren in Form von Rentenzahlungen verantwortlich ist, wird ein Job mit hoher Bezahlung oft vorausgesetzt. Dieser Anspruch führt dazu, dass man sich dem Druck beugt, ein Studium mit guten Berufschancen absolviert und den eben genannten vielversprechenden Job erlangt. Daraufhin opfert man seine ganze Zeit der Arbeit, verliert den Bezug zu einem gesunden Ausgleich zwischen Privat- und Berufsleben und ist schlussendlich unglücklich. Verstehen Sie mich nicht falsch, zahllose erfolgreiche Workaholics unserer Generation beweisen das genaue Gegenteil meiner Aussage, allerdings sollte diese Entscheidung zu einem Lebensstil, in dem die Arbeit immer an erster Stelle steht, definitiv frei getroffen worden sein.

Für jeden Menschen hat die Zufriedenheit mit dem eigenen Leben eine andere Bedeutung. Der eine möchte von Land zu Land reisen, ohne festen Wohnsitz oder viele Habseligkeiten; ein Leben in den Tag hinein, ohne zu wissen, was ihn am nächsten Morgen erwartet. Der andere wünscht sich einen festen Job, geregelte Arbeitszeiten und planmäßigen Lohn, um eine Familie zu gründen und bescheiden zu leben. Wieder ein anderer junger Mensch ist schon seit seiner Jugend so karrierebewusst, dass das Streben nach einer hohen Position vor allem steht und das Privatleben durch den Beruf ausgefüllt wird. All diese Entscheidungen zu individuellen Lebenswegen wurden geplant und sorgen nun für ein erfülltes Leben, was in der Generation Z einen unbeschreiblich hohen Wert hat. Somit komme ich zu dem Entschluss, dass unsere Generation zwar chaotisch wirken kann, jedoch nicht planlos ist. Die Flut an Möglichkeiten ist Fluch und Segen zugleich und die Selbstfindung ist ein lebenslanger Prozess. Planlos sind wir allerdings nicht und Gedanken über unseren Lebensweg begleiten uns, seitdem wir denken können.

In einigen Bereichen sind wir zielstrebig, haben realistische Vorstellungen und sind gut gebildet. Das Thema Finanzen spielte in der bisherigen Beschreibung der Generation Z keine übergeordnete Rolle, was die Frage aufwirft, warum das so ist. Dass wir mit einer guten Ausbildung viel Geld verdienen können, ist uns klar. Auch dass unsere Altersvorsorge sehr unsicher ist, wissen wir. Man muss früh mit dem Sparen beginnen, um Sicherheit für die Zukunft zu generieren. Eine grobe Vorstellung von Zinsen, Immobilien und Aktiengeschäften haben ebenfalls viele junge Leute. Wie genau man vorgeht, woran man vielversprechende Aktien erkennt oder wem man in der Finanzwelt vertrauen kann, sind häufig große Fragezeichen. Die finanzielle Bildung ist weltweit nicht besonders ausgeprägt und bedarf einer „Auffrischung". In unserer Generation sollte ein erster Schritt getan werden. Die finanzielle Aufklärung in Schulen lässt stark zu wünschen übrig und im Elternhaus besteht meist kein Basiswissen in diesem Bereich, um es den Kindern zu vermitteln. Vor einigen Jahren erlangte ein Beitrag auf Twitter besondere Aufmerksamkeit, in dem eine junge Frau das Bildungssystem stark kritisierte. Mit der Aussage „Ich bin fast 18 und hab keine Ahnung von Steuern, Miete oder Versicherungen. Aber ich kann 'ne Gedichtsanalyse schreiben. In vier Sprachen" (Mojecki & Krüger 2015, o.S.) sorgte sie landesweit für Aufsehen. Viele Jugendliche fühlten sich verstanden und bekundeten starken Zuspruch für dieses Statement. Somit wird deutlich, dass die meisten eine Allgemeinbildung auch im finanziellen Bereich gutheißen würden und sich in Bezug auf das Schulsystem missverstanden fühlen. Einige wenige haben den Anreiz, die Wissenslücke zu füllen, und beschäftigen sich intensiv mit diesen gesellschaftlichen Anforderungen. Mit viel Engagement schafft man es also, sich in den Bereichen Finanzen, Steuern und Co. fortzubilden, auch wenn man keine Ansprechpartner zur Verfügung hat.

Wissenslücke in Geldsachen

Es ist schwer, in unserer Generation Z einen Bezug zu derartigen Dingen herzustellen, da uns das grundsätzliche Verständnis fehlt. Meistens ist es allerdings unangenehm, andere zu fragen, wie das eigentlich mit den Steuern funktioniert oder wie man am besten anfängt, für das Alter vorzusorgen. Wir fühlen uns mit diesen Themen alleingelassen und denken, dass alle anderen besser Bescheid wüssten als wir. Das ist ein grundlegender Fehler, denn die Mehrheit befürchtet sich zu blamieren, wenn sie über ihre Wissenslücken spricht. Wenn wir allerdings totschweigen, wie ungebildet die jüngeren Menschen in den Bereichen Steuern, Finanzen, Versicherungen und Staatsangelegenheiten sind, können wir keine Verbesserung bewirken. Ich persönlich denke, dass unsere Generation den Bezug zu Beratern oder Finanzexperten verloren hat. Eine Wohnung sucht man nicht mehr bei einem Immobilienmakler, dem man vertraut. Man recherchiert online und nimmt an öffentlichen Besichtigungen teil, zu denen meist nur eine Person mit dem Schlüssel erscheint und kein fachlicher Ansprechpartner vor Ort ist. Eine Versicherung abzuschließen, scheint ein unseriöses Unterfangen zu sein, da Versicherungsmakler als Gauner gelten, sodass man im Internet etwas abschließt, ohne jemals mit einer realen Person darüber gesprochen zu haben. Sparbücher und Konten erstellen wir online, ohne Beratungsgespräche. Wir wissen grundsätzlich nicht, welche Prozesse hinter all diesen alltäglichen Geschäften stecken, und durch die Digitalisierung, die alles unpersönlicher gestaltet, sind wir nicht gezwungen, unsere Unwissenheit preiszugeben.

Ein Konto zu errichten und nach Wohnungen zu suchen, scheint auf den ersten Blick nicht schwer. Schreitet man aber voran und findet beispielsweise eine schöne Bleibe, erschlagen einen Begriffe wie Schufa oder Steuer- und Einkommensnachweise. Hat man die Wohnung ergattert, geht es fröhlich weiter: GEZ-Gebühren, Ummeldung und Stromanbieter sind weitere Fremdwörter, mit denen man sich befassen muss. Selbstverständlich sind Vorgänge wie der erste Umzug oder der Kauf eines ersten Autos immer Prozesse, bei denen man etwas Neues dazulernt. Oft weiß unsere Generation aber gar nichts mit den neuen Pflichten und Verantwortungen anzufangen, die damit einhergehen. Die Eltern erklären so viel sie können und das Internet erleichtert ebenfalls vieles. Das mangelnde Grundwissen in diesen Bereichen ist nur leider nicht zu verstecken. Im Laufe des Lebens erweitert man seine Kenntnisse, fühlt sich sicherer bei derartigen Geschäften. Dass man aber als Jugendlicher praktisch unwissend ist, sollte meiner Meinung nach keine Normalität sein, zur Bildung zählt auch das Wissen um Finanzen!

In unserer Generation ist vieles leichter, da wir die Weiten des Internets nutzen können. Dadurch verlieren wir aber auch den Bezug zu realem Kontakt, welcher in der Finanzwelt oder auf dem Wohnungsmarkt das A und O bildet. Dadurch, dass wir keine Berater in Banken aufsuchen oder unsere Fragen an einen kompetenten Versicherungsmakler oder Finanzberater richten, gehen zahlreiche Erfahrungen verloren. Die Anonymität und auch die Bequemlichkeit, die wir heute meistens als Vorteil sehen, verhindern eine ausreichende Bildung des Allgemeinwissens rund um die Themen Finanzen, Vorsorge, Vermögen. Von einem Termin zum nächsten zu fahren, um sich Ratschläge von Fachleuten zu holen, ist in unserer Generation keine beliebte Strategie mehr. Dies wird sich in den jüngeren Generationen wahrscheinlich nicht ändern, weshalb es auch für die alteingesessenen Berater und Fachleute an der Zeit ist, etwas an ihren Verfahren zu ändern. Die Mehrheit stellt sich auf Online-Beratung ein und setzt auf Finanzgurus, die durch das Teilen von Beiträgen oder den Beitritt zu unseriösen Gruppen das schnelle Geld versprechen. Die Jugend ist dem langfristigen Prozess des schlichten Sparens abgeneigt, denn wir wollen das schnelle Geld. Man denkt in unserer Generation eher an die Selfmade-Milliardärin Kylie Jenner, die durch ihre Kosmetikfirma zur jüngsten Milliardärin aller Zeiten wurde, oder an Rihanna, die durch ihre Modelinie und Kosmetikmarke schon knappe 400 Millionen Euro ihr eigen nennen kann. Beide genannten Frauen waren schon im Alter von 20 Jahren extrem wohlhabend und finanziell wahrscheinlich lebenslang frei. Diese Menschen sind für uns größere finanzielle Vorbilder als beispielsweise Steve Jobs oder Warren Buffett, welche vor einigen Jahren als die „dicken Fische" im Finanzsee galten. Auf diesen Wandel sollten sich auch Berater einstellen. Das lebenslange Sparen wirkt unattraktiv, wenn man dadurch für den Großteil seines Lebens auf Prestige verzichten muss. Die meisten wünschen sich schnellen Reichtum und einen Lebensstil, welcher diesem Wohlstand angepasst ist. Selbstverständlich handelt es sich bei den Beispielen von Rihanna oder Kylie Jenner um absolute Ausnahmen, aber dennoch haben diese erfolgreichen Frauen, die in der Generation Z definitiv große Vorbilder sind, eine unglaubliche Erfolgsgeschichte vorgewiesen. Derartiges weckt bei den meisten jungen Menschen mehr Interesse als ältere Herrschaften, die durch kluge Investitionen in Aktiengeschäfte zu einer großen Summe Geld gelangten.

Nur hat leider nicht jeder ambitionierte junge Mensch mit einer Idee so viel Glück und die Möglichkeit, in kurzer Zeit ein millionenschweres Unternehmen aufzubauen. Aufgrund dieser Tatsache etwas Aufmerksamkeit in die Richtung von altbewährten Methoden zu werfen, um wohlhabend zu werden, schadet also nicht. Auch ohne ein Einkommen im fünfstelligen Bereich kann man finanziell unabhängig werden und für das Alter vorsorgen. Dass der Weg unter diesen Umständen steiniger ist, bestreitet niemand. Jedoch sind in dieser Situation Kontinuität und Geduld die stärksten Waffen. Eine Herausforderung für erfolgreiche Menschen in der Finanzbranche ist es also, das Sparen und den Vermögensaufbau für die jungen Leute attraktiver zu gestalten, die weder viel Ahnung von dem Thema haben noch über ein hohes Einkommen und Erfahrung mit Finanzgeschäften verfügen. Wenn man die Begeisterung und das Interesse der Generation Z in dieser Hinsicht gewinnen kann, kann man eine finanziell freie und erfolgreiche Generation aufbauen und dem finanziellen Bildungsmissstand ein Ende bereiten. Ohne eine Veränderung der Einstellung in dieser Branche wird dieses Vorhaben nur leider wenig Erfolg vorweisen können. Die Finanzgeschäfte müssen schlicht attraktiver für junge Menschen gestaltet werden. Weder die Million über Nacht noch das lebenslange Sparen sprechen die Masse an. Wir wünschen uns eine verständliche Aufklärung und seriöse Möglichkeiten, die nicht utopisch erscheinen. Wir sind immer aufgeklärter und der Informationsstrom endet nie. Daher hat man auch in unserer Generation schon viel von zwielichtigen Finanzgeschäften gehört, mit denen man schnell Geld verdienen kann. Ebendiese entpuppen sich dann schnell als brüchige Schneeballsysteme, und bevor man realisieren kann, was geschieht, ist all das Geld, das man angelegt hat, gar nicht mehr vorhanden. In den sozialen Medien hört man vieles von Jobs, in denen man Sparpläne unter die Leute bringen soll und an einer Provision beteiligt ist. Diese Geschäfte schrecken viele ab, und wenn man in der heutigen Zeit von Organisationen wie „Legacy" hört, verspürt man meist ein Unbehagen und fragt sich, ob dort alles mit rechten Dingen zugeht. Daher ist eine Aufklärung über vertrauenswürdige Finanzgeschäfte wichtig, ebenso wie den jungen Leuten ein Gefühl dafür zu vermitteln. Eine Identifikation mit dieser Branche ist der erste Schritt, mit dem wir uns im Umgang mit Finanzen wohler fühlen.

Beratungen in Form einer Videokonferenz abzuhalten wäre beispielsweise ein Schritt, den Banken oder Finanzberater gehen könnten, um uns entgegenzukommen. Wichtig ist es für uns auch, dass wir die Praxis an Beispielen erklärt bekommen, zu denen wir einen Bezug herstellen können. Hierbei sollte man sich an Idolen der heutigen Zeit orientieren wie den oben genannten. Allerdings sind bis heute immer noch die erfolgreichen älteren Gurus diejenigen, welche die wahren Geheimnisse, Tipps und Tricks kennen. Obwohl Warren Buffett & Co. keinen besonders großen Einfluss mehr auf unsere Generation haben, ist ihre Geschichte beeindruckend und besonders gut geeignet, um aufzuzeigen, dass altbewährte Vorgehensweisen gut sind. Auch wenn die Art der Kommunikation zwischen Berater und Kunde einer Erneuerung bedarf, sollte man sich nicht zu sehr auf neue Methoden des schnellen Geldverdienens verlassen. In der heutigen Zeit ist es vielleicht beliebter, Aktien stetig zu kaufen und zu verkaufen. Der Einkauf erfolgt, wenn sie gerade günstig sind, und sobald der Kurs nach einigen Tagen steigt, verkauft man mit kleinem Gewinn. Führt man dies stetig fort, kann man in der Tat einen beachtlichen Betrag erzielen. Die ständige Fluktuation des Geldes und der zu betreibende Aufwand sprechen aber dagegen. Einen verlässlichen Fonds zu finden, in den man sein Geld für mehrere Jahre, wenn nicht sogar Jahrzehnte, anlegen kann, bietet mehr Gewissheit und auch eine höhere Erfolgswahrscheinlichkeit. Um hierbei die richtigen Entscheidungen zu treffen, kommen nun wieder die besagten Berater ins Spiel. Auch wenn es viele Gauner und Betrüger gibt, fühlen wir jungen Leute uns sicherer, wenn wir einen Ansprechpartner und eine Vertrauensperson haben, die uns in Bezug auf Geld, Anlagen usw. weiterhelfen kann.

Wir brauchen seriöse Finanzberater

Ich denke, die Generation Z hat häufig durch das Beobachtungslernen der Eltern Erfahrungen bezüglich unglaubwürdiger Berater gesammelt. Die Mehrheit der Menschen spricht schlecht von Maklern oder Beratern, weil viel Schindluder mit den Finanzen der älteren Generationen getrieben wurde. Aus dieser Menge herauszustechen und den Klischees zu trotzen, ist daher wahrscheinlich für die seriösen Vertreter dieser Branchen schwer. Dieses mangelnde Grundvertrauen diesem Beruf gegenüber veranlasst viele junge Leute dazu, erst gar keine eigenen Erfahrungen zu sammeln, sondern derartige Geschäfte von vornherein abzulehnen.

Nur durch das stets abnehmende finanzielle Wissen ist es diesen Bauernfängern möglich, überhaupt ihre Schneeballsysteme aufzubauen. Weil wir keinen Bezug zu Zahlen haben, lassen wir uns leicht von Versprechungen auf Millionen von Euro verleiten. Die mathematischen Unmöglichkeiten dahinter decken wir nicht auf und lassen uns von dem schönen Klang der hohen Summen zu Investitionen verleiten, die wir uns meist gar nicht leisten können. Dann stürzen wir uns nicht nur in die Falle des Bauernfängers, sondern zusätzlich noch in immense Schulden. So schnell kann der Traum des schnellen Geldes platzen und die Chancen, in Zukunft finanziell frei zu sein, sinken auf null. Wenn also der Bildungsstand im Bereich Finanzen erhöht wird, entstehen automatisch aufgeklärtere Investoren und die Betrüger finden keinen Anklang für ihre Verbrechen. Die Kette an Folgen, die finanzielle Bildung mit sich brächte, würde also positive Auswirkungen auf das gesamte deutsche Wirtschaftssystem haben.

Oscar Wilde sagte einst: „Die Moral ist immer die Zuflucht der Leute, welche die Schönheit nicht begreifen" (13). Viele junge Menschen sind dem Wohlstand gegenüber abgeneigt und haben die Ansicht, durch eigenen Reichtum nähme man anderen Menschen ihr Geld weg. Oft verliert man schlechte Worte über Unternehmerinnen und Unternehmer und kritisiert ihren Weg zum Erfolg. Man geht davon aus, alle erfolgreichen und finanziell wohlhabenden Personen hätten ihre „Leichen im Keller", durch die sie zu ihrem Erfolg gelangt seien. Der Aspekt des Reichtums ist wahrscheinlich noch nie stärker in Verruf geraten als heute. Es gibt zahlreiche negative Beispiele für reiche Menschen, die mit der Macht, die mit großem Wohlstand einhergeht, ausschließlich eigennützige Zwecke verfolgen und die demnach als Egoisten dargestellt werden. Diese Vorurteile verbreiten sich, sodass viele Menschen, die mit finanziellen Problemen zu kämpfen haben, ebendiese wohlhabenden Leute als Quelle ihres Leids ausmachen. Diese Vorurteile sorgen dann dafür, dass das Streben nach Reichtum etwas Schlechtes ist und dass man durch den Wunsch danach automatisch zu einem unmoralischen Menschen wird. Deshalb hegen zahlreiche Menschen der Generation Z überhaupt nicht mehr das Bedürfnis nach finanzieller Unabhängigkeit, weil sie davon ausgehen, dass sie dadurch moralisch unvertretbar handeln. Um eine aufgeklärtere Gesellschaft zu schaffen, müsste demnach die Moral hinter dem Thema Geld verändert werden.

Auch die Wichtigkeit von Nachhaltigkeit und Ethik spielt für die Generation Z eine große Rolle, wie schon anhand der Aspekte Klimawandel und Umweltschutz deutlich wurde. Demnach wird die Mehrheit der jungen Leute dieser Zeit ihre persönliche finanzielle Situation diesen Punkten unterordnen. Wenn demnach in Fonds investiert oder Geld in Aktien angelegt wird, steht die Rendite nicht an erster Stelle. Egal in welcher Generation, es gibt zahlreiche Kontroversen um die Bereiche, in welche man ohne Bedenken Geld investieren kann und welche Investitionsmöglichkeiten moralisch nicht vertretbar sind. Als sich der Konflikt zwischen den USA und dem Iran verstärkte, wurden viele Fonds gegründet, die sich aus Konzernen zusammensetzten, die sich mit der Waffenproduktion befassten. Bei dieser Investitionsmöglichkeit schlugen viele Menschen zu und mussten sich demnach damit abfinden, durch Gewalt und Krieg finanzielle Vorteile zu erlangen. Dass diese Art des Investierens unvertretbar ist, sollte nicht nur die Sichtweise der Generation Z sein, sondern von allen Menschen. In der heutigen Zeit werden zu viele schlechte Taten durch Geld vollbracht, wodurch die Kopplung von Geld mit schlechter Moral immer enger wird. Was der Generation Z vermittelt werden sollte, sind die vielen verschiedenen Bedeutungen von Geld, sodass nicht nur das eine negative Stereotyp die Ansichten der jungen Menschen prägt. Mir ist es wichtig, die Dinge zu nennen, die der Generation Z heute am Herzen liegen, und ebenfalls aufzuzeigen, inwiefern diese Dinge mit Geld in Verbindung stehen. Hierfür befragte ich viele junge Leute im Alter von 18 bis 22 Jahren aus den verschiedensten beruflichen Situationen. Die

Antworten mögen die meisten Menschen überraschen, da sie nicht den typischen Klischees entsprechen, welche wir bezüglich der Generation Z hegen.

Wenn wir nun resümierend die gesammelten Informationen zur Generation Z betrachten, lässt sich klar sagen, dass die Vorurteile zu oberflächlich sind, um die Interessen einer ganzen Altersgruppe damit zu erklären. Wie in wahrscheinlich jeder Gruppe von jungen Menschen fühlen auch wir uns von den Klischees belastet und finden, dass diese unsere Vorhaben und Ziele nicht tiefgründig genug betrachten. Die Generation scheint es sehr leicht zu haben, da wir vor einer Fülle von Möglichkeiten stehen, doch konnten wir aufdecken, dass die Belastungen nicht automatisch verschwunden sind. Die Generation Z steht vor ganz anderen und neuen Herausforderungen, die noch keine Gruppe vor uns bewältigen musste. Wir sind vielleicht weniger zielstrebig als unsere Eltern und Großeltern, die schon im Kindesalter einen genauen Plan für ihr Leben vorbereitet hatten; unseren Weg finden wir trotzdem, auch wenn er nicht geradlinig verläuft und wir manchmal Abkürzungen nehmen wollen, die sich im Endeffekt als Umwege entpuppen. Finanzielle Bildung ist für uns ein unbekanntes Land und wir übernehmen lieber die Vorurteile und Erfahrung anderer, als unsere eigenen Erkenntnisse mit Finanzberatern oder Bankangestellten zu sammeln. Wir mögen sehr aufgeschlossen für Neues sein, und das bezieht sich nicht nur auf den technischen Fortschritt, sondern auch auf kulturelle und internationale Unterfangen. Im Umgang mit Geld beharren wir allerdings lieber auf den versteiften Ansichten, die wir an den älteren Menschen so oft kritisieren. Neue Dinge zu erkunden fällt uns leicht, wenn es um Reisen, Studiengänge oder Ausbildung geht, wir ziehen oft um und wechseln ohne Beschwerden unsere Arbeitsplätze, um unsere Erfahrungen zu erweitern. Wenn wir auf Geldanlage, Altersvorsorge oder Steuern stoßen, verschließen wir uns diesem gegenüber, weil wir keine Grundkenntnisse besitzen und an Fortbildung in diesem Bereich zu wenig Interesse bekunden. Diese Themen wurden uns meist von Bekannten oder Verwandten „kaputtgeredet" oder als lästige Bürde dargestellt, sodass wir eine finanziell unaufgeklärte Generation sind. Die Bedürfnisse, für das Alter vorzusorgen oder sich nach vielen Jahren harter Arbeit ein Haus zu kaufen, bestehen bei der Generation Z selbstverständlich immer noch, weshalb man an diesen Punkten ansetzen muss, um sie offener für finanzielle Bildung zu machen, ihnen den negativen Klang des Reichtums abzugewöhnen und sie zu fähigen Investoren zu machen. Hierbei nicht auf den Fortschritt durch Digitalisierung zurückzugreifen, wäre fatal. Wir benötigen moderne Finanzberater mit klassischem Wissen, fortschrittliche Makler mit seriösen Angeboten und Banker, deren Wissen up-to-date ist und die uns in der Welt des Online-Banking umherführen. Wenn sich sowohl die Anbieter der finanziellen Dienstleistungen als auch die Generation Z als Abnehmer auf die jeweiligen Bedürfnisse des anderen einstellen und sich kompromissbereit zeigen, könnten wir es schaffen, die Welt des Geldes zu reformieren und mehr Menschen für das Thema begeistern.

Ich persönlich wünsche mir, dass sich alle Mitglieder meiner Generation Z stärker mit dem Thema befassen, sich fortbilden und durch das Buch „Glücksfaktor Geld"(14) eine Basis an finanziellem Wissen erlangen. So können wir eine wohlhabende Generation schaffen, die den Rückgang an Finanzwissen stoppt und ein Zeichen setzt, indem sie allen Vorurteilen trotzt.

Literatur Kapitel 8:

(13) Wilde, Oscar: „Lehren und Sprüche von Oscar Wilde". Leipzig: Insel-Verlag, 1913.
    2. Quelle: Mojecki, K. & Krüger, D.: Willkommen im Erwachsenenleben! (2015).
    Verfügbar unter: https://www.welt.de/vermischtes/article136406567/Willkommen-im-
    Erwachsenenleben.html (Zugriff 05.02.2020).
(14) Glücksfaktor Geld

Kapitel 9:
Gier ist kein guter Ratgeber

9

+++ KEINE ABKÜRZUNG ZUM VERMÖGEN +++ KONSUM STÖRT
+++ VERFÜHRUNGEN ERKENNEN +++ WILLENSKRAFT STÄRKEN +++
GIER UND SUCHT ALS ZWEI SEITEN EINER MEDAILLE +++
DAYTRADING ALS SCHULDENGEFAHR +++ TALENTE NUTZEN

Am Ende meines Buches fast angelangt, will ich dem Glücksfaktor Geld einen Wermutstropfen hinzufügen. Denn Geld macht nicht per se glücklich. Wer sich zu sehr anstrengt, um in kurzer Zeit hohe Summen zu investieren, der wird im Stress landen. Wer lediglich kleine Beträge spart, der wird die Vorteile des Zinseszinses nicht ausschöpfen und auch im Alter nicht finanziell frei sein. Es gilt also, den für Sie passenden Mittelweg zu finden und das bedeutet: Der Faktor Zeit muss mit dem Faktor Ertrag für Sie harmonieren.

Ob Sie also mit einem hohen monatlichen Betrag die Strecke zur ersten Million abkürzen wollen oder ob Sie lieber in kleineren Schritten über viele Jahrzehnte sparen möchten, bleibt eine Sache Ihrer Vorliebe. So weit, so gut. Beides passt in meinen Plan, den ich Ihnen in diesem Buch dargelegt habe. Beides wird für Sie ein Weg ins Glück sein, wenn sich Ihre Strategie für Sie gut anfühlt und wenn Sie sie mit Konsequenz verfolgen. Sobald Sie von Ihrer Konsequenz abrücken, schmälern Sie auch Ihr Glück. Sobald Sie den Lockrufen jenseits Ihres Weges nicht widerstehen, erhöhen Sie die Gefahr des Scheiterns. Und glauben Sie mir: Sobald Sie auch nur über ein kleines erspartes Vermögen verfügen, werden Marketingmächte versuchen, Ihre Willenskraft bröckeln zu lassen. Im Märchen wäre das die Hexe, die Sie mit falschen Versprechen zum Leichtsinn bringt, damit Sie mehr und mehr riskieren – und am Ende im Käfig sitzen, sich kaum noch bewegen können und traurig in die Freiheit jenseits dieser Gitterstäbe aus Schulden blicken.

Mir sind während meiner Karriere als Berater Menschen begegnet, die genau dort landeten: in der Unbeweglichkeit wegen Schulden. Sie alle waren auf der

Suche nach einer Abkürzung zum Reichtum und dem damit verbundenen Ansehen. Sie wischten die Bedenken der seriösen Berater zur Seite, suchten sich stattdessen andere Berater, die ihnen vermeintliche Chancen auf schnelles Geld offe-
rierten. Aktuell finden Sie solche Verführungen übrigens im Bereich der Kryptowährungen. Auch in meinem Unternehmen in Lübbenau im schönen Spreewald
meldete sich kürzlich eine junge Frau. Sie sei Expertin auf diesem Gebiet der wundersamen Geldvermehrung und würde mich gerne überzeugen, zu investieren und
zu profitieren. Meiner Abwehr entgegnete sie mit einer Einladung zu einer Art
Vortragsveranstaltung, an deren Ende ich schlauer sein würde, so versprach sie.
Ich ging zu dem Vortrag. Ich ließ mich auf ein anschließendes Gespräch mit ihr
ein – und war überrascht, mit welcher Chuzpe sie mir Folgendes vorrechnete:
Würde ich 10.000 Euro in diese physisch nicht vorhandene Währung investieren,
so würde ich auf das eingezahlte Geld einen Ertrag von 0,6 Prozent erhalten. Dies
schien mir doch eine relativ schlechte Verzinsung meines Geldes zu sein. Nein,
nein antwortete sie, nicht 0,6 Prozent pro Jahr, sondern 0,6 Prozent pro Monat! Ich
ließ dieses Versprechen durch den Raum schweben und rechnete laut, dass dies
einen Ertrag von sage und schreibe 219 Prozent jährlich einbringe, den Zinseszins
außer Acht gelassen. Und weiter: Auf dieser Grundlage wäre einer, der unter diesen
Konditionen investierte, nach vier Jahren Millionär, und nach zehn Jahren wäre er
Milliardär!

Kein schlechtes Geschäft für einen Einsatz von 10.000 Euro", fügte ich schmun-
zelnd an. Das Lächeln der Dame war mittlerweile eingefroren, sie raffte ihre Unterlagen zusammen und verabschiedete sich. Die Moral? Nicht Versprechen, nicht
Verführung zählt in Geldsachen, einzig Zahlen haben Gültigkeit. Rechnen Sie, bevor
Sie glauben!

Keine Abkürzungen nehmen

Dauert es wirklich 20 Jahre und mehr, bis Sie durch Sparsamkeit und Fokus vermögend werden? Nun, Sie kennen meine Haltung, auch wenn böse Zungen behaupten,
dieser Marathon nehme Ihre Lebensqualität. Dazu später mehr. Zunächst will ich
der Vollständigkeit halber sagen, dass es genau vier Ersatzstrategien gibt, um weniger Zeit für den Aufbau Ihres Vermögens aufzubringen, als ich Ihnen empfehle:

1. Banküberfall
Sollten Sie mit dieser Idee liebäugeln, kann ich Ihnen nach eingehender Recherche
versprechen, dass im Tresor Ihrer Bankfiliale durchschnittlich zwei Millionen Euro
Bargeld liegen. Auf der Flucht, die meist hektisch und unter polizeilichem Schuss-

hagel stattfindet, dürfen Sie also eine Million verlieren und hätten trotzdem Ihr Lebensziel erreicht, ein Millionär zu sein. Nur gibt es hier auch besagten Wermutstropfen, und zwar in Reinform: In keiner kriminellen Sparte darf sich die Kripo härter auf die Brust schlagen als im Bereich Banküberfall. Die Aufklärungsquote tendiert gen hundert Prozent und Ihnen drohen zehn Jahre Gefängnis. Das nenne ich einen herben Verlust an Lebensqualität.

2. Lotto und andere Glücksspiele

40 Milliarden Euro werden jährlich in Deutschland für Glücksspiele ausgegeben. Das lässt bereits ein hohes Suchtpotenzial erahnen. Nach Angaben der Hamburger Behörde für Gesundheit und Verbraucherschutz (15) gibt die Hälfte der deutschen Bevölkerung jeden Monat Geld für Glücksspiele aus. „Etwa ein Zehntel der Menschen in Deutschland spielt jedoch regelmäßig um hohe Einsätze“, und weiter: „Am Ende einer ‚Spielerkarriere‘ steht in den allermeisten Fällen eine hohe Verschuldung.“ Als populärstes Glücksspiel gilt nach wie vor der Lottoschein, mit seiner marginalen Gewinnchance von 1:140.000.000. Und sollte diese verschwindend kleine Chance tatsächlich als Sternenstaub über Sie rieseln, dann geben Sie Acht, dass es Ihnen nicht geht wie vielen Zufallslottomillionären zuvor: Nach drei Jahren sind die meisten Gewinner ärmer als zuvor – weil ihnen Weitsicht, Geduld und finanzielle Bildung fehlen.

3. Erbschaft

Ich hoffe, Ihnen wurde die Erbschaft von warmer Hand gegeben, das heißt, Sie wurden gut vorbereitet für die Verantwortung, das Vermögen für sich und folgende Generationen zu erhalten. Dann gehören Sie tatsächlich zu den glücklichen Abkürzern auf dem Weg zur Million, und Sie dürfen stolz auf Ihre Eltern sein, die mit Fleiß und Disziplin erwirtschafteten, was nun Ihr Eigentum ist. An dieser Stelle will ich, wie auch in meinen Schlussworten, betonen: Seien Sie umsichtig, vorsichtig, vertrauen Sie dieses Familiengenerationengeld nicht selbsternannten Experten an. Ihr Vermögen könnte schneller schmelzen, als Sie das Schulterzucken dieser Berater interpretieren. Die nämlich werden Ihnen von Markteinbrüchen, Irritationen, allgemeiner Verunsicherung in sorgenvoller Manier erzählen, wenn Sie irgendwann feststellen, dass Ihr Geld weniger statt mehr geworden ist. Verdient hat am Ende der sogenannte Experte – und Sie haben das Nachsehen. Zu viel Vertrauen ist in Geldangelegenheiten nicht gut. Sie sollten jeden Berater kontrollieren, durchleuchten, sich über seine finanziellen Pläne informieren, bevor Sie ihm Ihr Familienvermögen anvertrauen.

4. Schenkung

Schön, wenn Ihr Partner Sie mit Reichtümern beschenkt. Aber was ist, wenn die Trennung droht oder wenn er diese Schenkung zum Eigennutz zurücknehmen will? Dann wird es knifflig, sollte es keinen notariellen Schenkungsvertrag geben. Auf der wirklich sicheren Seite sind Sie erst, wenn zehn Jahre verstrichen sind; dann, so die Rechtsprechung nach dem Bürgerlichen Gesetzbuch, dürfen Sie mit Ablauf dieser Frist sich in Sicherheit wiegen. Aber mal ehrlich: Wer kommt schon in die Lage, dass es in seinem Leben jemanden gibt, der dafür sorgt, dass Sie ohne Arbeit, Investment, ohne Sparplan vermögend werden?

→ Der Aufbau und die Größe des Vermögens hängen immer von drei Parametern ab: Zeit, Zins und Anlagebetrag. Bleiben Sie bodenständig, lassen Sie sich von Versprechungen zum schnellen Geld nicht verführen.

Alles, und zwar sofort?

Um reich zu werden, brauchen Sie Geduld und Willensstärke. Beides meidet die junge Generation sehr häufig. Sie will alles, und zwar sofort. Als einer meiner Verwandten 18 Jahre alt wurde, schwärmte er von einem Lada 1600 – und bestellte den Wagen noch am Tag seines Geburtstags, denn die Lieferfrist betrug damals 14 Jahre. Ich erinnere mich noch an den Tag, als er vom Hof des Händlers fuhr; er strahlte und sagte: „Das Warten hat sich gelohnt. Besser geht's nicht."

Ich glaube, Wünsche, die wirklich von Herzen kommen, sollten sich sogar zeitverzögert erfüllen. Alles andere ist Kommerz, weil diesen Wünschen die Tiefe fehlt. Sie sind nicht herbeigesehnt mit jeder Zelle des Körpers, sondern einfach nur abgehakt auf einer langen Liste mit der Überschrift „Must have". Must have, um anderen zu gefallen. Must have, weil ein Produkt gerade hip ist. Must have, weil es Spaß macht, den neidvollen Blick der anderen im Nacken zu spüren. Dabei ist es keine Kunst, sich als junger Mensch, gerade im Berufsleben angekommen, ein Auto auf Bankenpump zu kaufen. Der fette Konsumkredit wird kaum thematisiert – und auch nicht die Tatsache, dass dieses Auto alt sein wird, bevor der Kredit getilgt ist.

Eine Schuldenspirale hat ihren Ursprung meist in jungen Jahren: Man kann nicht warten, nicht sehnen, nicht willensstark den täglichen Oberflächlichkeiten widerstehen. Statt mit spitzem Bleistift zu rechnen, wird die sofortige Befriedigung der Luxusbedürfnisse angestrebt – und sollten die Eltern mit sorgenvoller Stirn über ihren Brillenrand sehen, dann wird darüber gelacht. Was soll's, so die Devise, ich lebe jetzt!

Nur folgt dem Auto die Wohnungseinrichtung, die modische Kleidung, die Fernreise, die neue Apple-Ausstattung etc. Und die Kredite wachsen so schnell wie die Papierstapel auf dem Schreibtisch. Irgendwann verliert der junge Mensch die Übersicht und auch die Lust an all den Verpflichtungen. Es schnürt ihm die Kehle zu. Merken Sie was? Genau diese Symptomatik der Leichtsinnigkeit raubt die Lebenslust – und nicht das willensstarke, geduldige Sparen, das Investieren in eine finanziell unabhängige Zukunft. Dabei ist die junge Generation Z durchaus eigensinnig. Sie hinterfragt die Werte ihrer Eltern, schiebt zur Seite, was die Freiheit einschränkt. Gut so. Um diese Haltung zu perfektionieren, möchte ich den jungen Menschen vorschlagen: Trainiert eure Stärken, markiert euren Eigensinn noch deutlicher. Lasst euch nicht von den Marketingstrategen überzeugen, dass der schnelle Trost durch Konsum, das aufblinkende Glück während eines Kaufes ein Bonbon im Alltag ist. Vielmehr geht es darum, mit Kritikfähigkeit all die Lockangebote in der digitalen und realen Welt zu hinterfragen. Wie wäre es übrigens, wir würden unseren pubertierenden Kindern zeigen, dass ein gewisser Grad an Egoismus im Leben gewinnbringend ist? Mit einer Haltung, dass man sich selbst zuerst bezahlt, bevor man anderen etwas vom eigenen Geld überlässt, rückt die erste Million in sichtbare Nähe. Es fühlt sich einfach gut an, wenn das eigene Konto im Plus ist und dieses Plus monatlich anwächst.

→ Sich selbst zu bezahlen bedeutet: Bevor Geld kurzfristigen Wünschen geopfert wird, halten wir fest, was wir besitzen. Wir sparen, investieren und werden wohlhabender und reicher. Wir wollen mehr und mehr und mehr Geld besitzen. Dafür investieren wir und halten am Plan zur finanziellen Freiheit fest.

Diese Form der Gier nach Geld ist berechenbar. Sie ist gesund. Diese Gier erhält erst eine Doppeldeutigkeit, wenn wir den Faktor Zeit missachten und sehr schnell sehr viel vom Gleichen wollen. Gier heißt auf der anderen Seite auch, ohne Anstrengung in der sozialen Hängematte zu ruhen und sich durch die Leistungen der anderen zu ernähren.

Vom Glück, Geld zu verdienen

Glück ist eine Frage des selbstverdienten Geldes und der klugen Strategie, dieses Geld anzulegen, damit es sich durch den Zinseszinseffekt vermehrt. Glück kann nicht sein, die Leistungsträger der Gesellschaft zu Zwangsabgaben zu verdonnern und von diesen Zwangsabgaben der anderen zu leben! Es mag sein, dass Menschen durch Schicksalsschläge kurzfristig in eine Hilflosigkeit geraten, dafür habe ich Verständnis. Auf Dauer jedoch sich darin einzurichten, das widerspricht den Werten eines verantwortungsvollen, autarken Bürgers. Es würde ihm die Würde nehmen,

die Teilhabe an politischen, kulturellen, bildungsnahen Projekten verbauen, es würde ihn auf Dauer traurig machen. Ein Bürger, der in Hartz IV verweilt, wird seine
beruflichen Stärken nicht ausleben können und damit bricht eine Säule in seinem
Alltag, auf die er sich stützen könnte. Zum Glück zählen neben Geld nämlich auch
die Potenzialentfaltung, die soziale Einbindung und ein gesundes, von Bildung ge-
tragenes langes Leben, gefüllt mit Aufgaben, die zum Charakter und zu den Träumen passen. Diese Entwicklung abkürzen zu wollen, kann mitunter Unglück bedeuten.

Daytrading oder die falsche Annahme, das Geld im Tages-
takt vermehren zu können

Daytrading ist in Mode gekommen und damit weitet sich ein Gefühlschaos im
Menschen, der sich an diese Methode des Geldverdienens wagt. Ein Daytrader
schwankt zwischen Hoffnung auf Vermögen und dem finanziellen Ruin. Leider
straucheln die meisten bei dieser Art des Zockens, das Internet wimmelt von Ge-
schädigten und ihren Geschichten.

Mit dem Ziel, das schnelle Geld zu machen, hocken Daytrader acht Stunden und
mehr täglich vor ihren Rechnern. Sie steigen in den kurzfristigen Handel mit Wertpapieren ein, kaufen und veräußern sie an einem Tag. Und weil dank meist geringer
Kursschwankungen in diesem kurzen Zeitraum kaum nennenswerte Gewinne möglich sind, setzen sie einen Hebel an, was bedeutet: Bei einem Hebel von 1:10 setzt
man lediglich ein Zehntel seines Geldes für den eigenen Deal mit einem Wertpapier
ein, den Rest leiht man dem Broker, auf dessen Plattform man sich bewegt. Der
Daytrader vergibt also einen kurzfristigen Kredit. Der Vorteil? Steigt das Wertpapier
um z.B. zehn Prozent, hat der Trader durch seinen Hebel von 1:10 einen Gewinn
von 100 Prozent erzielt. Aber Achtung! Auf der anderen Seite hätte er bei einem
Kursrückgang von 10 Prozent auch 100 Prozent seines investierten Geldes verloren.
Dann gilt es, diesen Verlust wieder einzufahren, durch riskantere Strategien, durch
Erhöhen des Einsatzes. Man wagt sich tiefer in den Markt vor, versucht zu erahnen,
ob Währungen fallen oder steigen. Man traut sich Leihgeschäfte zu, indem man
Aktien leiht, verkauft und bei fallendem Wert zurückkauft, um den Gewinn für sich
zu verbuchen.

Daytrading ist ein Geschäft, das alle Aufmerksamkeit absorbiert. Wer sich dort
hineinbegibt, der wird sich zum Ereignistrader entwickeln und sich in markanter
Weise über Katastrophen in der Welt freuen. Denn die bringen Bewegung in den
Markt.

Nach meiner Erfahrung mit Kunden, die sich trotz meiner Warnung auf das Trading einließen, kann ich Ihnen nicht deutlich genug sagen: Lassen Sie die Finger davon. Es mag sein, dass Sie anfangs Ihre Hoffnung auf den Gewinn hoher Summen nähren. Aber jede Wahrscheinlichkeitsrechnung, die übrigens auch dem Glücksspiel zugrunde liegt, beweist: Unter dem Strich gehen Sie als Verlierer hervor. Sie gehen nicht kalkulierbare Risiken ein. Meist winkt der Kunde, der die ersten Züge der Gier zeigt, leichtfertig ab. Er werde nur mit geringen Beträgen handeln, so eine Standardantwort. Aber ich weiß es besser: Die Gier ist ein Unkraut. Wenn sie einmal Blüten getrieben hat, wuchert sie weiter und weiter, lässt sich nicht mehr stoppen. Dann geht es nicht mehr um einen gesunden Egoismus, um einen zielgerichteten Ehrgeiz. Es geht um den Trugschluss, ohne Zeitaspekte reich zu werden. Damit beginnt die unsägliche Spirale des Totalverlustes an Geld, eine Spielsucht um das Spekulieren mit Wertpapieren.

Der erste Verlust ist so sicher wie das Amen in der Kirche.

Es folgt der Versuch, diesen Verlust durch einen höheren Einsatz, einen höheren Hebel zu kompensieren. Da der Trader, nun in die Enge geraten, den ganzen Tag vor dem Rechner verbringt, vereinsamt er. Soziale Kontakte meidet er, Sport übt er nicht aus, es setzt eine diffuse Form von Vernachlässigung ein. Im Fokus steht nur noch das Geld. Er geht nun, weil er den bisherigen Verlust nicht akzeptiert, an seine Geldreserven. Im schlimmsten Falle leiht er sich Geld von anderen oder nimmt einen Kredit auf. Hiermit beginnt die übelste Phase: Er hechelt einem Gewinn hinterher. Kleine Gewinne mag es geben, die aber mit der nächsten nicht bedachten Kursschwankung wieder aufgehoben werden. Die Sucht und auch die Not vergrößern sich. Nach Expertenmeinungen erleiden 90 Prozent aller Daytrader Verluste. Nur ein Prozent der Daytrader weist einen akzeptablen Gewinn nach, so das Forbes Magazin (16).

Um Ihnen die Laune auf das Daytrading nachhaltig zu verderben, empfehle ich Ihnen die Lektüre im Netz (den Link finden Sie am Ende des Kapitels), die von einem erzählt, der aufbrach, um reich zu werden, und am Ende, wie Tausende andere auch, den Totalruin erlitt (17). Diese Geschichte soll exemplarisch für die Gier stehen, die immer auch die Spielsucht vorantreibt. Abgesehen von Ihrem finanziellen Schaden, den ich verhindern möchte, steht für mich auch Ihr persönliches Glück im Fokus. Geld macht glücklich, wenn Sie es mit Sinn und Verstand und wie eine Kostbarkeit behandeln. Der Verlust an Geld ist demnach auch die Gegenwart von Unglück. Der unglückliche Schreiber, dessen Quelle ich Ihnen am Ende des Kapitels nenne, schreibt dazu: „Mein größtes Manko aber lag in meiner permanenten Ungeduld. Ich bin überzeugt davon, dass ich heute aller Sorgen ledig wäre, wenn ich mit Ruhe und Besonnenheit [...] einfach so weitergemacht hätte, wie ich angefangen hatte, das heißt, wenn ich weiterhin investiert statt spekuliert hätte."

Reichtum ist lediglich ein Spiel aus Ertrag, Zeit, Zinsen

Wenn ich mit meinen Kunden die Möglichkeiten aus Ertrag, Zeit, Zinsen für die Vermögensbildung errechne, dann kommt häufig der Wunsch, schneller ans Ziel zu kommen, als der monatliche Sparbetrag das hergibt. Da ich diese Ungeduld bis zu einem gewissen Grad verstehe, antworte ich: „Ja, es gibt eine Möglichkeit: Arbeiten Sie mehr!"

Bis 1860 betrug die wöchentliche Arbeitszeit 80 Stunden. Heute wenden wir lediglich 36 Stunden zum Broterwerb auf. Da bleibt viel freie Zeit ungenutzt. Wie wäre es, Sie würden diese Differenz mit sinnvollen, einträglichen Aufgaben füllen?

Was im ersten Moment unsexy klingt, kann bei zweiter Betrachtung durchaus attraktiv sein. Denn hier bewegen wir uns auf der Linie Ihrer Potenzialentfaltung.
1. Überlegen Sie, welche Tätigkeiten Sie mit Glück erfüllen. Dort befindet sich Ihr Talent.
2. Setzen Sie dieses Talent für einen Nebenerwerb ein. Wenn Sie gerne schneidern, dann fragen Sie in einer Boutique in Ihrer Stadt nach, ob Sie abends Näharbeiten übernehmen könnten oder sogar eine kleine eigene Kollektion einbringen könnten. Wenn Sie gerne Gitarre spielen, dann fragen Sie in der Kneipe nebenan, ob Sie ein Konzert veranstalten könnten. Wenn Sie gerne schreiben, dann schreiben Sie ein Buch!
3. Führen Sie über Ihre Nebeneinkünfte konsequent ein Haushaltsbuch.
4. Investieren Sie, was Sie zusätzlich verdienen.
5. Genießen Sie den Erfolg, den Sie mit diesem Nebenverdienst spüren werden, er trägt zu Ihrem persönlichen Glücksgefühl bei.

→ Nach neuer Statistik verbringen Deutsche im Durchschnitt 198 Minuten täglich vor dem Fernseher, das sind 1.386 Minuten in der Woche. Sie hätten, würden Sie darauf verzichten, rund 23 Stunden mehr Zeit, um Ihren Sparertrag zu erhöhen und gleichsam Ihr Talent zu schulen.

Literatur Kapitel 9

(15) Quelle: https://www.automatisch-verloren.de/de/impressum.html (Zugriff am 6.3.2020).
(16) Quelle: https://www.forbes.com/sites/nealegodfrey/2017/07/16/day-trading-smart-or-stupid/#3f6fc2291007 (Zugriff am 7.3.2020).
(17) Quelle: https://www.wallstreet-online.de/diskussion/500-beitraege/469658-1-500/ich-habe-an-der-boerse-meine-zukunft-verloren (Zugriff am 7.3.2020).

Schlussworte:
Reich und glücklich?

Macht Geld glücklich? Das ist eine Frage, die ich mir selbst stellte und die auch meine Kunden umtreibt. Wer auf der Suche nach seinem persönlichen Glück ist, der kommt am Geld kaum vorbei.

Wenn Sie bei Google das Wort Geld eingeben, bekommen Sie über 400 Millionen Treffer, das Wort Glück hat eine ähnliche Quote. Geld und Glück sind Trendthemen, sie waren es immer schon und werden es auch bleiben. Das drückt sich auch in unserer Sprache aus. Es gibt mehr als 200 unterschiedliche deutsche Wörter, welche das Wort Glück in sich tragen, wie *glücküberhäuft, Glückstreffer, Glücksbringer, Glückslächeln, Glückskind, glückerfüllt, glückberauscht ...*

Gleiches gilt für das Wort Geld: *Geldgewinn, Geldsegen, Geldregen, Geldfreude, Geldlust, Geldwert, Geldgeschenk, Geldachtung.*

Ja, wir sollten Geld – wie auch unsere Gesundheit, unsere Familie und unsere Freunde – achten und ihm Aufmerksamkeit schenken. Ich wage zu behaupten, dass das Glück dann wie von selbst zu Ihnen kommt. Und doch will ich Sie am Ende meines Buches nach der Wahrheit fragen: Stellen Sie wirklich Geld in den Mittelpunkt Ihres Seins?

Wenn Sie zögern, vielleicht sogar den Kopf leicht schütteln, dann wähnen sie sich in Gesellschaft: Nur einer von vier Erwachsenen beschreibt seine eigene wirtschaftliche Situation als gut. Fast jeder zweite Deutsche sieht sich nicht in der Lage, auch nur einen einzigen Cent seines oft mühsam erarbeiteten Einkommens zurückzulegen. Das ist fatal. Denn neben der Sehnsucht nach Gesundheit für sich und ihre Familie, neben dem Wunsch nach sozialer Eingebundenheit ist die größte Sehnsucht der Menschen die Sehnsucht nach finanzieller Freiheit.

Natürlich macht Geld nicht per se glücklich, wenn die anderen Faktoren fehlen. Aber es macht gelassen. Mit Geld entfaltet sich die Leichtigkeit im Alltag, rückt die Phantasie von einem guten Leben näher an die Wirklichkeit heran.

Meine Beobachtungen decken sich mit den soziologischen Studien, die jährlich bekräftigen, dass vermögende Personen neugieriger, kontaktfreudiger und psychisch stabiler sind als solche, denen Geld Nöte bereitet. Somit bekommt Geld auch einen moralischen Wert. Und das lässt den Schluss zu, dass der Volksmund lügt, wenn er sagt, Geld verderbe den Charakter. Ein dickes Nein halte ich diesem unsäglichen Satz entgegen: Nicht Geld verdirbt den Charakter! Es sind Armut, Konsumschulden, finanzielle Sorgen, die den Lebenssinn rauben können. Armut ist die dunkle Seite der Gesellschaft, und niemand, wirklich niemand sollte sich dort freiwillig und sehenden Auges hinbewegen.

Steigende Geldnot in Deutschland und der Wunsch, Millionär zu werden

Nun, wenn Geld und finanzielle Freiheit für uns alle so wichtig sind, warum gibt es dann in einem so reichen Land wie Deutschland so viele Geldnöte? Wenn ich auf meine Eltern, meine Großeltern und meine Urgroßeltern zurückschaue, dann kann ich sagen: Nie war es einfacher, Zugang zu Bildung und Vermögen zu erlangen. Und doch sind wir, die Bürger und Bürgerinnen Deutschlands, im Vergleich zu anderen europäischen Ländern relativ vermögenslos.

Dieses Buch und alle in diesem Buch interviewten Berater und eine Beraterin begleiten Sie auf Ihrem persönlichen Weg in Ihre finanzielle Freiheit. Und dieser Weg führt nicht über die geringe Chance eines Lottogewinns, sondern sie führt über Ihren Willen, Ihren Ehrgeiz, über Ihre Vernunft, sich die finanzielle Freiheit selbst zu verdienen. Alles andere, glauben Sie mir, ist nichts weiter als blubberndes Werbegeplänkel, so wie ein Plakat, das ich in Hamburg gesehen habe. Auf diesem Plakat stand: „In Hamburg gibt's schon 42.000 Millionäre, den Rest schaffen wir auch noch"; darunter der Lottoschein.

Bei 1,8 Millionen Einwohnern in Hamburg und 42.000 Millionären sind 2,3 % der Bevölkerung also so reich, wie Sie sich das wahrscheinlich erträumen. Aber begeben wir uns mit diesem Zahlenspiel einmal in den Bereich der Wirklichkeit: Würden die Hamburger Lotto spielen und würde jeder Einzelne in dieser schönen Stadt auf eine Million Euro hoffen, würde es nach Adam Riese 18.000 Jahre dauern, bis alle Hamburger zu Millionären werden – wer hat so viel Zeit?

Lotto zu spielen ist also nicht das Mittel der Wahl, um Millionär zu werden – und auch ein Banküberfall eignet sich nicht zur Wunscherfüllung. Im Durchschnitt liegen zwar zwei Millionen Euro im Tresor einer Bankfiliale, und selbst wenn auf der Flucht eine Million verloren ginge, wie erst kürzlich in Berlin geschehen, hätten Sie es zwar geschafft. Doch Vorsicht! Bei keinem Verbrechen ist die Aufklärungsquote

so hoch wie bei Bank- und Raubüberfällen, und es drohen Ihnen zehn Jahre Gefängnis. Nebenbei verstoßen Sie auch gegen das achte Gebot, das ich in meinem Bestseller „Glücksfaktor Geld" nenne: „Du sollst nicht stehlen."

Welche wirklichkeitsnahen Strategien gibt es, um finanziell frei zu werden?

Ich möchte Ihnen eine kleine Geschichte erzählen. Vor ein paar Monaten kam eine sehr gut gekleidete ältere Dame zu mir. Wir nahmen Platz an dem runden Tisch in meinem Büro, ich bot ihr Kaffee und Tee an, und kaum hatte sie den ersten Schluck getrunken, begann sie, unter Tränen zu erzählen. Vor zehn Jahren verkaufte sie mit ihrem Mann das gemeinsame Geschäft. Um die Finanzen hat sie sich nie gekümmert, das hatte ihr kürzlich verstorbener Mann erledigt.

Irritiert fragte ich sie, was passiert sei. Sie schniefte ins Taschentuch und sah mir lange in die Augen, bevor sie weitersprach: Ihr Mann hatte vor zehn Jahren eine Million Euro aus dem Verkaufserlös ihrer Firma bei einer namhaften Privatbank angelegt, einer Bank, die nur Kunden aufnimmt, die mindestens eine Million auf das Konto einzahlen. Dort wird einem durch einen Portier das massive Eingangsportal geöffnet, man schreitet über dicke Seidenteppiche an imposanten Gemälden vorbei, der schmackhafte Kaffee wird einem in feinstem Meissner Porzellan serviert und der Kaffeelöffel ist aus reinstem Silber und trägt das Wappen der Bank. Man ist umgeben von Experten!

Die ältere Dame nahm sich nach einer Trauerzeit vor, sich selbst um die Finanzen zu kümmern, vereinbarte einen Termin in dieser Privatbank und erfuhr Schlimmes: Das Anlageziel, die Verdopplung des Geld nach zehn Jahren, war nicht erreicht worden. Es fehlten sogar 300.000 Euro von der einstigen Million. Die Experten der Bank erklärten ihr, dass der Schweizer Franken an Wert verloren, die Märkte sich anders entwickelt hatten als erhofft, die Prognosen nicht eingetreten waren … Um tausend Gründe der Rechtfertigung waren sie nicht verlegen.

Für mich sind all dies nichts weiter als Ausflüchte. Der wahre Grund für dieses Dilemma der netten älteren Dame ist einzig darin zu sehen: Zu viele selbsternannte Experten mischten mit und versuchten, ihre eigenen Belange zu erfüllen.

In meinen Kreisen beschreibt man Experten wie folgt: Ein Experte ist eine Person, die Ihnen hinterher genau sagen kann, warum seine Prognose nicht eingetreten ist. Und die Moral? Fragen Sie keinen selbsternannten Experten zum Thema Geld um Rat. Meiden Sie Banker und selbsternannte Geldfachberater! Um es noch einmal auf den Punkt zu bringen, wiederhole ich: Lassen Sie sich nicht in die Irre führen, wenn es um Ihr Geld geht. Bleiben Sie vorsichtig. Fragen Sie den Berater nach einem Gespräch Folgendes:

1. Frage: „Haben Sie das Produkt selbst auch?"
2. Frage: „Wieviel haben Sie davon?"
Und die 3. Frage: „Kann ich das bitte einmal sehen?"

Die 25 Berater in diesem Buch können Ihnen diese Fragen zu Ihrer Zufriedenheit beantworten und werden Ihnen den Nachweis über den Wahrheitsgehalt ihrer Aussagen liefern.

Uns alle eint die Sehnsucht, die finanziellen Sorgen des Alltags abzuschütteln und frei zu sein von finanziellen Zwängen. Sie sollten sich jedoch vor Augen führen, dass Ihnen Geld nichts nützt, wenn Sie es nicht verstehen, dieses Vermögen sinnvoll zu investieren, damit es auch für die Zukunft Ihren Wohlstand absichert.

Ich glaube, Sie, Ihre Kinder und Ihre Enkelkinder haben die Möglichkeiten und das Recht, finanziell frei zu sein. Ich freue mich jetzt schon auf Ihre erste Million! Halten Sie an Ihrem Plan fest.

Der Plan
von Douglas Malloch

„Nun endlich weiß ich, was mir fehlt,
was mich bedrückt und was mich quält.
Ich bin nicht faul, ich bin nicht krank
und fand doch nie des Lebens Rank.
Ich schaffe so wie er und du
und finde trotzdem niemals Ruh.
Wohin ich blick mit Angst und Bangen
Sind Dinge, die ich angefangen,
und immer wieder denk ich dran:
Mir fehlt ein Plan!
Mir fehlt ein Plan.
Nun weiß ich endlich, was mir fehlt,
was mich bedrückt und was mich quält.
Ich mache dies und mache das,
doch ohne Ziel und ohne Maß.
Wie manches wäre schon getan,
hätt ich nur endlich einen Plan!“

Sie haben einen Plan und einen der besten 25 Berater für Ihr Geld an Ihrer Seite!
    In diesem Sinne – passen Sie gut auf sich auf.

Herzlich

Ihr

Jean Meyer

Buchempfehlungen

Wie schon in Kapitel 3 angekündigt, möchte ich Ihnen hier einige Buchempfehlungen rund um die Themen Geld, Finanzen und finanzielle Freiheit geben.

Aus meiner Sicht ist das Lesen eine der wertvollsten Angewohnheiten, die Sie haben dürfen. Wenn ich lese, tauche ich oft in eine andere Welt hinein. Oft sind es bei mir die Welt der Finanzen und des Geldes. Lesen erweitert Ihr Bewusstsein und verschafft Ihnen einen Wissensvorsprung. Wissen zahlt eben die höchsten Zinsen!

Sie suchen mich auf Facebook, Instagram, Twitter oder Xing?

Ich bin nicht dabei! Durchschnittlich verbringt jeder Deutsche täglich mehr als 2 Stunden auf diesen Seiten. Die so gewonnene Zeit verbringe ich mit meiner Familie und meinen Freunden in der Natur im Spreewald, bei meinen Bienen und ICH LESE.

Hier nun meine persönliche Buchempfehlungen:

George S. Clason, Der reichste Mann von Babylon, 2002, 18. Auflage, Goldmann Verlag, München
Dieses 1926 erstmals erschienene Buch kann als wahrer Klassiker bezeichnet werden. In eindrucksvollen Geschichten werden dem Leser Grundregeln für den Weg in die finanzielle Freiheit aufgezeigt.

René Zeyer, Armut ist Diebstahl, 2013, 1. Auflage, Campus Verlag, Frankfurt am Main
In Deutschland ist es ein Tabu über die Folgen der Armut zu reden oder gar zu schreiben. Der politische Mainstream redet gern über Verteilung und Gerechtigkeit, er spricht jedoch so gut wie nie über die Folgen eines immer stärker ausufernden Sozialstaates. Schonungslose Offenheit, harte Daten, Zahlen und Fakten.

Dan Ariely, Denken hilft zwar, nützt aber nichts, 2015, Vollständige Taschenbuchausgabe, Drömer Verlag, München
Ein wunderbares Buch zur Logik der Unvernunft. Hier geht der Autor den Fragen, „Wie gehen wir mit Geld um? Was bedeutet Geld für uns? Warum verschulden sich

so viele hoffnungslos? Was treibt Banker und Politiker, den Kollaps unseres Wirtschaftssystems zu riskieren?

Alice Schröder, Warren Buffett - Das Leben ist wie ein Schneeball, 2009, Finanzbuchverlag, München
Eine Biographie über die lebende Investorenlegende Warren Buffett. Wie die Geschichte zeigt, werden Menschen, welche sich aktiv mit Geld beschäftigen, nicht nur wohlhabend, sondern auch sehr alt. Denken wir an Sir John Templeton (96 Jahre), den Gründer des legendären Pioneer Funds Philip L. Carett 102 Jahre, André Kostolany (93 Jahre). Warren Buffett wird dieses Jahr 90 Jahre alt.

Benjamin Franklin, Der Weg zum Reichtum – Geschichte meines Lebens, 2000, Oesch Verlag, Zürich
Ein wirklich spannendes Buch, welches Franklin in Form eines Briefes an seinen Sohn geschrieben hat. Franklin war nicht nur ein erfolgreicher Unternehmer und Erfinder. Er war auch Mitunterzeichner der amerikanischen Unabhängigkeitserklärung und ein Politiker, wie man ihn heute nur noch schwer findet.

Rainer Zitelmann, Psychologie der Superreichen, 2017, 1. Auflage, Finanzbuchverlag, München
Der Autor ist promovierter Historiker und Soziologe und hat bereits mehrere sehr erfolgreiche Bücher geschrieben. Dieses Buch, welches auch die Grundlage für seine 2. Doktorarbeit gewesen ist, befasst sich, wie der Titel es schon verlauten lässt, mit der Psychologie der Superreichen.

Henry Werner, Geschichte des Geldes, 2015, Palmverlag, Berlin
Dieses Buch sollte bereits in der Schule als Wissensgrundlage für die junge Generation herangezogen werden. Hier werden die Ursprünge des Geldes von der Antike bis zur Gegenwart anschaulich beschrieben. Interessantes Grundlagenwissen über Geld.

Jean Meyer, Glücksfaktor Geld – 10 Gebote für finanzielle Freiheit, 2019, 1. Auflage, Wiley-VCH, Weinheim
Gestatten Sie mir ein wenig Werbung in eigener Sache. Nie war es einfacher, Zugang zu Bildung und Vermögen zu erlangen. Und doch sind die Bürgerinnen und Bürger Deutschlands im Vergleich zu anderen europäischen Ländern relativ vermögenslos. Dieses Buch beschreibt eine Strategie der Vernunft und fordert den Leser auf, seine finanzielle Zukunft selbst in die Hand zu nehmen.

Dank

Mein Dank gilt den Menschen, die mir geholfen haben, dieses Buch zu schreiben.

Ganz besonders möchte ich mich bei allen Finanzberaterinnen und Finanzberatern bedanken, die sich die Zeit genommen haben, mir bereitwillig alle Fragen zu beantworten. Es ist schön zu wissen, dass es über ganz Deutschland verteilt viele gute Berater und Beraterinnen gibt, für die das finanzielle Wohl ihrer Kunden an erster Stelle steht. Menschen wie sie, Menschen, die andere Menschen unabhängig auf dem Weg in ihre finanzielle Freiheit begleiten, sind vielleicht das wichtigste Bindeglied unserer Gesellschaft. Sie helfen, den Blick in der Bevölkerung in die richtige Richtung zu lenken. Weg von der Teilhabe- und der sozialen Gerechtigkeitsdiskussion hin zur Entstehung von Wohlstand und finanzieller Eigenverantwortung. Denn eines ist sicher: In Deutschland und auf der ganzen Welt kann nur das verteilt werden, was vorher durch viele fleißige Hände geschaffen und erarbeitet wurde.

Großer Dank geht auch an Gabriele Borgmann. Ihr ist es immer wieder aufs Neue gelungen, Gedanken, Worte und Sätze so zu verfeinern, wie es dieses Buches würdig ist.

Danke Barbara Janson vom Springer Verlag für Ihre Unterstützung. Es ist mir eine große Ehre, mein zweites Buch in einem so renommierten Verlag veröffentlichen zu dürfen.

Danke Prof. Dr. Hans-Wilhelm Zeidler für das wunderbare Vorwort.

Danke auch meiner Familie, meiner Frau Katrin und unserer Tochter Emelie und meinen Mitarbeitern, welche aufgrund meiner vielen Reisen durch ganz Deutschland und vieler Nächte in Hotels auf sich allein gestellt waren.

Danke liebe Emelie, für einen Einblick in die Gedankenwelt der Generation Z. Ihr seid unsere Zukunft und ich bin mir sicher, Ihr werdet sie mit Bravur, Anstand und den festen Willen für eine bessere Zukunft wunderbar meistern.

Über den Autor

Jean Meyer ist seit über 25 Jahren selbständiger Finanzberater, Vorstandsvorsitzender der Finanzhaus Meyer AG, Vorstandsvorsitzender der Trabant Immobilien AG sowie Geschäftsführer mehrerer Immobilienunternehmen. Er begleitet empathisch Menschen auf dem Weg in ihre finanzielle Freiheit.

Jean Meyer absolvierte eine Ausbildung zum Bankkaufmann und studierte im Anschluss erfolgreich Bankbetriebswirtschaft.

Vernunft, Weitsicht und der Blick über den Tellerrand prägen seinen Weg. Seine humorvollen und spannenden Vorträge sowie sein erstes Buch „Glücksfaktor Geld – 10 Gebote für finanzielle Freiheit" begeistern seine Zuhörer und Leser. Sie sind bewährte Anleitungen zur messbaren Geldvermehrung. „Finanzielle Freiheit", so sein Statement, „geschieht nicht über Nacht. Sie ist die Summe aus Entschlusskraft, Zeit und einem hohen Grad an Verantwortung für sich selbst und andere." Er entzaubert selbsternannte Geldgurus dieser Welt und setzt ihnen mit seinen zehn Geboten ein vernünftiges Credo entgegen.

Es lautet: Finanzielle Freiheit ist möglich! Es bedarf lediglich einer klugen, erfolgserprobten Strategie.

Jean Meyer lebt mit seiner Familie im Spreewald. Neben seiner Tätigkeit als Kaufmann, Autor und Redner widmet er seine Freizeit den Bienen, der Fischerei und der Erhaltung des Biosphärenreservates Spreewald.

Zehn Prozent der Autoreneinnahmen aus diesem Buch fließen als Spende an die Bürgerstiftung Kulturlandschaft Spreewald und helfen, die einzigartige Landschaft seiner Heimat zu erhalten.

Kontakt: Jean Meyer
            Ehm-Welk-Straße 7
            03222 Lübbenau/Spreewald
            E-Mail: post@25besten.de oder post@glücksfaktor-geld.de